# #LANGUAGE HACKING

UM CURSO DE CONVERSAÇÃO
*PARA INICIANTES*

# #LANGUAGE HACKING

**UM CURSO DE CONVERSAÇÃO PARA INICIANTES** ITALIANO

*Aprenda a falar italiano conversando desde o início com pessoas reais!*

## BENNY LEWIS
### O POLIGLOTA IRLANDÊS

ALTA BOOKS
EDITORA
Rio de Janeiro, 2022

## Language Hacking Italiano

Copyright © 2022 da Starlin Alta Editora e Consultoria Eireli.
ISBN: 978-85-5080-717-1

*Translated from original Language Hacking Italian. Copyright © Brendan Lewis 2016. ISBN 978-1-4736-3312-4. This translation is published and sold by permission of John Murray Learning, an imprint of Clays, Ltd, the owner of all rights to publish and sell the same. PORTUGUESE language edition published by Starlin Alta Editora e Consultoria Eireli, Copyright © 2022 by Starlin Alta Editora e Consultoria Eireli.*

Impresso no Brasil – 1ª Edição, 2022 – Edição revisada conforme o Acordo Ortográfico da Língua Portuguesa de 2009.

Todos os direitos estão reservados e protegidos por Lei. Nenhuma parte deste livro, sem autorização prévia por escrito da editora, poderá ser reproduzida ou transmitida. A violação dos Direitos Autorais é crime estabelecido na Lei nº 9.610/98 e com punição de acordo com o artigo 184 do Código Penal.

A editora não se responsabiliza pelo conteúdo da obra, formulada exclusivamente pelo(s) autor(es).

**Marcas Registradas:** Todos os termos mencionados e reconhecidos como Marca Registrada e/ou Comercial são de responsabilidade de seus proprietários. A editora informa não estar associada a nenhum produto e/ou fornecedor apresentado no livro.

**Erratas e arquivos de apoio:** No site da editora relatamos, com a devida correção, qualquer erro encontrado em nossos livros, bem como disponibilizamos arquivos de apoio se aplicáveis à obra em questão.

Acesse o site www.altabooks.com.br e procure pelo título do livro desejado para ter acesso às erratas, aos arquivos de apoio e/ou a outros conteúdos aplicáveis à obra.

**Suporte Técnico:** A obra é comercializada na forma em que está, sem direito a suporte técnico ou orientação pessoal/exclusiva ao leitor.

A editora não se responsabiliza pela manutenção, atualização e idioma dos sites referidos pelos autores nesta obra.

---

Dados Internacionais de Catalogação na Publicação (CIP) de acordo com ISBD

L6731
    Lewis, Benny
        Language Hacking Italiano: um curso de conversação para iniciantes / Benny Lewis ; traduzido por Carolina Palha. – Rio de Janeiro : Alta Books, 2022.
        256 p. : il. ; 17cm x 24cm. – (Language Hacking)

        Tradução de: Language Hacking Italian
        ISBN: 978-85-5080-717-1

        1. Linguas. 2. Idioma. 3. Italiano. I. Palha, Carolina. II. Título. III. Série.

2022-961
        CDD 450
        CDU 811.131.1

Elaborado por Odilio Hilario Moreira Junior - CRB-8/9949

Índice para catálogo sistemático:
1. Lingua italiana 450
2. Lingua italiana 811.131.1

---

**Produção Editorial**
Editora Alta Books

**Diretor Editorial**
Anderson Vieira
anderson.vieira@altabooks.com.br

**Editor**
José Ruggeri
j.ruggeri@altabooks.com.br

**Gerência Comercial**
Claudio Lima
claudio@altabooks.com.br

**Gerência Marketing**
Andrea Guatiello
marketing@altabooks.com.br

**Coordenação Comercial**
Thiago Biaggi

**Coordenação de Eventos**
Viviane Paiva
comercial@altabooks.com.br

**Coordenação ADM/Finc.**
Solange Souza

**Direitos Autorais**
Raquel Porto
rights@altabooks.com.br

**Assistente Editorial**
Henrique Waldez

**Produtores Editoriais**
Illysabelle Trajano
Larissa Lima
Maria de Lourdes Borges
Paulo Gomes
Thales Silva
Thiê Alves

**Equipe Comercial**
Adriana Baricelli
Daiana Costa
Fillipe Amorim
Heber Garcia
Kaique Luiz
Maira Conceição
Victor Hugo Morais

**Equipe Editorial**
Beatriz de Ass s
Brenda Rodrigues
Caroline David
Gabriela Paiva
Marcelli Ferre ra
Mariana Portugal

**Marketing Editorial**
Jessica Nogueira
Livia Carvalho
Marcelo Santos
Pedro Guimarães
Thiago Brito

---

**Atuaram na edição desta obra:**

**Tradução**
Carolina Palha

**Copidesque**
Igor Farias

**Revisão Gramatical**
Samantha Batista
Gabriella Araújo

**Narração**
Daniel Augusto

**Diagramação**
Lucia Quaresma

Editora afiliada à:

ASSOCIADO

Rua Viúva Cláudio, 291 — Bairro Industrial do Jacaré
CEP: 20.970-031 — Rio de Janeiro (RJ)
Tels.: (21) 3278-8069 / 3278-8419
www.altabooks.com.br — altabooks@altabooks.com.br
**Ouvidoria:** ouvidoria@altabooks.com.br

# SUAS MISSÕES

## INTRODUÇÃO

| | |
|---|---|
| ⋯⟫ Um recado do Benny | ix |
| ⋯⟫ Como usar este curso | x |
| ⋯⟫ O que você encontrará no livro | x |
| ⋯⟫ O que você Encontrará online | xiii |
| ⋯⟫ Contrato do Hacker da Linguagem | xiv |
| ⋯⟫ Guia de pronúncia | xv |

## UNIDADE 1: FALE SOBRE VOCÊ

**CONVERSA 1:** As primeiras palavras de qualquer conversa — **2**

Você vai aprender *Ciao* para cumprimentos e *Sono… e tu?* para se apresentar

**CONVERSA 2:** Descreva seus interesses — **7**

Você vai aprender *Mi piace/Non mi piace… Amo/Adoro…* para falar do que gosta (ou não gosta)

**#languagehack:** Aproveite as palavras que já conhece. — **10**

**CONVERSA 3:** Por que está aprendendo italiano? — **13**

Você vai aprender *Perché vuoi…? Perché voglio…* para dizer "por quê?"

**Sua missão:** Diga seu nome, de onde veio, onde mora e por que está aprendendo italiano.

## UNIDADE 2: PUXE CONVERSA

**CONVERSA 1:** Palavras essenciais para fazer perguntas — **22**

Você vai aprender *Ti piace…? Parli…? No, parlo solo…* para fazer e responder a perguntas

**#languagehack:** Aprender vocabulário com associações é muito mais rápido. — **28**

**CONVERSA 2:** Há quanto tempo você estuda italiano? — **29**

Você vai aprender *Da quando* para perguntar "desde quando"… *da* lhe diz quanto tempo

**CONVERSA 3:** Trocando ideias — **35**

Você vai aprender *Mi sembra/Non mi sembra… Devo…* para expressar sua opinião

**Sua missão:** Dizer quais idiomas fala ou quer aprender, há quanto tempo estuda italiano.

## UNIDADE 3: RESOLVA OS PROBLEMAS DE COMUNICAÇÃO

**CONVERSA 1:** Bate-papo online — **44**

Você vai aprender *Grazie che mi insegni…* para falar com um recém-conhecido

**CONVERSA 2:** Não entendi… — **50**

Você vai aprender *Mi dispiace, non capisco…* para solicitar explicações

**CONVERSA 3:** Você consegue me ouvir? — **56**

Você vai aprender *Mi senti? Ho bisogno di/Devo installare…* para conversar online.

**#languagehack:** Use o truque das terminações para turbinar a memorização dos gêneros das palavras. — **62**

**Sua missão:** Use frases de sobrevivência na conversa: diga de onde veio e onde trabalha.

## UNIDADE 4: DESCREVA SEUS PLANOS PARA O FUTURO

**CONVERSA 1:** Com licença, você fala italiano? — **68**

Você vai aprender *Ti dispiace se…? Puoi sederti qui* para começar uma nova conversa

**CONVERSA 2:** Aonde você vai? — **73**

Você vai aprender *Vuoi viaggiare...? Perché non visiti…? Puoi prendere un treno* para falar sobre seus planos.

**CONVERSA 3:** O que você vai fazer no fim de semana? — **78**

Você vai aprender *Voglio vedere/andare a e per cominciare… poi… per finire* para descrever o que fará.

**#languagehack:** Turbine seu italiano com esses quatro verbos auxiliares. — **82**

**Sua missão:** Diga aonde planeja ir, como chegará, o que vai ver e fazer.

## UNIDADE 5: FALE SOBRE SUA FAMÍLIA E SEUS AMIGOS

**CONVERSA 1:** Quais são seus planos? — **90**

Você vai aprender *Esco con… La conosco da… È di…* para dizer como passa seu tempo.

**#languagehack:** Fique atento às pistas e ao contexto para compreender melhor as conversas. — **96**

**CONVERSA 2:** Com quem você mora? — **99**

Você vai aprender *Stiamo insieme da… Conosco…* para descrever quem conhece.

**CONVERSA 3:** Somos quatro — **104**

Você vai aprender *Siamo in… Abbiamo… Si chiamano...* para descrever sua família

**Sua missão:** Diga como conheceu alguém, onde vive e trabalha, e o que gosta de fazer.

## UNIDADE 6: COMA, BEBA E CONVERSE

Você vai aprender *Io prendo... mi può portare...* para fazer pedidos em restaurantes.

**CONVERSA 1:** Vou querer… — **112**

Você vai aprender *Secondo me… Hai ragione… Ci sono così tanti* para expor seus pontos de vista

**CONVERSA 2:** Na minha opinião… — **118**

Você vai aprender *Dimmi una cosa... Mi puoi consigliare…?* para pedir a opinião de alguém.

**CONVERSA 3:** O que você recomenda? — **126**

**#languagehack:** Deixe sua conversa mais fluente usando conectivos. — **130**

**Sua missão:** Demonstre suas opiniões e recomendações: diga de quais comidas e bebidas gosta.

## UNIDADE 7: FALE SOBRE ONTEM… SEMANA PASSADA… MUITO TEMPO ATRÁS

**CONVERSA 1:** O que você fez no final de semana passado? — **136**

Você vai aprender *Sono andata a... scorso… Abbiamo visitato… anni fa* para dizer o que fez.

**CONVERSA 2:** Você estudou italiano esta semana? — **144**

Você vai aprender *Ho studiato... Ho imparato... Ho detto…?* para falar sobre o passado.

**CONVERSA 3:** Você sabia…? — **151**

Você vai aprender *La mia pronuncia… un accento forte…* para descrever seu progresso em italiano.

**#languagehack:** Viagem no tempo: use o presente para falar nos tempos passado e futuro. — **156**

**Sua missão:** Conte uma história sobre seu passado; diga o que pensava, aonde foi e o que aprendeu.

## UNIDADE 8: JÁ FAZ UM TEMPO!

**CONVERSA 1:** Já faz um tempo!     **162**

Você vai aprender *Quanto tempo! Come vanno le cose? Vedo che…* para puxar assunto.

**CONVERSA 2:** Sua rotina     **168**

Você vai aprender *Di solito… Ogni tanto… Spesso… A volte…* para descrever seu cotidiano.

**CONVERSA 3:** Saindo à noite     **173**

Você vai aprender *Mi piacerebbe… Sarebbe perfetto! Cosa devo portare?* para fazer planos.

**#languagehack:** A técnica da reformulação para lidar com frases complicadas.     **180**

**Sua missão:** Diga como passa seu tempo, seu dia: faça planos.

## UNIDADE 9: DESCREVA!

**CONVERSA 1:** Descreva a cidade     **186**

Você vai aprender *Fa bel tempo… all'ombra… fa fresco...* para descrever seus arredores.

**CONVERSA 2:** Descreva personalidades     **192**

Você vai aprender *È avventurosa… una persona timida…* para descrever pessoas que conhece.

**CONVERSA 3:** Parece com…     **198**

Você vai aprender *Queste vanno bene? No, quelle nere… in offerta...* para descrever diferentes itens.

**#languagehack:** Aproveite seus momentos secretos para fazer uma imersão contínua no italiano.     **203**

**Sua missão:** Diga o que está perto, como algo é; descreva personalidades.

## UNIDADE 10: SUA PRIMEIRA CONVERSA

**#languagehack:** Faça anotações para ligar o "piloto automático" na sua primeira conversa.     **210**

**Sua missão:** Converse com um falante nativo de italiano.

## RESPOSTAS     **221**

## AGRADECIMENTOS     **238**

# UM RECADO DO BENNY

De fato, algumas pessoas têm que passar anos estudando italiano até conseguirem se comunicar usando o idioma.

Mas eu tenho uma ideia melhor. Vamos pular todos esses anos de estudo e começar logo a falar o idioma.

Parece loucura, mas não é. Trata-se do método do language hacking.

O *#LanguageHacking* é um método completamente diferente para aprender idiomas.

Não se trata de mágica. Não é uma abordagem "para poucos". Consiste apenas em adotar uma postura inteligente em relação ao *modo* de aprender: focar o que for indispensável, pular o que for desnecessário e usar seus conhecimentos desde o início em conversas reais em italiano.

Como hacker da linguagem, minha missão é descobrir atalhos no aprendizado de idiomas: truques e técnicas para decifrar o código da linguagem e agilizar a aquisição de fluência. Ao aprender idiomas, meu objetivo é obter o melhor resultado possível.

Ninguém precisa memorizar todas as palavras e regras gramaticais para começar a usar o idioma. Basta conhecer as frases *mais versáteis* e *comuns* aplicáveis à maioria das situações e aprender a "lidar" com o problema de não entender ou não saber dizer algo.

O *#LanguageHacking* não é apenas um curso, mas uma nova perspectiva sobre o estudo de idiomas. Neste livro, você vai aprender os aspectos mais essenciais do idioma, sem nenhuma informação desnecessária. É possível estudá-lo separadamente ou combinado com outros livros para agilizar o aprendizado dos idiomas.

Então, mãos à obra. Nos vemos lá dentro.

*Benny*

*Benny Lewis, Hacker da Linguagem*

# COMO USAR ESTE CURSO

A reclamação mais comum que ouço dos estudantes de idiomas é esta:

*"Estudei italiano durante vários anos na escola. Consigo entender algumas palavras que leio e ouço, mas não consigo falar."*

O *#LanguageHacking* não é um curso tradicional. Como sua abordagem prioriza a *conversação*, você terá que desenvolver as habilidades necessárias para ter conversas relevantes e práticas em italiano desde o início do aprendizado. No final do curso, você saberá como se apresentar, fazer perguntas e responder a questionamentos típicos em italiano, bem como encontrar e manter contato com falantes do idioma no local em que vive. Além disso, possuirá habilidades e estratégias para diversos tipos de conversas, sempre em italiano, e a confiança necessária para conduzi-las.

O *#LanguageHacking* pode ser estudado como único método ou em combinação com outro curso de idiomas, em formato impresso, online ou presencial. Agora, pegue seu caderno e vamos começar!

# O QUE VOCÊ ENCONTRARÁ NO LIVRO

Este curso propõe o desafio de **falar o idioma desde o primeiro dia** e dez missões para desenvolver suas habilidades de conversação em italiano. Para isso, gostaria de convidá-lo a participar da comunidade language hacking, criada para dar suporte ao curso e oferecer um lugar seguro e divertido para a troca de ideias entre estudantes determinados e com objetivos semelhantes. Você pode realizar as missões por conta própria, mas seu progresso será mais rápido se praticar o idioma com outras pessoas. Por isso, recomendo que você envie suas missões para a comunidade online #LanguageHacking para obter feedback (e minimissões secretas!).

## FALE DESDE O 1º DIA

Ninguém aprende a tocar piano sem se sentar e colocar os dedos nas teclas. Ninguém joga tênis até pegar a raquete. E ninguém aprende um idioma sem falar. Ao falar desde o primeiro dia, você vai:

- Assimilar as expressões e palavras utilizadas por outras pessoas.
- Identificar as expressões que ainda não conhece e deve aprender.
- Saber como as outras pessoas se expressam.
- Ouvir comentários de outras pessoas.

LANGUAGE HACKING ITALIANO

- ⋯⟩ Melhorar sua pronúncia e fluência.
- ⋯⟩ Superar o medo de se comunicar em um novo idioma.
- ⋯⟩ Ganhar motivação ao perceber seu progresso.

## DESENVOLVA SUAS HABILIDADES NO IDIOMA

### Use conversas típicas para dominar o idioma

Cada unidade traz três **conversas** em italiano que apresentam o idioma em contextos comuns, e cada conversa se baseia na anterior para desenvolver seu vocabulário e prepará-lo para a missão. Leia cada conversa como uma lição e confirme se compreendeu tudo antes de seguir para a próxima.

### Exercícios da seção Desvende

Depois que você ler cada conversa e ouvir o áudio correspondente, vou ajudá-lo a **Desvendar**. O objetivo desses exercícios é prepará-lo para entender o italiano sozinho, utilizando o contexto, reconhecendo padrões e aplicando outras estratégias de aprendizagem, sem precisar traduzir o texto. Ao compreender o idioma por conta própria, você vai internalizá-lo melhor e lembrar mais rápido quando necessário.

### Exercícios da seção Observe

Depois de cada conversa, há uma **lista de frases** com as principais frases e expressões, o vocabulário da conversa e as respectivas traduções e pronúncias. O objetivo dos exercícios da seção **Observe** é estimulá-lo a pensar sobre o novo idioma, assimilar sua dinâmica e, assim, compreender o italiano de modo mais intuitivo.

### Exercícios da seção Pratique

Os exercícios da seção **Pratique** reforçam seus conhecimentos. Neles, você vai organizar as diferentes informações que aprendeu e criar novas frases em italiano.

### Junte tudo

Nessa seção você deve **Juntar tudo** o que aprendeu e criar seu próprio repertório de frases em italiano. Vou ajudá-lo a preparar seu "vocabulário pessoal" para que você use em conversas práticas e de grande relevância.

## SUPORTE, TÉCNICAS E ESTRATÉGIAS

Para o language hacking, as conversas em italiano não devem ser limitadas pela quantidade de palavras conhecidas pelo estudante.

Com o tempo, você aprenderá a criar seus próprios atalhos para facilitar seus estudos. Compartilhe seus resultados com a comunidade. **Use a hashtag #languagehacking.**

### #LanguageHacks

Você vai **aprender atalhos pouco convencionais** para ampliar exponencialmente suas habilidades no idioma. São diferentes padrões, regras e ferramentas que irão ajudá-lo a decifrar o código e agilizar sua fluência. Os 10 hacks indicados neste livro apresentam técnicas que podem ser usadas no curso e ao longo de todo o seu aprendizado.

### Táticas de conversa

Aqui você vai aprender táticas de conversa essenciais, como o uso de **conectivos**, **expletivos** e **frases essenciais** para puxar conversa e manter o ritmo do diálogo.

**TÁTICA DE CONVERSA: *aprenda em "blocos"***
Você não precisa decorar a gramática inteira. Muitas vezes, basta **aprender o idioma em "blocos"**, como você aprendeu sua língua materna. Aprendemos a dizer "está aí" antes de sabermos o significado de cada palavra, e mesmo assim nos comunicávamos.

### Gramática e pronúncia

Vamos abordar as **noções gramaticais mais essenciais**, mas ninguém será sobrecarregado com informações desnecessárias para a comunicação. Vou ajudá-lo com os pontos mais importantes da **pronúncia**, indicando as melhores técnicas para acertar todos os sons.

### Notas secundárias

Ao longo do livro, apresentarei mais informações, como dicas culturais sobre pessoas e países que falam italiano, uso criativo do vocabulário e novas frases e mini-hacks para incrementar o aprendizado.

### Veja seu progresso

Você vai conferir seu progresso no curso a cada capítulo. Antes de concluir a unidade, você vai **confirmar o que aprendeu** com o treino de áudio, que funciona como um "interlocutor virtual". Com essa prática, você pode organizar seus pensamentos e se expressar no seu próprio ritmo.

Além disso, antes da missão há uma **checklist de autoavaliação** para que você verifique seus conhecimentos e gere um registro visual do seu progresso até esse ponto.

## MISSÕES

Ao final de cada unidade, há *três tarefas* que representam sua missão final.

### PASSO 1: Crie seu script

Você criará scripts "pessoais" com frases que descrevam a sua vida para conversar com outras pessoas. O objetivo desses scripts é viabilizar o estudo de frases em italiano que sejam úteis e verdadeiramente relevantes.

## PASSO 2: Fale italiano com outras pessoas... *online*

Na minha experiência, falar desde o primeiro dia é o melhor modo de conquistar a fluência rapidamente. Onde quer que você more, vou ajudá-lo a implementar essa estratégia a partir das missões indicadas na comunidade language hacking.

Para obter feedback dos outros estudantes e trocar ideias, você deve gravar a si mesmo lendo em voz alta os scripts em italiano e enviar essa gravação para a comunidade. Essa é a melhor prática à sua disposição, ficando atrás apenas de conversar pessoalmente com um falante nativo. Ao falar com outras pessoas, você ficará mais confiante para se expressar em italiano no mundo real.

## PASSO 3: Aprenda com outros estudantes

Ao compartilhar suas missões com outros estudantes, você se sentirá mais à vontade para se expressar em italiano e, mais importante, para cometer erros típicos de iniciantes na sua jornada até a fluência. Além disso, entenderá como as conversas fluem em italiano e identificará as expressões que faltam nos seus scripts e que devem ser assimiladas para que você desenvolva suas habilidades de conversação.

Em outras palavras, você terá acesso a todos os elementos essenciais para conversar em italiano. Não é essa a intenção?

Vamos começar.

# O QUE VOCÊ ENCONTRARÁ ONLINE

Acesse a comunidade #LanguageHacking em www.italki.com/languagehacking para:

- Enviar suas missões.
- Conferir uma lista atualizada dos melhores recursos gratuitos de aprendizado disponíveis online.
- Descobrir outros materiais de apoio para o seu aprendizado.
- Saber mais sobre o método Language Hacking e Benny Lewis

Acesse o site da Alta Books em www.altabooks.com.br para:
- Baixar o áudio do curso e ler as suas transcrições

# CONTRATO DO HACKER DA LINGUAGEM

Neste curso, você vai:

···❯ **Conhecer atalhos (#languagehacks)** para aprender rapidamente um novo *idioma*.

···❯ **Aprender as palavras e** *le frasi* necessárias para usar imediatamente em conversas de verdade.

···❯ **Ganhar confiança** para começar a falar *italiano* logo no primeiro dia.

···❯ **Ter acesso** a uma *comunità* de estudantes de idiomas com interesses iguais aos seus.

Essa é minha parte do acordo, e vou cumpri-la à risca.

Agora, confira as suas obrigações no contrato. Recomendo que você leia diariamente para memorizar e incorporar esse texto à sua vida.

*Falarei italiano todos os dias, mesmo que seja só um pouco. Vai parecer estranho e desconfortável às vezes, mas tudo bem.*

*Aceitarei que, para falar com perfeição, é necessário primeiro cometer erros. Para superar meu medo, preciso enfrentá-lo. A única coisa que me impede de falar italiano é… falar italiano.*

*Aceitarei meu Tarzan interior. Direi frases em italiano do tipo: "Eu Benny. Mim autor. Eu irlandês." Farei isso porque ainda estou aprendendo e não devo me levar muito a sério. Vou me comunicar com eficiência, não com perfeição. Com o tempo, farei avanços expressivos.*

*Desenvolverei scripts "pessoais", minimonólogos sobre mim mesmo. Memorizarei esses scripts e recorrerei a eles sempre que necessário. Sempre irei me deparar com o fato de que sou capaz de lidar com as situações mais comuns envolvendo um novo idioma. Em pouco tempo, minha confiança aumentará de acordo com meu domínio sobre o novo idioma.*

*Falarei sempre que puder e serei um membro ativo da comunidade language hacking. Aprenderei oferecendo e recebendo feedback.*

*Desenvolverei minhas habilidades um pouco a cada dia.*

*Meu estudo será inteligente. Serei autossuficiente. Aprender italiano fará parte de minha rotina diária. Serei fluente mais rápido do que poderia imaginar.*

*Sou um hacker da linguagem.*

**Assinatura:** _____    **Data:** _____

# GUIA DE PRONÚNCIA

O italiano é um idioma fonético, ou seja, as letras ou combinação de letras seguem sempre as mesmas regras de pronúncia.

A maioria das letras tem uma pronúncia previsível, mas aqui está um pequeno quadro com algumas regras essenciais. Acompanhe as gravações dos falantes nativos para treinar seus ouvidos e sua língua!

## CONSOANTES

🔊 00.01 A maior parte das consoantes em italiano soa como em português, mas há algumas exceções.

| Representada por | Explicação | Exemplos |
|---|---|---|
| c (antes de "e" e "i") | som de "tch", como em "tchau" | concerto, piacere, ciao |
| c (antes de "a", "o" e "u") | som de "k", como em "casa" | con, casa, come |
| ch | som de "k", como em "queijo" | anche, che, chi |
| g (antes de "e" e "i") | som de "dj" | gelato, giorno, gente |
| g (antes de "a", "o" e "u") | som de "g", como em "gato" | lingua, guidare, lungo |
| gh | som de "g", como em "gueto" | funghi, ghetto, spaghetti |
| gn | som de "nh", como em "ninho" | gnocchi, lasagna, bagno |
| r | um som feito colocando-se a língua no céu da boca, como o meio do caminho entre "l" e "d" | artista, Irlanda, caro |
| sc (antes de "i" e "e") | som de "x", como em "xá" | capisce, uscita, pesce |

## VOGAIS

🔊 **00.02** Aqui estão todos os sons de vogais que você ouvirá em italiano.

| Representada por | Explicação | Exemplos |
|:---:|:---:|:---:|
| a | som de "ah", como em "sofá" | casa, papà, pasta |
| e | som de "eh-" fechado, como em "você" | sera, e, me |
| e | som de "eh" aberto, como em "céu" | presto, bello, vento |
| i | som de "ih", como em "vinho" | vino, amico, in |
| o | som de "oh-" fechado, como em "avô" | nome, sole, volo |
| o | som de "oh" aberto, como em "só" | no, cosa, otto |
| u | som de "uh", como em "rua" | blu, una, Luca |

Observe que há duas versões de "e" e "o", como em português, o que é fácil de aprender até mesmo para um iniciante.

Mesmo que essa lista não cubra todas as possibilidades de pronúncia, você poderá ler qualquer coisa em italiano em voz alta.

# 1 FALE SOBRE VOCÊ

### Sua missão

Imagine que acabou de chegar à Itália e, na sua vez de apresentar o passaporte, ouve algumas perguntas do agente da imigração.

Sua missão é convencer o agente a deixá-lo entrar no país. Respire fundo e diga *buongiorno*, em italiano. Em seguida, bata um papo simples por 30 segundos, todo em italiano.

Diga o **seu nome, o local de onde vem, o seu país de residência, o motivo da sua visita à Itália** e, principalmente, **por que está aprendendo italiano**.

Essa missão serve de preparação para as perguntas inevitáveis que ocorrem em todas as conversas iniciais em italiano.

### Treine para a missão

- Aprenda frases básicas para falar sobre você com *sono...*
- Crie frases simples para falar sobre o que você quer e o que lhe agrada usando *voglio*, *mi piace*.
- Crie uma tática de conversa: vire o jogo perguntando *e tu?*
- Aprenda nomes de países, nacionalidades, profissões e interesses.
- Use os conectivos *perché*, *e*, *ma*.

## CRIANDO SCRIPTS

Conversas iniciais em novos idiomas costumam ser previsíveis, o que é ótimo para iniciantes. Para ajudá-lo com as frases mais frequentes, vamos começar pela criação do seu primeiro "script". No início, iremos devagar, mas logo vamos aumentar o ritmo.

Quem já estudou italiano vai reconhecer algumas das palavras mencionadas nesta unidade. Mas queremos ir além de decorar as expressões indicadas nas unidades: queremos criar scripts. Quando se domina um script, é possível adaptá-lo às suas necessidades. Dessa forma, aprender e utilizar o idioma desde o início fica bem mais descomplicado.

#LANGUAGEHACK
Aproveite as palavras que já conhece.

# CONVERSA 1

## As primeiras palavras de qualquer conversa

> **DICA CULTURAL:**
> **no bar**
> Na Itália, um *bar* ou *caffetteria* é um lugar para encontros descontraídos. Convide seus amigos italianos para tomar um café (*prendiamo un caffè insieme*) em um bar ou em casa mesmo se eles não gostarem de café.

Vamos acompanhar a história de Melissa, uma jornalista que estuda italiano e acaba de chegar em Roma. Ela pretende passar o verão conhecendo a antiga civilização romana, admirando a arte italiana, saboreando a comida italiana… e mergulhando no idioma italiano! Assim, Melissa se inscreveu em um curso de italiano oferecido por um bar local. Hoje, ela deve encontrar Cesco, o instrutor, pela primeira vez.

🔊 **01.01** O diálogo abaixo é uma apresentação típica. Prepare-se para repeti-lo várias vezes. Escute a conversa e observe como Melissa pergunta *e tu?*

> O primeiro passo para o iniciante é **criar um diálogo** de apresentação. Após o cumprimento inicial, a conversa em geral aborda a sua profissão e onde você mora.

| | |
|---|---|
| **Cesco:** | Melissa? |
| **Melissa:** | Ciao. Sì, sono Melissa. E tu? |
| **Cesco:** | Ciao e benvenuta a Roma! Sono Cesco. |
| **Melissa:** | Grazie! |
| **Cesco:** | Allora, parlami di te! |
| **Melissa:** | Allora, sono americana. E sono una giornalista. Sono qui a Roma per studiare l'italiano. E tu? |
| **Cesco:** | Sono italiano, ovviamente! Sono insegnante di italiano. E vivo qui, a Roma. |

> **TÁTICA DE ESTUDO:**
> **deduza pelo contexto**
> Para compreender o sentido de uma palavra isolada, combine as pistas das palavras ao redor com o que você já sabe e deduza o seu significado. Aproveitar o contexto é uma estratégia essencial para estudar um idioma.

Em um primeiro contato, as palavras em italiano parecem sons aleatórios. Mas basta se condicionar a vê-las e ouvi-las com mais atenção para perceber que o *contexto* da conversa e a relação das palavras com o português revelam muitas informações. O segredo está em captar a dinâmica do idioma.

Pense na conversa que acabou de ouvir! Em seguida, observe as diferenças entre as estruturas das frases em italiano e português. Uma análise ativa da forma específica em que se ordenam palavras e frases em italiano vai acelerar o seu aprendizado.

**2** ···▶ 1 FALE SOBRE VOCÊ

# DESVENDE

1  Na sua opinião, o que significa *sono*? _____

2  Quais foram as duas frases que Cesco usou para cumprimentar Melissa?
   Na sua opinião, o que significam?

   _____     _____

3  Qual frase Melissa usou para devolver a pergunta para Cesco? Destaque
   e escreva aqui. _____

4  Encontre as palavras que respondem a cada pergunta e as
   escreva abaixo.

   **Exemplo:** Qual é a nacionalidade de Cesco? italiano _____

   a  Qual é a profissão de Melissa? _____

   b  Qual é a nacionalidade de Melissa? _____

   c  Onde Cesco mora? _____

Pelo **contexto**, é possível descobrir as respostas para essas perguntas mesmo sem saber nenhuma palavra italiana. Demais, não é?

## OBSERVE

🔊 **01.02** Ouça o áudio e observe a tabela.

### Frases essenciais da Conversa 1

| Italiano | Significado |
| --- | --- |
| ciao | oi |
| sì, sono Melissa | sim, sou Melissa |
| e tu? | e você? |
| grazie! | obrigado! |
| allora, parlami di te! | então, me fale de você! |
| sono americana | sou americana |
| ... italiano | ... italiano |
| sono una giornalista | sou uma jornalista |
| sono qui a Roma ... | estou aqui em Roma... |
| ... per studiare l'italiano. | ... para estudar italiano. |
| sono italiano, ovviamente! | sou italiano, obviamente! |
| sono insegnante di italiano | sou professor de italiano |
| vivo qui, a Roma | moro aqui, em Roma |

**TÁTICA DE CONVERSA: *e tu?***
Quando não se sentir à vontade para falar no início, recomendo devolver a pergunta ao interlocutor e ouvi-lo falar. Em italiano, um modo fácil de fazer isso é com um simples *E tu?*

**VOCÁBULO: *-mente* para "-mente"**
A terminação *-mente* ocorre tanto em italiano quanto português, como, por exemplo, em "obviamente" (*ovviamente*) e "naturalmente" (*naturalmente*).

Como no português, o artigo em italiano é opcional para indicar profissões. Por isso, Melissa diz *Sono una giornalista* e Cesco, *Sono insegnante di italiano*.

**1** Escreva as frases a seguir em italiano.

**a** Eu sou. _____

**b** Eu moro em (cidade). _____

**c** E você? _____

**d** Sou italiano. _____

**2** Complete a frase equivalente em italiano a "Me fale de você!"

_____ *di te!*

## PRONÚNCIA: i e u

O som do *i* em italiano é igual ao i em "s**i**nto" e o *u* é pronunciado como o "u" em "fl**u**ido". Portanto, o *tu* italiano tem o mesmo som de "tu".

🔊 **01.03** Pratique as palavras *vivo*, *blu* e *lui*. Leia em voz alta, escute o áudio e repita para imitar a pronúncia.

## PRATIQUE

Mesmo que conheça um pouco do idioma, pratique a pronúncia das palavras em voz alta para exercitar a memória muscular e desenvolver um sotaque italiano.

🔊 **01.04** Confira aqui novas palavras que irão ajudá-lo a criar o script do idioma. Ouça o áudio e observe a tabela.

| Países | Nacionalidades | Profissões | Interesses |
|---|---|---|---|
| Stati Uniti | americano / a | giornalista | cinema |
| Inghilterra | inglese | insegnante | teatro |
| Canada | canadese | programmatore | fotografia |
| Italia | italiano / italiana | farmacista | musica, danza moderna |
| Cina | cinese | receptionist | tennis |
| Australia | australiano / australiana | artista | televisione |
| Russia | russo / russa | medico | filosofia |
| Spagna | spagnolo / spagnola | segretario | bicicletta |
| Messico | messicano / messicana | veterinario | arti marziali |
| Francia | francese | architetto | computer |
| **Irlanda** | **irlandese** | **blogger** | **le lingue (idiomas)** |
| | | | |
| | | | |
| | | | |

**PRONÚNCIA:**
*linguagem fonética*
Sim, sempre! Como o português, que tem poucas inconsistências na relação entre escrita e pronúncia, a maior parte dos sons em italiano têm uma pronúncia fixa.

**PARA FALAR:**
*arrisque-se!*
Sempre ouço de alunos de italiano: "Benny, estudo o idioma há anos, mas ainda não consigo falar!" Isso ocorre porque estão o tempo todo lendo, ouvindo ou estudando italiano, mas não falam. Faça o que quiser, mas não estude italiano em silêncio. É preciso usar o idioma, mesmo que soe esquisito ou idiota e o sotaque saia horrível no início. Ele só vai melhorar com a prática!

Observe que, às vezes, as palavras mudam quando se referem a homens ou mulheres. Em italiano e português, geralmente palavras masculinas terminam em **o** e femininas, em **a**. Mais detalhes na Unidade 3!

CONVERSA 1 ··· **5**

**TÁTICA DE ESTUDO:**
**vocabulário pessoal**
Ao se deparar com uma nova lista de palavras, não tente memorizar todas. Concentre-se naquelas que pretende usar em conversas. Quando estiver lendo a lista, fique à vontade para riscar as palavras que não vai utilizar no futuro.

Caso ainda não tenha, compre um bom dicionário de italiano, para desenvolver o seu "vocabulário pessoal". À medida que avançarmos, procure palavras com aplicação prática para tornar o script mais útil. Vamos começar.

1   Quais são as profissões e os interesses das pessoas do seu círculo social? De que países elas são?

   a   Encontre e destaque na tabela as profissões, interesses, países e nacionalidades de pessoas que você conhece.

   b   Acrescente três novas palavras a cada categoria. Escolha palavras que tenham relação com você ou pessoas próximas.

2   Agora, responda as perguntas abaixo em italiano. Qual é:

   a   o seu nome? Sono … _____

   b   a sua nacionalidade? _____

   c   a sua profissão? _____

   d   a cidade em que mora? _____

3   Cubra as traduções na lista de frases e tente lembrar o seu significado.

## JUNTE TUDO

Há diversas maneiras de praticar italiano na sua comunidade online. Confira algumas sugestões em nossos **Recursos** online. Lá, você encontrará dicas de aplicativos e dicionários online gratuitos tão bons quanto os impressos..

*Allora, parlami di te!* Vamos começar a criar o seu script. Ao longo deste curso, irei ajudá-lo a construí-lo. Prepare-se para utilizá-lo várias vezes nas primeiras conversas em italiano com pessoas reais.

Com base na conversa e no seu vocabulário pessoal, crie quatro frases sobre a sua vida. Escreva-as em italiano:

| | |
|---|---|
| ⋯⋗ seu nome | **Io sono** |
| ⋯⋗ de onde vem | |
| ⋯⋗ o que faz da vida | |
| ⋯⋗ onde mora | |

6 ⋯⋗ 1 FALE SOBRE VOCÊ

# CONVERSA 2

## Descreva seus interesses

Nas primeiras conversas, geralmente há perguntas como: "Do que você gosta?" No diálogo a seguir, Cesco e Melissa falam sobre os seus interesses.

🔊 **01.05** Procure palavras com sons conhecidos para tentar compreender a essência do que está sendo dito.

Graças aos **cognatos** (palavras idênticas ou semelhantes em português e italiano), você sabe mais italiano do que pensa.

**Cesco:** Allora, cosa ti piace?
**Melissa:** Mi piace la pizza, ma non mi piace la bruschetta.
Mi piace il cinema. Amo la letteratura.
E tu? Dimmi, cosa ti piace?
**Cesco:** Allora, sono molto attivo! Mi piace visitare i musei e adoro il tennis. È il mio sport preferito!
**Melissa:** Dormire è il mio sport preferito!

**PRONÚNCIA:**
**bruschetta**
É tentador pronunciar o *ch* como na palavra "cheque", mas a sua pronúncia em italiano é como o "qu" de "queijo". Pense no *ch* como "qu".

CONVERSA 2 • 7

## DESVENDE

1   Qual frase Cesco usa para perguntar a Melissa do que ela gosta?

_____

2   Use o contexto e as palavras que reconheceu para descobrir:

    a   De que tipo de comida Melissa gosta? _____

    b   Do que ela não gosta? Sublinhe a frase que ela usa para dizer do que não gosta e a escreva abaixo.

       _____

    c   Qual é o "esporte" favorito de Melissa? _____

3   Identifique as palavras que parecem familiares na conversa. Encontre e destaque as expressões equivalentes em italiano a:

    a  literatura       b  adoro       c  museus       d  visitar

4   Confira o diálogo novamente e destaque outras palavras familiares.

## OBSERVE

🔊 **01.06** Ouça o áudio e observe a tabela.

> **HACKEANDO:**
> **"blocos" de palavras**
> Aprenda palavras em bloco em vez de tentar entender cada elemento. *Mi piace* é um bom exemplo. Embora a tradução literal seja "me agrada", é melhor pensar nessa expressão como "**eu gosto**".

### Frases essenciais da Conversa 2

| Italiano | Significado |
|---|---|
| cosa ti piace? | do que você gosta? |
| mi piace… | gosto de… (a mim agrada) |
| … la pizza | … pizza |
| … il cinema | … cinema |
| … visitare i musei | … visitar museus |

**8** ⋯ 1 FALE SOBRE VOCÊ

| ma non mi piace... | mas não gosto de... |
|---|---|
| la bruschetta | bruschetta |
| amo... | amo... |
| la letteratura | a literatura |
| adoro... | adoro... |
| il tennis | tênis |
| dormire | dormir |
| ... è il mio sport preferito! | ... é o meu esporte preferido! |

**DICA DE GRAMÁTICA:**
*ordem das palavras*
A ordem das palavras em italiano é diferente de como você está acostumado. Mas não se preocupe! Se empregá-las só um pouquinho errado as pessoas vão entendê-lo. Ao longo deste curso, anote a **tradução de cada palavra entre parênteses** para captar a lógica do idioma.

1 Qual é a diferença entre "eu gosto" em português e a frase equivalente em italiano?

2 Traduza as palavras familiares abaixo.

a museus _____

b gosto _____

c amo _____

d adoro _____

e não gosto _____

f literatura _____

g visitar _____

## PRATIQUE

1 Qual é seu esporte favorito? Crie uma frase para expressar sua preferência.

_____ *il mio sport preferito!*

2 Agora, crie frases para indicar as coisas de que mais gosta. Qual é seu:

a alimento preferido? (*cibo*) _____ *il mio* _____ *preferito!*

b filme preferido? (*film*) _____ *il mio* _____ *preferito!*

c museu preferido? (*museo*) _____ *il mio* _____ *preferito!*

3 Cubra as traduções na lista e tente lembrar o significado das frases.

CONVERSA 2

# #LANGUAGEHACK:
## Aproveite as palavras que já conhece.

Há muitos cognatos nesta unidade. Confira algumas dicas simples sobre como usá-los para construir rapidamente o seu vocabulário.

Diga o significado, em português, dos cognatos (ou quase cognatos) em italiano indicados abaixo.

| | | |
|---|---|---|
| pizza | televisione | telefono |
| cultura | moderno | differente |
| artista | situazione | |

Por serem línguas românicas, existem muitas palavras parecidas em italiano e português. Às vezes, a pronúncia dessas palavras é igual nos dois idiomas. Em outras, há pequenas diferenças.

Felizmente, podemos observar padrões simples que permitem a identificação de cognatos em italiano. Nesses casos, utilize uma palavra parecida com outra que conhece em português. É fácil identificar cognatos relacionados a...

| | |
|---|---|
| profissões, conceitos, vocabulário técnico ou científico | pilota, trigonometria, coesione, organismo, letteratura, biologia |
| palavras terminadas em "-ção" em português | ammirazione , associazione, istruzione, opzione, posizione |
| toda palavra em português terminada por "-tude", "-or", "-ista", "-ncia" e "-dade" | altitudine, attore, ottimista, arroganza, università (com leves alterações de pronúncia) |

**Dica de entendedor:** palavras formais em português tendem a ser parecidas em italiano. Por exemplo, caso não saiba dizer "país" em italiano, diga *nazione* (nação). Trata-se de uma palavra um pouco mais formal, mas você pode utilizar esse cognato para se fazer entender sem ter que aprender uma palavra nova!

Em parte, o **ritmo único do italiano** vem das combinações improváveis de letras! Certas consonantes se reúnem em um único som, como em *attore* (ator), *ottimista* (otimista) e *ammira*(re) (admirar). Observe também o "h" ausente no começo de palavras como *ospedale*.

## SUA VEZ: Use o hack

Para melhor assimilar o #languagehack, coloque em prática seus conhecimentos. Aplique essa técnica imediatamente.

1. 🔊 **01.07** Pratique a pronúncia dos cognatos em italiano. Observe como o som é diferente da versão em português e repita cada palavra imitando a pronúncia:

   *animale*     *storia*     *tradizione*     *ristorante*     *politica*
   *dizionario*  *musica*     *passione*       *nazionale*      *televisione*

2. Volte às Conversas 1 e 2, encontre cinco cognatos e os escreva no quadro abaixo.

### Quadro de cognatos

| Cognato | Significado | Cognato | Significado |
|---------|-------------|---------|-------------|
| visitare | visitar | _____ | _____ |
| _____ | _____ | _____ | _____ |
| _____ | _____ | _____ | _____ |
| _____ | _____ | _____ | _____ |
| _____ | _____ | _____ | _____ |

3. Na sua opinião, que palavras em português são cognatos em italiano? Pense em quatro novos cognatos com as regras que acabou de aprender. Depois, verifique as respostas no dicionário e escreva os novos cognatos no quadro!

**Exemplo:** democracia → **democrazia**

CONVERSA 2

**DICA DE GRAMÁTICA:**
*entenda a terminologia*
Neste livro, evitei usar termos muito técnicos, mas há alguns que vale a pena saber.
Por exemplo, substantivos (pessoas, lugares e coisas, como *bruschetta*, *giornalista*, *museo*) e verbos (palavras de ação como *sono*, *vivo*, *piace*). Esses são os elementos básicos de todas as frases.

Observe que, em italiano, acrescentamos alguns artigos (*il, la* etc.) antes dos substantivos. Discutiremos esse ponto mais adiante.

## EXPLICAÇÃO GRAMATICAL: verbo + substantivo

A estrutura sintática empregada nessa conversa consiste em verbo + substantivo. Ou seja, as palavras que indicam ação (verbos) são complementadas por pessoas, lugares ou coisas (substantivos), como ocorre no português. A partir dessa estrutura sintática, será muito mais fácil aprender e utilizar o idioma.

Exemplos: ***Voglio*** *un cappuccino.*   ***Amo*** *la musica.*   ***Mi piace*** *la pasta.*
verbo + substantivo   verbo + substantivo   verbo + substantivo

1  Você gosta, não gosta ou adora alguma coisa? Complete as frases a seguir com os substantivos do quadro e expresse as suas preferências!

| la pizza | la bruschetta | il caffè | il vino | la televisione |
|---|---|---|---|---|

  **a**  *Amo/adoro* (Amo/adoro) _____

  **b**  *Mi piace* (Gosto de) _____

  **c**  *Non mi piace* (Não gosto de) _____

## JUNTE TUDO

Agora, é a sua vez de falar sobre o que gosta e não gosta.

1  Fale sobre a sua vida. Use o dicionário para procurar novas palavras que expressem seus gostos. Lembre-se de:
- combinar os verbos aprendidos com lugares e coisas (substantivos)
- criar três novas frases sobre coisas de que gosta muito (*mi piace molto*) e duas sobre coisas de que não gosta
- descrever algumas de suas coisas favoritas!

> **Mi piace molto l'espresso!**

2  Releia seu script agora e tente memorizá-lo!

12 ···⫶ 1 FALE SOBRE VOCÊ

# CONVERSA 3

## Por que está aprendendo italiano?

No início do aprendizado, sempre ouvimos: "por que está aprendendo italiano?" Então, vamos preparar a sua resposta.

🔊 **01.08** Cesco quer saber por que Melissa está estudando italiano. Observe a forma como ela estrutura a resposta. Como Melissa diz "porque"?

> **Cesco:** Dimmi, perché vuoi imparare l'italiano?
>
> **Melissa:** *Be'*, voglio imparare l'italiano perché ... voglio parlare *una bella lingua* e voglio capire la cultura italiana. Poi voglio vivere e lavorare in Italia e per me la musica italiana è molto interessante!
>
> **Cesco:** Ti piace la musica classica o la musica pop?

> Sem dúvida essa pergunta surgirá na sua primeira conversa em italiano. Aprenda a resposta!

> Tecnicamente, essa **partícula expletiva** é a forma reduzida da palavra bene (bem). Porém, quando os italianos utilizam a expressão, levantam os ombros ou sacodem a cabeça. Curioso, não é?

## DESVENDE

1 Quais palavras os falantes de italiano usam para fazer uma pergunta (exemplo: "por quê?") e para justificar a resposta (como "porque")? Circule essas palavras na conversa e as escreva aqui.

   por quê? _____ porque _____

2 Por que Melissa está estudando italiano? Destaque pelo menos três motivos indicados por ela na conversa.

3 Na sua opinião, qual é o significado das frases abaixo em português?

   a *la cultura italiana* _____

   b *la musica classica o la musica pop* _____

   c *in Italia* _____

4 Identifique dois cognatos no diálogo. Em seguida, volte e os escreva no quadro.

> **DICA CULTURAL:**
> *costumes locais*
> A cortesia abre muitas portas! Além da sua cultura e história, os maiores motivos de orgulho dos italianos são a região onde nasceram e as tradições da sua cidade natal. Faça muitas perguntas, descubra de onde são os seus amigos italianos e torça com fervor para o time de futebol local. Logo, logo você será muito popular!

CONVERSA 3 ⚜ **13**

**DICA CULTURAL:**
***tu*** **ou** ***Lei*****?**

Em italiano, há dois modos de se referir a alguém: o informal, com *tu* (em que o verbo termina em *i*, como *vuoi*), e a formal, com *Lei*. Neste livro, vamos utilizar o modo informal na maioria das vezes, pois essa é a forma mais recorrente em papos típicos com pessoas da sua idade e colegas que também estudam o idioma.

Em italiano, as expressões "por que", "por quê", "porque" e "porquê" são escritas da mesma forma: *perché*.

5   Na sua opinião, qual é a diferença entre *voglio* e *vuoi*?

## OBSERVE

🔊 **01.09** Ouça o áudio e observe a tabela.

### Frases essenciais da Conversa 3

| Italiano | Significado |
|---|---|
| perché... | por que... |
| vuoi imparare l'italiano? | você quer aprender italiano? |
| voglio imparare l'italiano perché... | quero aprender italiano porque... |
| voglio... | quero... |
| ... parlare una bella lingua | ... falar um lindo idioma |
| ... capire la cultura italiana | ... entender a cultura italiana |
| e poi | e depois |
| vivere e lavorare in Italia | morar e trabalhar na Itália |
| per me... | para mim... |
| la musica italiana è molto interessante! | a música italiana é muito interessante! |

## TÁTICA DE CONVERSA: incremente suas frases com conectivos

Mesmo que não soem muito naturais, frases simples e curtas dão conta do recado para os iniciantes em italiano.  Mas sempre é possível articular frases adicionando **conectivos**. Palavras como *e, o, ma, perché* ("e", "ou", "mas" e "porque") ligam pensamentos de forma mais natural:

"Quero aprender italiano <u>porque</u> desejo entender um lindo idioma <u>e</u> conhecer a cultura italiana..."

1   Quais palavras em italiano correspondem aos conectivos abaixo?

   **a**  ou _____   **b**  mas _____   **c**  e _____   **d**  porque _____

**14** ⋯⋗ 1 FALE SOBRE VOCÊ

**2** Utilize a palavra italiana para "é" e traduza as frases abaixo:

**a** Cinema é interessante. *Il* _____ ____ _____

**b** A cultura é diferente aqui.
*La* _____ ____ *differente qui.*

**3** Observe a lista de frases novamente. Quais são os cinco verbos que complementam *voglio*? Destaque e os escreva abaixo.

_____ _____ _____ _____ _____

**4** Traduza as frases abaixo para o italiano e observe as semelhanças no modo como as palavras são formadas.

**a** Quero aprender _____

**b** Amo falar _____

**c** Adoro viver _____

**5** Escreva os cognatos das palavras abaixo:

**a** cultura _____

**d** interessante _____

**b** língua _____

**e** clássica _____

**c** música _____

**f** pop _____

Volte ao quadro e acrescente os novos cognatos.

## EXPLICAÇÃO GRAMATICAL: combine dois verbos

A Conversa 3 introduziu uma nova estrutura sintática que combina duas formas verbais em italiano: "verbo na primeira pessoa" + "verbo no infinitivo".

Observe como as duas frases abaixo utilizam essa combinação de formas verbais. Aprendê-la vai ajudá-lo a evitar frases mais complicadas.

*Voglio* + verbo (no infinitivo)
"Quero" + (fazer algo)

*Mi piace* + verbo (no infinitivo)
"Gosto" + (de algo)

**Exemplos:** *Voglio parlare*
**Quero** falar

*Mi piace visitare*
**Gosto de** visitar

Há infinitas combinações como essas à sua disposição.

> O termo "**infinitivo**" corresponde à forma em que o verbo é encontrado no dicionário (*parlare* significa "falar"). Em italiano ele sempre termina em *-are*, *-ere* ou *-ire*.

> Em português, você pode dizer: "Gosto de **fazer visitas** a museus" em vez de "Gosto de visitar museus". Em italiano, é indiferente.

CONVERSA 3 ··· **15**

🔊 **01.10** Ouça o áudio e observe a tabela. Preste muita atenção à pronúncia das palavras e, especialmente, às terminações.

## Verbos comuns

| infinitivo | 1ª pessoa | infinitivo | 1ª pessoa |
|---|---|---|---|
| amare (amar) | amo (amo) | studiare (estudar) | studio (estudo) |
| volere (querer) | voglio (quero) | viaggiare (viajar) | viaggio (viajo) |
| vivere (viver) | vivo (vivo) | visitare (visitar) | visito (visito) |
| parlare (falar) | parlo (falo) | aiutare (ajudar) | aiuto (ajudo) |
| imparare (aprender) | imparo (aprendo) | trovare (encontrar) | trovo (encontro) |

### PRATIQUE

1 Coloque em prática a nova estrutura sintática e o seu vocabulário. Responda as perguntas abaixo em italiano.

*Perché studi italiano?*

a _____ *questa lingua affascinante.* (**Acho** esta língua fascinante.)

b _____ _____ *in Italia!* (**Quero viver** na Itália!)

c _____ _____ _____ *nuove lingue!* (**Gosto de aprender** novas línguas!)

d _____ _____ *presto l'Italia.* (**Vou visitar** a Itália em breve.)

*Perché sei qui in Italia?*

e _____ *incontrare gli italiani.* (**Quero** encontrar italianos.)

f _____ _____ _____ *il cibo italiano!* (**Gosto de comer** comida italiana!)

g _____ _____ *qui.* (**Quero estudar** aqui.)

h _____ _____ *la cultura italiana.* (**Quero entender** a cultura italiana.)

> Lembre-se: em italiano, utiliza-se *il/la* antes dos substantivos, mas não se preocupe com o emprego correto dessas partículas por enquanto. Quando **não tiver certeza**, diga il. As chances de acertar são de 50%!

**2** Com base na Conversa 3 e na lista de verbos, traduza as frases a seguir para o italiano.

**a** _____ _____ _italiano._ (Amo falar italiano.)

**b** _____ _____ _____ _____ _i_ _____. (Não gosto de visitar museus.)

**c** _____ _____ _____ _le lingue._ (Gosto de aprender línguas.)

**d** _____ _____ _l'Italia._ (Quero visitar a Itália.)

**3** Pratique as duas estruturas sintáticas que aprendeu e utilize os conectivos e, ma, o e perché.

> Utilize a primeira pessoa para aprender novas frases e ampliar seu vocabulário pessoal. Sempre expresse os seus gostos!

**a** Diga duas das suas comidas preferidas (verbo + substantivo).
_Mi piace_ _____ _e mi piace_ _____.

**b** Diga algo de que gosta e algo de que não gosta (verbo + substantivo).
_Mi piace_ _____, _____ _non mi piace_ _____.

**c** Pergunte a uma pessoa do que ela gosta (verbo + verbo).
_Ti piace_ _____, _o ti piace_ _____?

**d** Diga por que você gosta de alguma coisa.
_Mi piace_ _____ ...

## JUNTE TUDO

Agora é a sua vez de praticar as estruturas!

**1** Crie quatro frases com as estruturas que aprendeu para expressar suas preferências. Pesquise novos verbos ou substantivos em seu dicionário. Lembre-se de dizer por que está estudando italiano.

> Caso planeje visitar a Itália, lembre-se de **dizer o motivo da visita** e o que gosta no país!

**Exemplo:** <u>Voglio capire l'italiano</u>. (Quero entender italiano.)

> Voglio imparare l'italiano perché...

# FINALIZE A UNIDADE 1

## Confira o que aprendeu

**TÁTICA DE ESTUDO:**
*escuta ativa*
*Preste muita atenção aos áudios dos exercícios. Um erro comum consiste em ouvir uma gravação em segundo plano esperando que ela de alguma forma entre na cabeça. Na verdade, há uma grande diferença entre ouvir e escutar um idioma. É preciso estar 100% concentrado no áudio durante a reprodução!*

🔊 **01.11** Releia as conversas e quando se sentir confiante:

- ouça o áudio de treino com perguntas em italiano
- pause e repita o áudio sempre que precisar para entender as perguntas
- repita as frases do áudio até a pronúncia soar natural
- responda as perguntas em italiano (utilize frases completas).

Como cada unidade desenvolve a anterior, podemos revisar enquanto avançamos. Pause ou repita o áudio sempre que necessário para entender as perguntas e responda em voz alta com frases completas.

## Mostre o que sabe...

Aqui está o que você acabou de aprender. Escreva ou fale um exemplo em italiano para cada item da lista e marque os que sabe.

- ☑ Apresente-se.     Sono Benny!
- ☐ Diga de onde veio.
- ☐ Fale sobre algo de que gosta e de que não gosta.
- ☐ Indique três cognatos.
- ☐ Pergunte: "Por que você quer aprender italiano?"
- ☐ Diga o seu motivo para estudar italiano: "Porque..."
- ☐ Escreva os conectivos equivalentes a "e", "depois", "porque" e "mas".
- ☐ Indique a frase utilizada para devolver uma pergunta a alguém.
- ☐ Use e combine verbos em duas formas diferentes.
    - ☐ Gosto de...
    - ☐ Quero...

## COMPLETE SUA MISSÃO

É hora de concluir a missão: convença o agente do aeroporto a deixá-lo passar para começar a sua aventura com a língua italiana! Para isso, prepare as respostas para as perguntas que provavelmente serão feitas.

### PASSO 1: Crie seu script

Comece o script com as frases que aprendeu nesta unidade, combinadas com seu vocabulário "pessoal", para responder perguntas comuns sobre a sua vida.

- diga seu nome e profissão usando *sono*
- diga de onde vem e onde mora usando *sono* e *vivo*
- diga por que está visitando a Itália usando *perché/mi piace/adoro*
- diga por que está aprendendo italiano com *voglio imparare… perché…*
- utilize conectivos no decorrer das conversas para parecer fluente!
- escreva o seu script e repita as frases até se sentir confiante.

**TÁTICA DE ESTUDO:** *registre seu progresso* Escrever é um modo eficaz de **armazenar informações na sua memória de longo prazo**. Portanto, sempre anote cada missão antes de pronunciar as frases. Também é bom manter um diário para acompanhar o desenvolvimento do seu aprendizado.

### PASSO 2: Os verdadeiros hackers da linguagem falam desde o primeiro dia… *online*

Quando estiver à vontade com o script, conclua a missão. Compartilhe na comunidade uma gravação de áudio da sua voz lendo o script. Acesse o site, procure pela missão da Unidade 1 e dê o seu melhor.

Para encontrar **mais missões** e hackear o italiano em profundidade, acesse o site da comunidade #LanguageHacking.

### PASSO 3: Aprenda com outros estudantes

Quer conferir outras apresentações? Depois de enviar a sua gravação, ouça o que os outros membros da comunidade dizem sobre si mesmos. Na sua opinião, eles devem entrar no país? **Faça uma pergunta complementar em italiano para pelo menos três pessoas.**

## PASSO 4: Avalie o que aprendeu

Achou alguma coisa fácil ou difícil nesta unidade? Aprendeu
novas palavras ou frases na comunidade? A cada script e conversa,
surgem novas ideias para preencher as "lacunas" dos scripts.
Sempre anote tudo!

## EI, HACKER DO IDIOMA, VOCÊ VAI LONGE!

Mal começou a hackear o idioma e já aprendeu muito. Logo nos
primeiros passos, passou a interagir com outras pessoas em italiano.
Outros alunos só fazem isso depois de anos de estudo. Então, pode se
sentir muito orgulhoso da sua proeza.

*Molto bene!*

# 2 PUXE CONVERSA

### Sua missão
Imagine que você saiu com seus amigos para seu primeiro *scambio linguistico* (intercâmbio linguístico) em Roma. Você pretende se ambientar e falar apenas italiano.

Sua missão é passar a impressão de que fala italiano muito bem por, pelo menos, 45 segundos.

Prepare-se para puxar conversa e falar sobre há quanto tempo mora em seu endereço atual, o que gosta de fazer e os idiomas que fala ou quer aprender. Depois desses 45 segundos, diga há quanto tempo está aprendendo italiano e marque alguns pontos! Para não levantar suspeitas, incentive a outra pessoa a falar com perguntas informais que demonstrem seu interesse.

O objetivo desta missão é deixá-lo mais confiante para conversar com outras pessoas.

### Treine para a missão
- Use as expressões *da*, *da quando* em suas perguntas e respostas.
- Pergunte e responda usando *tu*.
- Formule frases negativas com *non*.
- Desenvolva uma tática de conversa usando os expletivos *allora*, *be'*, *quindi* para manter a conversa fluindo.
- Pronuncie novos sons do italiano (como o *r* italiano).

## APRENDENDO A FAZER PERGUNTAS NO IDIOMA

Vamos criar uma técnica simples (porém eficiente!) de devolver uma pergunta com *e tu* e aprender a fazer perguntas mais específicas usando várias frases novas.

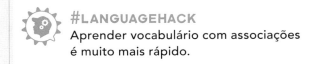

#LANGUAGEHACK
Aprender vocabulário com associações é muito mais rápido.

# CONVERSA 1

## Palavras essenciais para fazer perguntas

**Em qualquer lugar** do mundo, sempre é possível encontrar estudantes de italiano dispostos a conversar, além de falantes nativos que podem ajudar no seu aprendizado. Veja na seção Recursos como encontrar outros estudantes e falantes.

> **DICA CULTURAL:** *scambi linguistici*
> Como muitos italianos querem aprender português, o *scambi linguistici* é uma forma de conversar com falantes nativos na Itália desde o primeiro dia. Você pode conversar com alguém por 20 minutos em italiano, ouvir suas correções e, em seguida, falar 20 minutos em português. E o melhor: essa prática é gratuita para os participantes!

Vamos voltar à nossa estudante, Melissa. Já nos primeiros dias de sua estada em Roma, ela mergulhou no italiano e iniciou um *scambio linguistico* com o romano Luca, que deseja aprender um idioma.

🔊 **02.01** Após as apresentações, Melissa e Luca começaram a falar sobre suas habilidades linguísticas. Preste atenção ao modo como Luca faz perguntas e Melissa as responde.

**TÁTICA DE CONVERSA:** *antecipe as perguntas mais comuns*
Um assunto típico nas primeiras conversas em italiano é o estudo de idiomas. Ou seja, se você for um iniciante, as pessoas perguntarão se fala outros idiomas. Prepare sua resposta!

| | |
|---|---|
| **Luca:** | Melissa, ti piace vivere qui a Roma? |
| **Melissa:** | Sì, certo. Amo vivere qui. Imparo tanto italiano! |
| **Luca:** | Benissimo! Parli altre lingue? |
| **Melissa:** | No, parlo solo inglese e un po' di italiano. E tu? |
| **Luca:** | Sì, io parlo bene lo spagnolo e parlo un po' di russo. |
| **Melissa:** | Davvero? |
| **Luca:** | Sì, davvero! Ma non parlo inglese! |
| **Melissa:** | Peccato! |
| **Luca:** | Non ancora… Quindi oggi spero di praticare un po' del mio inglese maccheronico. |

Aqui, Luca diz que fala *inglese maccheronico* — uma expressão que significa "inglês ruim", enrolado como um prato de espaguete.

22 ⋯▶ 2 PUXE CONVERSA

## DESVENDE

**1** Use o contexto e o que aprendeu na Unidade 1 para responder as seguintes perguntas:

a   Quantas línguas Melissa fala? _____

b   Melissa gosta de viver em Roma?               *sì / no*

c   Luca fala português?                          *sì / no*

**2** Com base na conversa, as afirmações a seguir são *vere* (verdadeiras) ou *false* (falsas)?

a   Melissa não está estudando italiano.          *vero / falso*

b   Melissa fala russo.                           *vero / falso*

c   Luca fala italiano.                           *vero / falso*

**3** Como se diz "Sim, isso!" em italiano? _____

**4** O que caracteriza uma frase negativa em italiano? Que palavra difere "Eu falo" de "Eu não falo"? _____

**5** Construa frases negativas em italiano a partir das frases indicadas abaixo.

a   *Voglio imparare lo spagnolo.*

_____

b   *Vivo a Milano.*

_____

c   *Amo l'arte moderna.*

_____

d   *Mi piace viaggiare* (viajar).

_____

> **DICA DE GRAMÁTICA:**
> *il/lo para "o"*
> Em italiano, é comum colocar *il* ("o") antes de idiomas. Mas se a palavra seguinte começar por **s seguido de consoante ou z**, *il* vira *lo*.

CONVERSA 1 ⋯ **23**

## OBSERVE

🔊 **02.02** Ouça o áudio e observe o quadro.

### Expressões essenciais da Conversa 1

| Italiano | Significado |
|---|---|
| ti piace... | você gosta... |
| vivere qui? | de viver aqui? |
| sì, certo | sim, claro |
| amo vivere qui | eu amo viver aqui |
| imparo tanto italiano! | aprendo tanto italiano! |
| parli altre lingue? | você fala outras línguas? |
| no... | não... |
| parlo solo inglese | falo só inglês |
| parlo un po' di italiano | falo um pouco de italiano |
| io parlo bene lo spagnolo | eu falo bem espanhol |
| davvero? | mesmo? |
| non parlo inglese | não falo inglês |
| peccato! | pecado! |
| non ancora | ainda não |
| quindi... | então... |
| oggi spero di praticare... | hoje, espero praticar |
| ... un po' del mio inglese! | ... um pouco do meu inglês! |

Para lembrar que *imparo* significa "aprendo", memorize essa frase: "Se eu paro não *imparo!*"

Para lembrar que **non ancora** significa "**ainda não**", imagine que você está cruzando os mares fazendo farra com seus *amici* italianos. Até que de repente, no auge da diversão, o barco chega ao porto e você grita: "Âncora não! — (Ainda não!)"

1 Quais são as duas expressões que Luca usa para descrever seu nível em espanhol e russo? Sublinhe-as nas frases listadas e as escreva aqui.

_____    _____

**24** ⋯⋗ 2 PUXE CONVERSA

2 Compare *Parlo solo portoghese* com "Só falo português". Em que posição a palavra *solo* aparece? Preencha as lacunas em italiano com base nessa ordem.

a _____ _____ _____ (Só falo italiano.)

b _____ _____ _____ _____ _____
(Só gosto de música clássica.)

## EXPLICAÇÃO GRAMATICAL: Fazendo e respondendo perguntas

A estrutura das frases interrogativas não é diferente das afirmativas. Fazer perguntas do tipo sim/não é simples: como em português, basta mudar a entonação no final.

🔊 **02.03** Ouça o áudio e observe como a entonação diferencia uma pergunta de uma afirmação.

a Ti piace vivere qui a Roma? ↗ (Você gosta de viver aqui, em Roma?)

b Ti piace vivere qui a Roma. ↘ (Você gosta de viver aqui, em Roma.)

c Non parli altre lingue? ↗ (Você não fala outras línguas?)

d Non parli altre lingue. ↘ (Você não fala outras línguas.)

## EXPLICAÇÃO GRAMATICAL: "Não"

Para criar uma frase negativa, basta colocar o *non* antes do verbo. Assim, a forma negativa da frase *Amo il tennis* é simplesmente *Non amo il tennis* (Não amo tênis [esporte]).
**Exemplos:**
*Non ti piace il teatro.* → Você não gosta de teatro.
*Parli portoghese? No, non parlo portoghese.*
→ Você fala português? Não, não falo português.

> **DICA DE GRAMÁTICA:**
> *ordem das palavras*
> Embora a ordem das palavras em italiano seja diferente, se as suas frases estiverem levemente incorretas, você ainda será compreendido. Por enquanto, confira as traduções entre parênteses para ter uma ideia da lógica do idioma sem se preocupar com as regras.

> Observe que há uma ligeira diferença entre *no* (não) e *non* (não). Para negar, diga: *No, non vivo a Milano* (Não, não vivo em Milão).

CONVERSA 1 ⁛ **25**

1 Pratique o uso das estruturas de pergunta e resposta. Use as formas indicadas no quadro abaixo para responder as perguntas com uma afirmativa e uma negativa.

> *mangio* (como)   *lavoro* (trabalho)   *voglio* (quero)

a *Mangi carne?* (Você come carne?)
Sì _____   No _____

b *Lavori in ospedale?* (Você trabalha em hospital?)
Sì _____   No _____

c *Vuoi venire alla festa?* (Você vem à festa?)
Sì _____   No _____

## PRATIQUE

1 Preencha as lacunas a seguir com as palavras que faltam.

a *Parlo* _____ *portoghese.* (Falo **só** português.)

b _____ _____ _____ _____ *russo.*
(**Aprendo um pouco de** russo.)

c *Imparo* _____ *italiano qui a Roma.*
(Aprendo **tanto** italiano aqui, em Roma.)

d _____! _____ *parlo* _____! (Mesmo! **Não** falo italiano!)

e _____, _____ *spagnolo!* (**Hoje, aprendo** espanhol!)

2 🔊 02.04 Confira a diferença entre os sons de perguntas e respostas em italiano. Escolha "D" se ouvir uma *domanda* (pergunta) e "R" se ouvir uma *risposta* (resposta).
a  D / R     c  D / R     e  D / R
b  D / R     d  D / R     f  D / R

3 Transforme as afirmações em perguntas e, em seguida, diga as frases em voz alta (use a entonação para perguntas!)

a *Alessandro vive a Roma.* _____

b *Parli spagnolo.* _____

c *Marco impara l'italiano.* _____

## JUNTE TUDO

1 Use o dicionário para encontrar as palavras em italiano correspondentes aos idiomas indicados a seguir. Depois, acrescente mais dois idiomas que gostaria de aprender. Escreva em italiano.

a Alemão _____
b Francês _____
c Chinês _____
d _____
e _____

2 Agora, crie frases que descrevam sua vida! Como você responderia estas perguntas? Se você conhece outros idiomas, diga se fala "bem" ou "só um pouco". Se deseja aprender outros, diga quais. Escreva suas respostas em italiano e depois as repita em voz alta.

a *Parli altre lingue?*

   *Sì, parlo* _____

   *No,* _____ *parlo* _____

b *Vuoi imparare altre lingue?*

   *Sì, voglio* _____

   *No,* _____ *voglio* _____

# #LANGUAGEHACK: Aprender vocabulário com associações é muito mais rápido.

Você pode achar que não consegue memorizar tantas palavras novas. Mas com certeza pode! Meu segredo é usar **técnicas de memorização**, ou seja, associações.

As associações são excelentes ferramentas de aprendizagem para assimilar um grande número de palavras e frases. Sugeri duas associações para a Conversa 1:

- *Non ancora* ("Âncora não!"), que significa "ainda não".
- *Imparo* ("Se eu paro não imparo"), que significa "aprendo".

Essas associações são um grande estímulo para a memória. O segredo de uma boa técnica de memorização é pensar em uma imagem ou som que conecte cada palavra ao seu significado e, em seguida, evocar um sentimento bobo, dramático ou chocante, algo realmente memorável! O jeito mais fácil de fazer isso é através da **associação de sons**. Basta dizer uma palavra em italiano e pensar em uma palavra em português que soe como ela e que talvez tenha um significado parecido.

Exemplos:
- a palavra para "luz", *luce*, já é bem parecida. Se isso não for suficiente, basta se lembrar da Brenda Luce, que tem uma voz que realmente brilha como a luz.
- a palavra para "livro", *libro*, lembra o modo como você fala quando está gripado.

Se não encontrar uma palavra com som parecido, tente usar uma **imagem poderosa** para ligar a palavra em italiano e seu significado a uma palavra familiar que seja interessante.

Exemplo:
- para lembrar que *sole* significa "sol", faça uma associação com a potência e o brilho do solo de Pavarotti cantando *O Sole Mio*.

## SUA VEZ: Use o hack

Ao longo do livro, indicarei truques para você memorizar o novo vocabulário. Até lá, veja se consegue criar suas próprias técnicas de memorização.

🔊 02.05 Ouça o áudio e preste atenção à pronúncia de cada palavra. Depois, faça uma associação entre sons ou imagens para criar sua própria técnica de memorização. Em seguida, repita as palavras de acordo com a pronúncia indicada.

a *la strada* = "a rua"

b *caro* = "caro"

c *la cosa* = "a coisa"

# CONVERSA 2

## Há quanto tempo você estuda italiano?

Uma das perguntas mais comuns nas conversas iniciais em italiano é: "Há quanto tempo você estuda italiano?" A seguir, vamos aprender a reconhecer e responder essa pergunta.

🔊 **02.06** Como Luca pergunta a Melissa "Há quanto tempo...?"

| | |
|---|---|
| **Luca:** | Da quando studi italiano? |
| **Melissa:** | Studio italiano da due settimane. |
| **Luca:** | Solo due settimane!? Parli molto bene italiano! |
| **Melissa:** | No, non è vero... sei molto gentile. Grazie. |
| **Luca:** | Prego. Adoro imparare nuove lingue! |
| **Melissa:** | Interessante! Quante lingue vuoi imparare ancora? |
| **Luca:** | Be', un giorno spero di imparare tre lingue: l'inglese, il giapponese e l'arabo. Specialmente il giapponese, perché mi piace la cultura giapponese. |
| **Melissa:** | Oh! Il giapponese è molto difficile. |
| **Luca:** | Macché! È come bere un bicchiere d'acqua! |

É muito comum receber *complimenti* (elogios) na Itália. Nessas situações, uma boa resposta é ***Sei molto gentile***, como Melissa disse. Mas você também pode ouvir *Non fare complimenti!* (Não faça elogios!), ou seja, "Não precisa rasgar seda!", quando alguém quer deixá-lo mais à vontade.

## DESVENDE

1 Use o contexto e o que aprendeu na Unidade 1 para responder as perguntas a seguir. Destaque as **expressões** relevantes da conversa e escreva as respostas em italiano.

   a Há quanto tempo Melissa estuda italiano? _____

   b Quantos idiomas Luca espera aprender? _____

   c Quais idiomas Luca mais deseja aprender e por quê?
   _____

**DICA CULTURAL:**
***expressões peculiares***
Quando estudamos outro idioma estamos sempre descobrindo novas expressões. Essa significa, literalmente, "é como beber um copo d'água", mas a tradução mais comum é "mamão com açúcar". Como vimos no exemplo do *inglese maccheronico*, você não deve traduzir essas expressões literalmente. Em vez disso, procure os equivalentes divertidos!

2 Ligue as palavras em italiano às correspondentes em português.

a *solo*                    1 ainda

b *vero*                    2 verdadeiro

c *lingue*                  3 só

d *ancora*                  4 idiomas

3 O que estas palavras significam?

a specialmente _____     b difficile _____

4 Complete as frases a seguir em italiano.

*Parli _____ _____ italiano!*
(Você fala muito bem italiano!)

5 Escreva em italiano as expressões usadas na Conversa 2 correspondentes a:

a dizer "de nada" _____

b perguntar "há quanto tempo?" _____

c perguntar "quantas?" _____

## OBSERVE

🔊 **02.07** Ouça o áudio e observe o quadro.

### Expressões essenciais da Conversa 2

| Italiano | Significado |
|---|---|
| da quando... | há quanto tempo... (desde quando) |
| studi italiano? | você estuda italiano? |
| studio italiano... | estudo italiano |
| da due settimane | há duas semanas |
| parli molto bene italiano! | você fala muito bem italiano! |
| no, non è vero... | não, não é verdade... |
| sei molto gentile | você é muito gentil |
| grazie | obrigado |
| prego | de nada |
| quante lingue... ancora? | quantos idiomas... ainda? |
| un giorno spero di imparare | um dia espero aprender |
| tre lingue | três idiomas |
| ... è molto difficile | ... é muito difícil |

---

**VOCÁBULO:** *da –* **"desde quando" (ou "de" [proveniência])** Em português, dizemos: "Estudo italiano há duas semanas". Já em italiano essa frase seria, literalmente: "Estudo italiano desde...". Use a palavra *da* nessas situações para fazer e responder perguntas do gênero. Nas perguntas, *da quando* significa "desde quando" ou "há quanto tempo". Nas respostas, o *da* isolado significa "desde/de".

**DICA DE GRAMÁTICA:** *quanti ou quante?* Como no português, a palavra equivalente a "quanto" muda quando se refere a objetos masculinos (*quanti – quanti giorni* "quantos dias") ou femininos (*quante – quante volte* "quantas vezes"). Explicaremos esse ponto na próxima unidade.

30 ⋯⧓ 2 PUXE CONVERSA

1 Destaque na lista a expressão que significa "desde quando". O que significa a palavra *quando*? _____

2 Use a lista para indicar detalhes sobre a conversa. Escreva em italiano.

   a Há quanto tempo Melissa estuda italiano?

   *Melissa studia* _____

   b Quais idiomas Luca espera aprender?

   *Luca spera* _____

3 Traduza as frases a seguir para o italiano.

   a é verdade _____        b a cultura é interessante
   _____

4 Observe como os nativos respondem perguntas que começam com *Quante* e *Da quando* e preencha as lacunas com as palavras correspondentes.

   a _____ *lingue parli?*  →  *Parlo due lingue.*

   b *Da quando studi italiano?*  →  *Studio la lingua* _____ *febbraio* (fevereiro).

   c *Quante lingue parli?*  →  *Parlo due* _____.

   d _____ _____ *parli italiano?*  →  *Parlo la lingua da due anni.*

## PRATIQUE

Confira o novo vocabulário a seguir e amplie mais um pouco o seu script pessoal.

🔊 **02.08** Ouça o áudio e observe o quadro.

### Números (0–10) e medidas de tempo

| Italiano | Significado | Italiano | Significado |
|----------|-------------|----------|-------------|
| un/una | um/uma | nove | nove |
| due | dois/duas | dieci | dez |
| tre | três | zero | zero |
| quattro | quatro | | |
| cinque | cinco | un giorno | um dia |
| sei | seis | una settimana | uma semana |
| sette | sete | un mese | um mês |
| otto | oito | un anno | um ano |

## EXPLICAÇÃO GRAMATICAL: Plurais

Para formar o plural, siga estas etapas simples:

⋯⋗ Se a palavra termina em -o ou -e, a última vogal muda para -i no plural.
**Exemplos:** *un giorno → due giorni*     *un mese → tre mesi*

⋯⋗ Se a palavra termina em -a, a última vogal muda para -e no plural.
**Exemplos:** *una settimana → quattro settimane*
*una lingua → sette lingue*

⋯⋗ O artigo também muda de acordo com o gênero:
**Exemplos:** *i ragazzi* (os meninos)     *le ragazze* (as meninas)

É isso. Você está pronto!

---

**DICA DE GRAMÁTICA:** *un* e *una* – "um" e "uma"
As palavras "um" e "uma" em geral correspondem a *un* e *una* (ou *un* e *uno* em algumas situações). Vamos falar mais sobre isso na Unidade 3, mas não se preocupe em acertar agora. Você vai se fazer entender tranquilamente!

Para se lembrar de **settimana**, pense que é uma "**mana** que o visita **sete** dias". Você não terá dificuldades para lembrar de **mese** e **anno**.

**DICA DE GRAMÁTICA:**
*irregulares*
Há bem poucos plurais irregulares no italiano. Não se preocupe com isso agora, pois você pode aprender as exceções à medida que elas surgirem. No momento, é perfeitamente compreensível aplicar as regras dos plurais *regulares a todos os casos*, como se você dissesse "limãos" em português.

**32** ⋯⋗ 2 PUXE CONVERSA

1 Complete as frases a seguir com as palavras que faltam.

*Da* _____ *giorni sei* _____?
(Há quantos dias você está aqui?)

2 Escreva as expressões a seguir em italiano.

a cinco dias _____

c oito meses _____

b três anos _____

d quatro semanas _____

e Vivo na Itália desde o Ano-Novo. (*da Capodanno*) ←

_____

f Estudo italiano há nove semanas.

_____

*Capodanno* é o *capo* ("cabeça") do *anno*. Isso define bem o Ano-Novo, não é?

3 Agora crie uma frase que expresse a sua realidade. Diga há quantos dias, semanas, meses ou anos você estuda italiano.

Da quando studi italiano? _____

4 Desenvolva uma técnica de memorização interessante para as seguintes palavras (priorize a pronúncia em vez da escrita): *quattro, cinque, sette*.

## EXPLICAÇÃO DA PRONÚNCIA: O *r* italiano

Tentar pronunciar o "r" italiano com base no "r" do português é um mau negócio, pois eles são muito diferentes. A pronúncia do *r* italiano fica entre um "l" e um "d" em português.

Confira este #languagehack: para aprender essa pronúncia bem rápido, repita "la, da, la, da, la, da…" várias vezes. Fique atento à posição da sua língua e tente colocá-la no meio do caminho. Então, diga: "calo, cado, calo, cado, calo, cado…" e encontre um meio-termo entre eles. Você vai dizer algo próximo de *caro* (caro). Experimente!

🔊 02.09 Aqui estão algumas das palavras que já vimos com o *r* italiano. Ouça o áudio e tente imitar a pronúncia.

a *vero* (verdadeiro)

c *imparo* (aprendo)

e *cultura* (cultura)

b *per* (por)

d *interessante* (interessante)

f *praticare* (praticar)

CONVERSA 2 33

Pense em números importantes para você – a idade dos seus filhos, quantos gatos você tem – e os escreva no quadro! Lembre--se de escrevê--los por extenso, sem usar algarismos!

## JUNTE TUDO

Crie um quadro utilizando um vocabulário que descreva sua realidade.

### Quadro de números e datas

_____ (seu telefone)

_____ (sua idade)

_____ (o mês do seu nascimento)

_____ (o mês em que começou a aprender italiano)

_____ _____

_____ _____

**HACKEANDO: _Adote uma estratégia para aprender vocabulário_**
Você não precisa memorizar todos os números e palavras do vocabulário agora. Aprenda primeiro as expressões mais frequentes. Com o tempo e mais conversação, você vai memorizar tudo!

1 Quantos anos você têm? Encontre o número correspondente e o escreva no quadro. Em seguida, use a frase a seguir para dizer sua idade.

Exemplo: Ho ventisette anni → Tenho vinte e sete anos.

_Ho _____ anni._

2 Indique seu mês de nascimento e o mês (ou ano!) em que começou a aprender italiano. Escreva esses números no quadro. Em seguida, use _da_ para responder a pergunta: _Da quando studi italiano?_

Exemplo: Studio italiano da ieri (desde ontem)

_Studio italiano _____ _____ _____!_

3 Sabe dizer seu número de telefone em italiano? Escreva-o no quadro.

4 _Da quando studi italiano?_ Alguém pergunta há quanto tempo você estuda italiano. Você responde e continua a conversa, fazendo outra pergunta. Use as frases que já aprendeu para perguntar, em italiano:

a Há quanto tempo você vive na Itália? (_vivi_)

_____

b Há quanto tempo você ensina italiano? (_insegni_)

_____

# CONVERSA 3

## Trocando ideias

Melissa e Luca começam a conversar sobre a melhor forma de aprender idiomas.

🔊 **02.10** Veja se você consegue entender o método que Melissa usa para aprender italiano.

> Sim, os italianos realmente falam *mamma mia* (minha mãe!) para expressar surpresa ou decepção!

**Luca:** Melissa, cosa fai per imparare l'italiano?
**Melissa:** Allora, studio i vocaboli e vado a lezione ogni settimana.
**Luca:** Ah, be'… non mi sembra una buona idea.
**Melissa:** Perché?
**Luca:** Perché per imparare lo spagnolo mi piace andare a lezione ogni giorno.
**Melissa:** Mamma mia! Come fai?
**Luca:** Semplice… Faccio le lezioni a casa, su Internet. È facile, sai?
**Melissa:** Molto interessante. Devo fare così anch'io!
**Luca:** Ti piace leggere molti libri, no? Quello aiuta!
**Melissa:** Sì, è vero, sono d'accordo.

CONVERSA 3 · 35

**TÁTICA DE CONVERSA:**

***expletivos***

Observe que há alguns "expletivos" nessa conversa. Esses recursos não têm significado: são como dizer "bem...", "então..." e "sabe...". Em italiano, você vai ouvir expletivos como *allora*, *be'*, *quindi*, *bene* e *comunque* nas conversas cotidianas. Se não souber o que dizer, use expletivos para deixar seu bate-papo mais natural!

## DESVENDE

1 O que *cosa fai* significa? E *come fai*?

_____ _____

2 Sublinhe as expressões que significam "toda semana" e "todo dia".

3 Responda as perguntas a seguir em italiano.

 a Com que frequência Melissa assiste aulas de italiano? _____

 b Com que frequência Luca assiste aulas de espanhol? _____

4 Encontre e circule:

 a dois usos de "é..."      b pelo menos dois expletivos

 c pelo menos três cognatos ou quase cognatos

5 *Vero o falso?* Selecione a resposta correta.

 a Luca gosta de assistir aulas de espanhol online.    *vero / falso*

 b Luca acha uma boa ideia assistir aula toda semana.    *vero / falso*

 c Melissa estuda o vocabulário para aprender italiano.    *vero / falso*

 d Luca acha que ler livros é uma péssima ideia.    *vero / falso*

## OBSERVE

🔊 **02.11** Ouça o áudio e observe o quadro.

### Expressões essenciais da Conversa 3

**TÁTICA DE ESTUDO:**

***aprenda com os opostos***

Agora que você já conhece a palavra *non*, seu vocabulário praticamente dobrou com esse atalho. Imagine que precise dizer: "Isso é difícil", mas ainda não aprendeu a palavra "difícil". Basta dizer: "Não é fácil." *Non è facile.*

| Italiano | Significado |
|---|---|
| cosa fai... | o que você está fazendo... |
| per imparare l'italiano? | para aprender italiano? |
| studio i vocaboli | estudo o vocabulário |
| vado a lezione ogni settimana | vou à aula toda semana |
| ... ogni giorno | ... todo dia |
| non mi sembra una buona idea | não me parece uma boa ideia |
| mi piace andare... | gosto de ir... |
| come fai? | como você faz isso? |
| a casa, su Internet | em casa, na internet |
| è facile, sai? | é fácil, sabe? |

| | |
|---|---|
| faccio le lezioni a casa | faço dever de casa |
| devo fare così anch'io! | eu também preciso |
| ti piace leggere molti libri? | você gosta de ler muitos livros? |
| quello aiuta! | isso ajuda! |
| è vero, sono d'accordo! | é verdade, concordo! |

**VOCÁBULO:**
*devo* **"devo"**
A forma verbal *devo* precisa ser complementada por um verbo no infinitivo: *Devo mangiare bene.* "Devo comer bem." *Devo studiare più vocaboli.* Devo estudar mais vocabulário.

1 Na lista de expressões, há várias que os falantes usam para expressar opiniões. Encontre-as e as escreva a seguir.

a Penso _____
b Concordo _____
c Devo _____

d Simples! _____
e Isso ajuda! _____

**VOCÁBULO:**
*COSÌ* **"ASSIM"**
Você vai ouvir *così* com muita frequência. Essa expressão significa "assim", "então", como em *Devi fare così la pizza...* (Você deve fazer a pizza assim...)

## EXPLICAÇÃO DA PRONÚNCIA: *g, c* e *h*

O italiano é um idioma fonético, em que cada letra geralmente produz um único som. Isso facilita a pronúncia de novas palavras, mas há exceções na forma como *g, c* e *h* são usados.

🔊 **02.12** Leia cada uma das palavras e tente pronunciá-las. Depois, ouça o áudio e reproduza a pronúncia.

*g* ┈┈➤ Antes de quase todas as letras, o som do g é como em "gato": *gatto, guida, lingua, grande*.

┈┈➤ Mas antes de e e i, seu som é "dj": *giorno, viaggiare, oggi, gente, generalmente, giapponese, gelato*.

*c* ┈┈➤ Antes de quase todas as letras, o som do c é como em "casa": *casa, carta, clima, commento*.

┈┈➤ Mas antes de e e i, seu som é "tch", como em "tchau": *città, ciao, certo, celeste, arancia*.

*h* ┈┈➤ No começo das palavras, o h é mudo. Assim, *ho, hai* (tenho, você tem) são pronunciados "oh" e "ai".

┈┈➤ As combinações gh e ch são pronunciadas como "g" em "gato" e "c" em "casa" (apesar do e/i ): *colleghe, funghi, chi, perché, chiedere, chiamata*.

Curiosamente, por não pronunciarem o "h", os italianos falam estrangeirismos de forma engraçada, como "Arry Potter", "Acker" e "Ip op".

CONVERSA 3 ┈┈ 37

# EXPLICAÇÃO GRAMATICAL: Formas verbais

> Mudar o verbo do infinitivo – como "aprender" (*imparare*) – para formas como "aprendo" (*imparo*) ou "você aprende" (*impari*) é o que os professores chamam de conjugação verbal.

Na Conversa 3, você viu diversos verbos novos usados de formas diferentes. Agora aprenderemos a conjugá-los nessas formas.

Vamos começar com os verbos regulares mais comuns. Na primeira e na segunda pessoa, as formas dos verbos regulares, qualquer que seja sua terminação no infinitivo (*-are*, *-ere* e até *-ire*), são conjugadas do mesmo modo.

**Passo 1:** Retire *-are / -ere / -ire*

**Passo 2:** Acrescente *-o* para *io*; acrescente *-i* para *tu*

| | | | | |
|---|---|---|---|---|
| *impar**are*** | → | *impar**o*** | *segu**ire*** | → | *segu**o*** |
| (aprender) | | *impar**i*** | (seguir) | | *segu**i*** |
| *viv**ere*** | → | *viv**o*** | *studi**are*** | → | *studi**o*** |
| (viver) | | *viv**i*** | (estudar) | | *stud**i*** |

> Se o infinitivo terminar em *-iare*, você não deve colocar dois "i"s juntos na forma *tu*. Dizer "studii" seria bem esquisito, não acha?

## *io* e *tu*

Observe que as palavras *io* (eu) e *tu* (você) não aparecem muito em italiano. Isso porque, como em português, elas ficam implícitas nas formas verbais: *imparo* (**eu** aprendo) versus *impari* (**você** aprende). Muito útil, não?

De fato, *io* e *tu* às vezes aparecem para dar ênfase, como em *io parlo* ("*eu* falo") quando dito para indicar contraste: *io parlo italiano, ma tu parli portoghese* (*eu* falo italiano, mas *você* fala português).

## Verbos irregulares

Neste curso, não abordamos muitos verbos que não se encaixam nesses padrões. No entanto, vimos o verbo *andare* (ir), cujas formas são diferentes na primeira pessoa (*io vado*) e na segunda pessoa (*tu vai*). Isso também ocorre com os verbos *fare*, *volere*, *dovere*. Por enquanto, você só precisa aprender estes importantes verbos irregulares:

| andare - "ir" | fare - "fazer" | volere - "querer" | dovere - "dever" |
|---|---|---|---|
| (io) vado | (io) faccio | (io) voglio | (io) devo |
| (tu) vai | (tu) fai | (tu) vuoi | (tu) devi |

## PRATIQUE

1   Conjugue os verbos na segunda pessoa.

   **a**   *parlare* (falar) → *parlo* → _____

   **b**   *visitare* (visitar) → *visito* → _____

   **c**   *vedere* (ver) → *vedo* → _____

   **d**   *rispondere* (responder) → *rispondo* → _____

   **e**   *sentire* (ouvir) → *sento* → _____

**2** Complete o quadro com a conjugação dos verbos na *primeira* e na *segunda pessoa*.

### Verbos comuns

| infinitivo | 1ª pessoa | 2ª pessoa |
|---|---|---|
| amare (amar) | | |
| imparare (aprender) | | |
| mangiare (comer) | | |
| dormire (dormir) | | |
| scrivere (escrever) | | |
| lavorare (trabalhar) ← | | |
| decidere (decidir) | | |

**3** Agora preencha as lacunas com as formas corretas.

a _____ qui a Venezia, no? (Você vive aqui em Veneza, certo?)

b _____ parlare italiano stasera. (Quero falar italiano hoje à noite.)

c _____ russo. (Estudo russo.)

d _____ la pizza. (Eu faço a pizza.)

e _____ un cappuccino. (Quero um cappuccino.)

**4** Preencha as lacunas com as respectivas palavras em italiano.

a _____ ti piace _____? (O que você gosta de fazer?)

b _____ i _____ di italiano ogni giorno?
(Você estuda o vocabulário de italiano todo dia?)

c Sai che _____ il tiramisù? (Você sabe que faço tiramisù?)

d _____ tre giorni alla _____. (Trabalho três dias por semana.)

e _____ un po' _____ _____. (Aprendo um pouco todo dia.)

**5** Traduza as frases a seguir para o italiano.

a Gosto de falar italiano. _____

b Você deve comer aqui. _____

c Você sabe que estudo italiano há duas semanas.

_____

d Amo falar italiano. _____

> **DICA DE GRAMÁTICA:**
> *aumente seu vocabulário – acrescente um o!* Como no português, a forma verbal *lavoro* (eu trabalho) também é um substantivo que significa "trabalho". De fato, é possível alterar a terminação de um verbo para criar um substantivo adicionando um *o*. Por exemplo:
>
> ┈┈▸ *ricordo* = lembro/ lembrança
>
> ┈┈▸ *gioco* = eu jogo/ o jogo
>
> ┈┈▸ *invito* = convido/ convite
>
> ┈┈▸ *disegno* = eu desenho/ o desenho

CONVERSA 3 ◈┈ 39

## JUNTE TUDO

*Cosa fai per...?* Agora, use o que aprendeu para criar frases em italiano que descrevam sua vida.

····⫶ Use *voglio* para dizer algo que você pretende fazer um dia.

····⫶ Use *vado* para falar sobre algum lugar a que gosta de ir de vez em quando.

····⫶ Use *devo* para dizer algo que você deve fazer.

····⫶ Use *studio* para falar sobre algo que você estuda.

# FINALIZANDO A UNIDADE 2

## Confira o que aprendeu

🔊 **02.13** Releia as conversas e quando se sentir confiante:

····⫶ Ouça o áudio de treino com as perguntas em italiano.

····⫶ Pause ou repita o áudio sempre que precisar para entender as perguntas.

····⫶ Repita as frases do áudio até a pronúncia soar natural.

····⫶ Responda as perguntas em italiano (utilize frases completas).

## Mostre o que sabe...

Confira o que aprendeu na unidade. Escreva ou fale um exemplo para cada item da lista e marque os itens que sabe.

☑ Faça uma pergunta do tipo "sim" ou "não".     Vivi qui a Roma?

☐ Indique as formas verbais correspondentes a *io* e *tu* (ex.: *imparare*).

☐ Use o verbo de opinião: "Eu acho..."

☐ Faça a seguinte pergunta: "Há quanto tempo você estuda italiano?"

☐ Diga há quanto tempo você estuda italiano.

☐ Diga quais outros idiomas você fala ou pretende estudar.

☐ Formule uma frase negativa usando *non* (ex.: *mi piace viaggiare*).

☐ Indique três expletivos.

☐ Pronuncie o *r* italiano:

   ☐ Studi italiano?

   ☐ Certo! Mi piace la cultura italiana!

# COMPLETE SUA MISSÃO

É hora de completar sua missão: passe a impressão de que você fala italiano por, pelo menos, 45 segundos. Prepare-se para iniciar uma conversa fazendo perguntas e respondendo aos questionamentos das outras pessoas.

## PASSO 1: Crie seu script

Para continuar desenvolvendo seu script, escreva algumas frases pessoais e perguntas típicas de conversas. Lembre-se de:

- Fazer uma pergunta com *da quando?*
- Fazer uma pergunta com *cosa ti piace?* ou *cosa fai?*
- Dizer se fala outros idiomas e seu nível de fluência neles.
- Dizer quais outros idiomas deseja/pretende aprender.
- Dizer há quanto tempo estuda italiano usando *da*.
- Escreva seu script e repita as frases até se sentir confiante.

## PASSO 2: O que a galera está fazendo... *online*

Você investiu tempo no seu script. Agora é hora de completar sua missão e compartilhar sua gravação. Acesse a comunidade online para encontrar a missão da Unidade 2 e usar o italiano que aprendeu até agora!

**Superar** a inércia é essencial. Depois de começar, continuar a fazer algo fica muito mais fácil.

## PASSO 3: Aprenda com outros estudantes

Quer avaliar outros scripts? **Sua tarefa é ouvir, pelo menos, duas gravações enviadas por outros estudantes**. Há quanto tempo eles estudam italiano? Eles falam outros idiomas? Deixe um comentário em italiano indicando as palavras que conseguiu compreender, responda a pergunta que aparece no final do vídeo e faça uma pergunta para eles.

## PASSO 4: Avalie o que aprendeu

Aprendeu alguma frase nova na comunidade online? Sempre anote tudo!

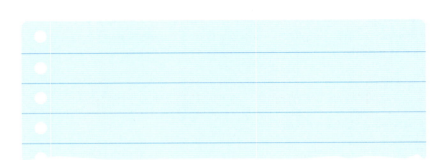

## EI, HACKER DA LINGUAGEM, JÁ PERCEBEU QUE ESTÁ FALANDO UM ITALIANO RAZOÁVEL?

Em apenas duas missões, você aprendeu muitas palavras e frases que poderá usar em conversas reais. Lembre que é possível juntar palavras e frases para criar combinações infinitas. Seja criativo!

Nas próximas unidades, você aprenderá mais técnicas para conversar em italiano, apesar do seu vocabulário limitado e pouco tempo de estudo.

*È facile, sai?*

# 3 RESOLVA OS PROBLEMAS DE COMUNICAÇÃO

### Sua missão

Imagine que você está em uma *festa* quando alguém propõe um jogo: os participantes devem descrever um objeto sem dizer seu nome.

Sua missão é usar o pouco que sabe de italiano para vencer o jogo. Prepare-se para recorrer ao "italiano Tarzan" e outras estratégias de conversação a fim de descrever uma pessoa, lugar ou coisa em italiano.

Nesta missão, você vai superar o medo da imperfeição e se expressar utilizando uma técnica muito eficiente.

### Treine para a missão

- Use frases para conhecer pessoas: *piacere*, *Come ti chiami?*
- Aprenda frases essenciais para compreender diálogos em italiano: *più piano*, *non capisco*, *Puoi ripetere?*
- Faça pedidos diretos: *dimmi*, *Puoi aiutarmi?*
- Aprenda a falar sobre o que você tem e do que precisa com *ho* e *devo*.
- Desenvolva uma nova estratégia de conversa: use o "italiano Tarzan".

## APRENDENDO A CONHECER PESSOAS NO IDIOMA

Praticar com um orientador ou professor online, sobretudo quando você não mora na Itália, é um dos modos mais eficientes (e viáveis) de estudar o idioma. Nesta unidade, você vai aprender a usar frases essenciais e estratégicas (para quando não entender algo) e o "italiano Tarzan" (para se comunicar apesar de ter um vocabulário reduzido e poucas noções gramaticais). Essas estratégias vão ajudá-lo a encarar seus erros com tranquilidade e deixar suas conversas mais interessantes, mesmo que você seja um iniciante.

### #LANGUAGEHACK
Use o truque das terminações para turbinar a memorização dos gêneros das palavras.

É fácil conversar em italiano online. Sempre faço isso quando estudo um idioma. Atualmente, **costumo programar bate-papos online** para manter a fluência nos idiomas que domino, como o italiano. Confira a seção Recursos online para obter mais informações!

**PRONÚNCIA: *gn*, *gl***
Se você já se deliciou com um *gnocchi* ou uma apetitosa *lasagne*, então conhece a pronúncia de *gn*! Basta pronunciar essas letras como "nh". Do mesmo modo, pense no *gl* em *tagliatelle* como o "lh", como também ocorre em *voglio* [voh-lyoh].

# CONVERSA 1

## Bate-papo online

🔊 **03.01** Seguindo o conselho de Luca, Melissa resolveu assistir uma aula de italiano pela internet. Sua primeira conversa online será com Daniele, seu novo professor. Por ser o seu primeiro encontro com Daniele, Melissa deve se apresentar.

| | |
|---|---|
| **Daniele:** | Ciao! Come va? |
| **Melissa:** | Ciao! Tutto bene. Grazie mille che mi insegni l'italiano! Come ti chiami? |
| **Daniele:** | Prego. Nessun problema. Mi chiamo Daniele. E tu? |
| **Melissa:** | Mi chiamo Melissa. |
| **Daniele:** | Che bel nome! È un piacere conoscerti, Melissa. |
| **Melissa:** | Grazie, molto gentile. Anche per me è un piacere. |
| **Daniele:** | Allora, dove ti trovi? |
| **Melissa:** | Ehm... più piano, per favore? |
| **Daniele:** | In che città sei? |
| **Melissa:** | Ah, sì. Adesso sono a Roma. |

## DESVENDE

1  Qual das afirmativas a seguir é falsa?

   a  Melissa pede que Daniele fale mais devagar.

   b  Daniele quer saber por que Melissa está estudando italiano.

   c  Daniele pergunta onde Melissa está.

2  Escreva as expressões a seguir em italiano.

   a  obrigado _____     c  por favor _____
   b  de nada  _____

3  Na sua opinião, qual é o significado das frases a seguir?

   a  nessun problema            b  Come ti chiami?
      _____                 _____

4  Qual é a pergunta que Daniele faz à Melissa no final da conversa? Escreva em português.
   _____

## OBSERVE

🔊 **03.02** Ouça o áudio e observe o quadro.

### Expressões essenciais da Conversa 1

| Italiano | Significado |
|---|---|
| Ciao! Come va? | Oi! Como vai? |
| tutto bene! | tudo bem! |
| grazie mille | muitíssimo obrigado |
| che mi insegni l'italiano | que me ensine italiano |
| come ti chiami? | como se chama? |
| prego | de nada |
| nessun problema | sem problema |
| mi chiamo | me chamo |
| che bel nome! | que belo nome! |
| è un piacere conoscerti | é um prazer conhecer você |
| molto gentile | muito gentil |
| allora, dove ti trovi? | agora, onde se encontra? |
| più piano, per favore | mais devagar, por favor |
| in che città sei? | em que cidade está? |
| adesso sono a Roma | agora estou em Roma |

> **PRONÚNCIA: *sce***
> Se você souber tocar algum instrumento, vai entender o que é *crescendo*. Essa palavra é um exemplo interessante do som de *sce* ou *sci* em italiano, que para falantes de português corresponde ao "x". Por isso, *conoscerti* soa como "koh-noh-sher-tee".

1 Qual frase você deve usar quando alguém estiver falando rápido demais?

_____

2 Traduza as frases a seguir para o italiano.

a Prazer em conhecer você. _____

b Está tudo bem. _____

c Estou no Brasil agora. (Brasil = *Brasile*) _____

d Onde está você? _____

**46** ⋯⋯▶ 3 RESOLVA OS PROBLEMAS DE COMUNICAÇÃO

**3** Traduza as formas verbais a seguir para o português:

**a** *conoscerti* _____

**b** *ti trovi* _____

**c** *mi chiamo* _____

> Essa estrutura também ocorre em *mi piace* (me agrada [eu gosto]), **ti piace** (você gosta) e *mi chiamo,* (me chamo [meu nome é]).

## PRATIQUE

**1** 🔊 **03.03** Confira novamente a lista de frases, escute o áudio e avalie a exatidão da sua pronúncia das expressões a seguir:

*grazie      conoscerti      Roma      dove ti trovi      per favore*

**2** Ligue cada pergunta em português à sua forma correta em italiano.

| | |
|---|---|
| **a** *Vivi in Italia?* | **1** Qual é o seu nome? |
| **b** *Cosa fai per imparare l'italiano?* | **2** Onde está você? |
| **c** *Come studi l'italiano?* | **3** Você vive na Itália? |
| **d** *Come ti chiami?* | **4** Como você estuda italiano? |
| **e** *Devo parlare più piano?* | **5** Eu devo falar mais devagar? |
| **f** *Dove ti trovi?* | **6** O que você está fazendo para aprender italiano? |

**3** Preencha as lacunas com as palavras que faltam em italiano.

**a** *Ho* _____ *lavoro* _____.   (Tenho **muito** trabalho **hoje**.)

**b** *Luca* _____ *occupato* _____ *il tempo!*
(Luca **está** ocupado **todo** o tempo!)

**c** _____ *lavori* _____?   (**Onde** você trabalha **agora**?)

**d** _____ _____ *mi a cucinare.*   (Você **deve me ensinar** a cozinhar.)

**4** O verbo em italiano *insegnare* (ensinar) é um pouco complicado. Desenvolva uma técnica de memorização para fixá-lo.

CONVERSA 1  47

# EXPLICAÇÃO GRAMATICAL: Ordem das palavras com objetos

Quando Melissa disse: *Come ti chiami?*, você identificou um novo tipo de frase:

**Exemplo:** você **me** ensina ⋯⟶ *mi insegni* (**me** ensina)

Resumindo, a pessoa ou coisa de que se fala em uma frase (o pronome oblíquo referente ao objeto) aparece antes do verbo conjugado. Esses pronomes são palavras como "me", "te", "se", "o", "a" e "lhe".

*ti* do = **te** dou     *mi dai* = **me** dá

Em frases com dois verbos, o pronome vem após o segundo, no lugar do *e* final:

*voglio insegnar***ti** = quero lhe ensinar

*Posso insegnar***lo?** = Posso ensinar **isso**?

Para compreender melhor a estrutura da frase, confira o quadro a seguir.

🔊 **03.04** Ouça o áudio e observe o quadro.

| Infinitivo | Frase com pronome | Significado | Infinitivo e pronome |
|---|---|---|---|
| amare | **ti** amo | **te** amo | amar**ti** |
| insegnare | **mi** insegni | **me** ensina | insegnar**mi** |
| sentire | non **ti** sento | não **te** escuto | sentir**ti** |
| vedere | **lo** vedo | vejo **isso** | veder**lo** |
| dire | **mi** dici | **me** diz | |
| aiutare | **mi** aiuti | **me** ajuda | |
| dare | **mi** dai | **me** dê | |
| inviare | **lo** invio | envio **isso** | |
| scrivere | **mi** scrivi | **me** escreve | |
| chiamare | **ti** chiamo | **te** chamo | |
| mangiare | non **lo** mangio | não como **isso** | |

1   Há alguns verbos faltando no quadro. Preencha os espaços em branco com a estrutura correta.

---

> **DICA DE GRAMÁTICA:**
> *dammi!* – acrescente mi, ti ou lo
> Há casos em que *mi/ti/lo* vêm depois do verbo no infinitivo ou no imperativo como em *fammi* (*fammi pensare* "faça-me pensar"), *dammi* (*dammi il libro* "dê-me o livro") e *dimmi* (diga-me). Também é possível colocar o objeto antes do primeiro verbo, como em: *ti voglio dire* ou *lo posso dare* – mas neste curso usaremos a primeira opção.

> Alguns destes verbos não seguem as regras que vimos antes. Por isso, ao ver *dai*, você deve ter pensado: "Espere, não deveria ser 'di'?" Esses são os verbos irregulares, ou seja, não seguem as regras gerais. Mas não se preocupe com eles agora. Aprenda as formas indicadas aqui e relaxe!

**48** ⋯⟶ 3 RESOLVA OS PROBLEMAS DE COMUNICAÇÃO

2 Complete as frases com o pronome correto em italiano.

a _____ vedo.  (**te** vejo.)

b  Non _____ vedo.  (Não **o** vejo.)

c  Puoi aiutar _____?  (Pode ajudar-**me**?)

d  Non _____ sento!  (Não **te** escuto!)

3 Complete as frases a seguir com a forma verbal correta em italiano.

**Exemplo:** *Puoi* insegnarmi?  (Pode me **ensinar**?)

a  Lo _____  (Eu o **entendo**.)

b  Puoi _____?  (Pode **escrever-me**?)

c  Mi _____?  (Você me **vê**?)

d  Voglio _____...  (Quero **dizer-lhe** ...)

4 Coloque as palavras na ordem correta para criar frases completas.

a  ti/disturbare/voglio non (Não quero incomodar-te.)

_____

b  dire/mi/puoi (Pode dizer-me?)  _____

c  inviare/lo/voglio (Quero enviá-lo.)  _____

d  posso/ti/chiamare/non (Não te posso chamar.)  _____

> *Observe que, quando usamos dois verbos em sequência, o segundo fica no infinitivo – Puoi (Pode) + dirmi (dizer-me).*

## JUNTE TUDO

···‡ Use *adesso* para escrever duas frases que indiquem onde você está ou o que está fazendo agora.

···‡ Use os verbos regulares do italiano para escrever duas frases que indiquem o que você vai fazer ou para onde vai hoje.

···‡ Pesquise novas palavras no dicionário para criar suas frases.

**Dove ti trovi?**

CONVERSA 1 ···‡ **49**

## CONVERSA 2

### Não entendi...

Durante a aula online, Melissa tem dificuldades para entender Daniele e pede ajuda a ele.

🔊 **03.05** Como Daniele reformula suas frases quando Melissa pede ajuda?

Se *capisco* é "entendo", então *capisci* (pronuncia-se "kahpee-shee") é "você entende". Essa palavra se popularizou devido ao seu uso em filmes e séries de TV ruins sobre a máfia italiana. "Capeesh?"

Como lembrar que *sentire* significa "ouvir"? Bem, quem nunca ficou *sentimental* ouvindo uma música que faz pensar naquela pessoa, não é mesmo?

| | |
|---|---|
| **Daniele:** | Perché dici che "adesso" sei a Roma? Vivi in un'altra città? |
| **Melissa:** | Mi dispiace. Non capisco. |
| **Daniele:** | Perché – per quale ragione – sei a Roma? |
| **Melissa:** | Ah, ho capito. Sono qui per imparare l'italiano! |
| **Daniele:** | Davvero? Molto interessante! |
| **Melissa:** | E tu? Dove sei? |
| **Daniele:** | Sono in Italia, a Napoli. Vivo e lavoro qui. |
| **Melissa:** | Puoi ripetere, per favore? |
| **Daniele:** | Mi senti? Vivo a Napoli, quindi sono in Italia. |
| **Melissa:** | Un momento… Non ti sento bene. |

- Mi dispiace.
- Non capisco.
- ho capito
- Puoi ripetere, per favore?
- Un momento…Non ti sento bene.

50 ┈▸ 3 RESOLVA OS PROBLEMAS DE COMUNICAÇÃO

# DESVENDE

**1** *Vero o falso?* Selecione a resposta correta.

  **a** Daniele pergunta a Melissa por que ela está em Roma.     *vero / falso*

  **b** Melissa diz que está em Roma a trabalho.     *vero / falso*

  **c** Daniele vive em Roma.     *vero / falso*

**2** A conversa traz algumas palavras parecidas com palavras em português. Diga o significado das expressões a seguir.

  **a** *interessante*     **b** *ripetere*     **c** *ragione*     **d** *momento*

**3** Traduza as frases a seguir para o português.

  **a** *Vivi in un'altra città?* _____

  **b** *Puoi ripetere?* _____

  **c** *Non ti sento bene.* _____

  **d** *Mi senti?* _____

> **TÁTICA DE ESTUDO:**
> ***deduzindo o significado***
> Selecione uma palavra da conversa que você não entendeu e a circule. Tente **deduzir seu significado** e, em seguida, compare com o sentido indicado no dicionário!

## DICA DE GRAMÁTICA: -isco

Vimos na Unidade 2 as regras aplicáveis à maioria dos verbos regulares. Mas outro ponto importante é a substituição da terminação verbal *-ire* por *-isco* **para a forma do io** e *-isci* **para a forma do tu**. Em caso de dúvida, use a forma mais comum, ***-isco***, para verbos *-ire*. O mesmo ocorre com *finire, finisco, finisci* (terminar, termino, termina).

## VOCÁBULO:
*per* **"a fim de"**

Quando aparece antes de um verbo no infinitivo, *per* (para) significa "a fim de", como em *Sono qui per parlare con gli italiani!* (Estou aqui a fim de falar com italianos!)

# OBSERVE

🔊 **03.06** Ouça o áudio e observe o quadro. Repita as frases de acordo com a pronúncia indicada.

## Expressões essenciais da Conversa 2

| Italiano | Significado |
|---|---|
| perché dici che...? | por que diz que...? |
| vivi in un'altra città? | vive em uma outra cidade? |
| mi dispiace | me desculpa |
| non capisco | não entendo |
| per quale ragione sei a Roma? | por que motivo está em Roma? |
| ho capito | entendi |
| sono qui per imparare l'italiano | estou aqui para aprender italiano |
| dove sei? | onde você está? |
| sono in Italia | estou na Itália |
| vivo e lavoro qui | vivo e trabalho aqui |
| puoi ripetere? | pode repetir? |
| mi senti? | está me ouvindo? |
| un momento... | um momento... |
| non ti sento bene | não te escuto bem |

1 Encontre exemplos destas formas na lista de expressões e as escreva.

a as formas do *io* e *tu* para *vivere* (viver)

_____ _____

b as formas do *io* e *tu* para *essere* (ser)

_____ _____

c a forma do *tu* para *potere* (poder) e *dire* (dizer)

_____ _____

d a forma do *io* para *lavorare* (trabalhar) e *sentire* (ouvir)

_____ _____

e a forma do *io* para *capire* (entender) e sua negativa

_____ _____

52 ⋯ 3 RESOLVA OS PROBLEMAS DE COMUNICAÇÃO

## TÁTICA DE CONVERSA 1: Frases essenciais

Nas Conversas 1 e 2, você viu várias "frases essenciais" utilizadas por Melissa para comunicar seus problemas com o italiano para Daniele. As frases essenciais são armas secretas para lidar com qualquer conversa em italiano, mesmo que você esteja com dificuldades de compreensão. Se aprender essas frases, você não terá mais desculpas para falar português.

1   Escreva no quadro a seguir as frases essenciais que já aprendeu.

2   Crie duas frases essenciais combinando *puoi* (pode) e um infinitivo e as escreva no quadro.
    **Exemplo:** Pode escrever isso, por favor? <u>Puoi scriverlo, per favore?</u>

    a   Não entendo. **Pode me ajudar?** _____

    b   Estou aprendendo italiano há apenas um mês. **Pode falar mais devagar?** _____

### Quadro de frases essenciais

| Italiano | Significado |
|---|---|
| Come si dice...? | Como se diz...? |
| _____ | Mais devagar, por favor. |
| _____ | Me desculpe. |
| _____ | Não entendi. |
| _____ | Pode repetir isso? |
| _____ | Um momento. |
| _____ | Não te escuto. |

## EXPLICAÇÃO GRAMATICAL: "Ouça", "Olhe", "Diga-me" – as formas do imperativo

Quando quiser falar para alguém "observar", "repetir" ou "ir", você precisa usar o imperativo. Vimos essa forma na Unidade 1, quando Mario disse a Melissa *Parlami di te!* Muitos verbos são usados dessa maneira, como em:

*Guarda!* (Olhe!)    *Ascolta!* (Escute!)    *Vieni!* (Venha!)
*Dimmi!* (Diga-me!)    *Ascoltami!* (Escute-me!)    *Aiutami!* (Ajude-me!)

Usar o imperativo é bem simples:

- Em verbos como *parlare* e *imparare* (verbos terminados em *-are*), coloque a terminação *-a*: (*parla, impara*).
- Em verbos como *dormire* e *leggere* (terminados em *-ire* e *-ere*), use as mesmas terminações aplicáveis ao *tu* – geralmente *-i*: (*dormi, leggi*).

Você também pode acrescentar *mi, ti, lo / la* ao final dos verbos no imperativo, mas fique atento às pequenas diferenças que ocorrem em *dire* (*dimmi*), *dare* (*dammi*) e *fare* (*fammi*):

Exemplos: *ascolti* (escute) → *Ascoltalo!* (Escute-o!)
*guardi* (veja) → *Guardami!* (Veja-me!)

É bom saber o imperativo de alguns verbos, mas você pode criar formas de comando colocando *puoi* ("você pode") antes de um verbo no infinitivo.

Exemplos: *Guarda!* (Veja!) → *Puoi guardare?* (Pode + ver)
*Parla!* → *Puoi parlare?*    *Vieni!* → *Puoi venire?*
*Aiutami!* → *Mi puoi aiutare?*    *Ascolta!* → *Puoi ascoltare?*

## PRATIQUE

1 Combine as palavras que você já sabe e crie novas frases em italiano.
   a Onde você mora? _____
   b O que você está dizendo? _____
   c Em que outra cidade você quer morar?
   _____
   d Por que você quer trabalhar em Roma?
   _____
   e Você trabalha em uma universidade? Entendi bem?
   _____

**2** Depois de aprender os principais pronomes interrogativos do italiano:

   **a** Confira o quadro de expressões das Conversas 1 e 2 e anote no quadro a seguir os **pronomes interrogativos** que você já conhece.

   **b** Em seguida, pesquise no dicionário a palavra italiana correspondente a "quem" e a escreva no quadro.

### Quadro de pronomes interrogativos

| Significado | Italiano | Significado | Italiano |
|---|---|---|---|
| Por quê? | _____ | Quanto? | _____ |
| Quê? | Che?/Cosa? | Você pode? | _____ |
| Como? | Come? | | |
| Onde? | _____ | | |
| Qual? | Quale? | | |
| Quando? | _____ | | |
| Quem? | _____ | | |

**3** Quais pronomes interrogativos em italiano você deve usar para obter as respostas a seguir?

   **a** *Sabato.* _____

   **b** *14.* _____

   **c** *Paolo.* _____

   **d** *Alla stazione.* _____

   **e** *Perché voglio.* _____

## JUNTE TUDO

Vamos continuar desenvolvendo seu script. Use seu novo vocabulário pessoal para criar frases em italiano que descrevam sua vida. Aborde os seguintes pontos:

····⟩ De onde você é e onde mora agora (use *ma* e *adesso*).

····⟩ Há quanto tempo você mora nessa cidade (use *da*) e por quê.

····⟩ Onde você trabalha (use *lavorare* + *in un/una*).

····⟩ De onde você é e onde mora agora (use *da*).

> **VOCÁBULO:**
> *che* **e** *cosa*
> **como "que"** Você pode dizer tanto *che* quanto *cosa* para "quê?" *Che* é mais comum no sul, enquanto *cosa* é mais usado no norte da Itália. Também é possível dizer *che cosa*. Nesse caso, *cosa* significa "coisa".

CONVERSA 2    **55**

Tive experiências maravilhosas ao estudar italiano com falantes nativos. Em regra, eles elogiam até mesmo iniciantes quando fazem um bom trabalho.

**VOCÁBULO: *ei! ahn?! argh!***
Como o português, o italiano tem boas interjeições para expressar emoções e deixar suas reações mais italianas. Estas são as mais comuns:

| | |
|---|---|
| *ehi!* | ei! |
| *ahi!/ahia!* | ah! |
| *bleah!* | argh! |
| *boh ...* | sei lá! |
| *eh?* | é? |
| *uffa!* | ufa! |
| *mah...* | quem sabe... |

**DICA DE GRAMÁTICA:** *credo che* - "eu acho"
Em geral, os verbos de opinião (como *credo che/penso che*) exigem um modo especial (o subjuntivo) para sugerir incerteza. Dominar esse ponto não é uma característica de iniciantes, mas não se preocupe. Você pode evitar esse modo ao expressar hesitação e "redefinir" sua frase. Como os italianos usam esse recurso cada vez menos, hesite à vontade por enquanto.

# CONVERSA 3

## Você consegue me ouvir?

Na Itália, você encontrará pessoas muito pacientes e amigáveis. Portanto, fique à vontade para falar "portuliano" com os italianos, pois eles costumam ser bem prestativos. Vá tranquilo!

🔊 **03.07** Melissa e Daniele estão tendo dificuldades com a conexão de internet. Quais palavras Melissa usa para comunicar seus problemas de conexão a Daniele?

**Melissa:** Credo che la mia connessione... non funziona bene. Mi dispiace!

**Daniele:** Nessun problema. Vuoi disattivare la tua webcam?

**Melissa:** Non è la mia webcam. Ho un problema con... sai... ehm... non ricordo la parola! La mia cosa di internet!

**Daniele:** Il tuo wifi? Il tuo portatile?

**Melissa:** Ecco! Il mio portatile. Devo installare un software. Aspetta un momento.

**Daniele:** Va bene, aspetto...

**Melissa:** Forse... mi senti adesso?

**Daniele:** Non bene.

**Melissa:** Mi dispiace, ho bisogno di un computer nuovo... Posso chiamarti la prossima settimana?

**Daniele:** Certo, tranquilla! Quando vuoi parlare di nuovo? Sabato?

**Melissa:** D'accordo. A presto!

**Daniele:** Alla prossima!

## DESVENDE

1  Na conversa, há diversas palavras em italiano iguais ou parecidas com palavras em português. Escreva o significado das palavras a seguir.

**a** disattivare.          **b** installare.          **c** connessione.

56 ···🔹 3 RESOLVA OS PROBLEMAS DE COMUNICAÇÃO

**2** Use as palavras que você já sabe e o contexto para descobrir qual das afirmações a seguir é falsa.

   **a** Melissa acha que sua conexão não é boa.

   **b** Daniele não consegue ouvir Melissa bem.

   **c** A webcam de Melissa está com problemas.

   **d** Melissa e Daniele decidem conversar em outro momento.

**3** Responda as perguntas a seguir sobre a conversa.

   **a** Quais palavras Melissa usa para descrever o tipo de computador de que precisa? *un computer* _____

   **b** Como se pede desculpas em italiano? *Mi* _____

   **c** Quais são as duas formas de se dizer "tchau" em italiano?

   _____ _____

   **d** Como se diz "eu preciso" em italiano? _____ ...

**4** Traduza as expressões a seguir para o italiano:

   **a** não se preocupe _____    **d** talvez _____

   **b** tudo bem _____    **e** você sabe _____

   **c** não é meu _____

**5** Na sua opinião, qual é o significado da expressão *la mia*?

_____

## TÁTICA DE CONVERSA 1: Use o "italiano Tarzan" para se comunicar utilizando um vocabulário reduzido

Nem sempre o iniciante sabe se expressar com exatidão. Mas não fique frustrado: seu foco deve estar em se comunicar e não em falar com fluência. Ou seja, encare seus erros com tranquilidade.

É por isso que recomendo usar o "italiano Tarzan". Encontre modos de transmitir ideias de forma compreensível, mesmo que a gramática e as palavras escolhidas não sejam lá grande coisa. É possível se comunicar usando apenas palavras-chave. Por exemplo, a frase: "Pode me dizer onde fica o banco?", pode ser reduzida a duas palavras: "Banco... onde?", como diria o Tarzan:

*Mi puoi dire dove si trova la banca?* → **Banca... dove?**

> Erros são uma parte necessária do processo: você não vai aprender italiano sem cometer erros. Isso porque, além de inevitáveis, as falhas também são úteis para avançar no estudo. No xadrez, **os jogadores são orientados a perder 50 vezes logo no início do aprendizado.** Por que não levar essa filosofia ao extremo e tentar cometer 200 erros por dia em italiano? Supere logo essa fase para avançar muito mais rápido.

Eu chamo o medo de cometer erros de **"paralisia do perfeccionismo"**. O perfeccionismo é seu inimigo porque impede que você se comunique na prática. Quem quer falar tudo perfeitamente acaba não dizendo nada!

Pensar em maneiras mais simples de transmitir uma ideia é uma habilidade fundamental para desenvolver sua fluência. Como iniciante, um italiano simples e até mesmo errado do ponto de vista gramatical pode estimular sua participação nas conversas e turbinar seu progresso no estudo do idioma!

1 Utilize o "italiano Tarzan"! Confira as frases a seguir. Isole as palavras-chave e, em seguida, use o "italiano Tarzan" para transmitir o mesmo significado.

Exemplo: *Non capisco. Puoi ripetere, per favore?*
→ <u>Ripetere, per favore?</u>

a *Ti dispiace parlare più piano?* _____

b *Mi puoi dire quanto costa questo?* _____

c *Scusa, sai dove si trova il supermercato?* _____

## TÁTICA DE CONVERSA 2: Use as palavras polivalentes *persona, luogo, cosa*

Na Conversa 3, Melissa usa esse truque quando esquece a palavra correspondente a "computador".

*persona* (pessoa)     *luogo* (lugar)     *cosa* (coisa)

Essas palavras são polivalentes, ou seja, geralmente fazem referência a muitos substantivos. Portanto, devem ser utilizadas sempre que necessário para descrever algo cujo nome você não sabe.

Em italiano, é muito comum formar nomes da seguinte maneira:
(algo) **de** (alguma coisa)

Exemplos: *la stazione **dei** treni* a estação de trens
*la fermata **dell'**autobus* a parada de ônibus
*la torta **di** cioccolato* a torta de chocolate

Para aproveitar essa característica do idioma, sempre que não souber uma palavra, use esta fórmula:
(palavra polivalente) + *di* + (palavra relacionada)

Use primeiro a palavra polivalente para facilitar a compreensão do nativo.

Por exemplo, quando não lembrar de:

···▸ cama        (*il letto*) ... diga "coisa de dormir" → **cosa** di dormire

···▸ professor   (*l'insegnante*) ... diga "pessoa de ensinar" → **persona** di insegnare

···▸ estação de trem (*la stazione dei treni*) ... diga "lugar de trens" → **luogo** di treni

1 Vamos praticar. Transmita o significado das frases a seguir usando palavras polivalentes.

Exemplo:  caneta?  →  "coisa de escrever"  <u>cosa di scrivere</u>

a  biblioteca?     →  "lugar de livros"     _____

b  garçonete?      →  "pessoa de restaurante"  _____

# OBSERVE

🔊 **03.08** Ouça o áudio e observe o quadro.

### Expressões essenciais da Conversa 3

| Italiano | Significado |
|---|---|
| la mia connessione non funziona bene | a minha conexão não está boa |
| nessun problema | sem problema |
| non è la mia webcam | não é a minha webcam |
| ho un problema con... | tenho um problema com... |
| sai... | você sabe... |
| non ricordo la parola! | não lembro a palavra! |
| il tuo... wifi? portatile? | o seu... wifi? laptop? |
| ecco! | aqui está! |
| devo... | devo... |
| aspetta un momento | espera um momento |
| va bene | tudo bem |
| forse | talvez |
| mi senti? | está me ouvindo? |
| ho bisogno di... | preciso de… |
| posso chiamarti... | posso te chamar... |
| la settimana prossima | a próxima semana |
| certo, tranquilla! | claro, não se preocupe |
| quando vuoi parlare... di nuovo? | quando quer conversar… de novo? |
| d'accordo, a presto! | tudo bem, nos vemos em breve! |
| alla prossima! | até a próxima! |

> Se precisar usar o *wifi* de alguém, peça a **password** – *Qual è la password del wifi?* (Qual é a senha do wifi?)

> Há muitas formas de se despedir **e dizer tchau** para alguém. Você pode dizer *ciao, ci vediamo* (nos vemos), *alla prossima* (até a próxima), *a dopo* (até mais tarde), *a presto* (até logo) ou a gente se vê (como *a domani!* para "vejo você amanhã" ou *a lunedì* para "vejo você segunda").

> **DICA DE GRAMÁTICA:**
> *potere – "poder"*
> Em italiano, as formas verbais "posso" e "você pode" correspondem a *posso* e *puoi*, do infinitivo *potere* (poder). Observe que esse verbo é irregular. Alguns desses verbos devem ser memorizados, mas felizmente não há muitas exceções à regra geral.

**1** Use a lista de expressões para preencher as lacunas a seguir com os verbos correspondentes:

**a** *avere* (ter) → _____ (tenho) → *hai* (você tem)

**b** *potere* (poder) → _____ (posso) → *puoi* (você pode)

**c** *sentire* (ouvir) → *ti sento* (te ouço) → _____ (você me ouve)

**d** _____ (chamar) → *mi chiamo* (eu me chamo) → *ti chiami* (você se chama)

**e** *credere* (pensar) → _____ (penso) → *credi* (você pensa)

CONVERSA 3 ⋯ **59**

2 Observe os conectivos na lista de expressões. Quando alguém diz *mi dispiace*, você pode usar duas expressões da lista para responder "tudo bem". Indico uma a seguir. Encontre a outra e a escreva.

**nessun problema** _____

3 Nessa conversa, Melissa usa uma nova frase de sobrevivência: "Não lembro a palavra". Encontre-a na lista e a escreva no quadro.

## EXPLICAÇÃO DO VOCABULÁRIO: *La tecnologia em italiano*

Em italiano, o termo mais comum para "laptop" é *portatile*, mas você também vai ouvir *laptop*. Na verdade, muitos termos de tecnologia são emprestados do inglês e substituem seus equivalentes em italiano:

*Já que há tantos termos conhecidos, ligue seu cellulare, portatile o computer, confira a configurazione no menu e altere sua interfacce digitali para italiano.*

| | | | |
|---|---|---|---|
| webcam | e-mail | internet | (doppio) clic |
| hardware | software | computer | display/schermo |
| hard disk | homepage/home | | web (also la rete) |
| fare il log in | fare il download/scaricare | | wifi |

Alguns desses neologismos se transformaram em verbos: *disattivare, installare, connettere* e *copiare*.

## PRATIQUE

1 Pratique criar novas frases ao combinar os verbos da conversa com palavras que já conhece.

a penso que + isso funciona _____

b você acha que + posso _____

c posso + dizer _____

d você pode + chamar _____

e tenho que + trabalhar _____

f preciso + ter _____

g você tem que + falar _____

2 Preencha as lacunas com as respectivas palavras em italiano.

a _____ _____ *un software* _____?
(Você pode instalar um novo software?)

b _____ _____, *io ti* _____ _____.
(Se quiser, posso ajudá-lo.)

c *La* _____ *volta,* _____ _____ _____ *una connessione migliore.*
(Da próxima vez, espero ter uma conexão melhor.)

d _____ *ricordo* _____ _____!
(Não lembro onde está!)

e *Ora* _____ _____! _____ _____?
(Agora ouço você! Pode repetir?)

## EXPLICAÇÃO GRAMATICAL: *mio/mia/miei/mie* (meu/minha/meus/minhas)

Como em português, para dizer "meu e seu" em italiano, você precisa observar o gênero e o número do objeto a que está se referindo. Observe que, na conversa, "seu laptop" é *il tuo portatile* e "minha coisa", *la mia cosa*. Você vai aprender isso com o tempo, mas até lá confira esse resumo:

| Português | Masculino singular | Feminino singular | Masculino plural | Feminino plural |
|---|---|---|---|---|
| meu/minha/ meus/minhas | il mio | la mia | i miei | le mie |
| seu/sua/ seus/suas | il tuo | la tua | i tuoi | le tue |

Preencha as lacunas com os pronomes possessivos correspondentes.

a *Il* _____ *migliore amico si chiama Daniele.* (O meu melhor amigo se chama Daniele.)

b *La* _____ *casa è molto grande.* (A sua casa é muito grande.)

c *Adoro le* _____ *scarpe!* (Amo os seus sapatos!)

## #LANGUAGEHACK:
## Use o truque das terminações para turbinar a memorização dos gêneros das palavras.

Em italiano, as palavras são masculinas ou femininas. O gênero determina se cada palavra deve ser antecedida por *il* ou *la* ("o" ou "a"), *un* ou *una* ("um" ou "uma"):

**Feminino:**    *la conversazione*    (a conversa)      *una donna* (uma mulher)
**Masculino:**    *il treno*              (o trem)           *un uomo* (um homem)

Mas por que a palavra "conversa" é feminina? No início, pode parecer que a atribuição dos gêneros é aleatória. Por exemplo, *mascolinità* é feminino, e *femminismo* é masculina! O gênero das palavras não tem nenhuma relação com o seu conceito, seja masculino ou feminino. É a sua *grafia* e, especificamente, a terminação da palavra que determina o gênero. Resumindo, é possível deduzir o gênero de uma palavra pela sua forma escrita:

Se uma palavra termina em -o, provavelmente é masculina.

   **Exemplos:**    *il pollo* (o frango), *un bacio* (um beijo), *il profumo* (o perfume), *un gatto* (um gato)

Se uma palavra termina em -a/à, provavelmente é feminina.

   **Exemplos:**    *un'idea* (uma ideia), *la differenza* (a diferença), *la cultura* (a cultura), *la manica* (a manga), *l'università* (a universidade), *la felicità* (a felicidade)

Se terminar em -ma, -tore/-sore ou na maioria das consoantes, provavelmente será masculina. Estrangeirismos que não terminam em -a também são masculinos.

   **Exemplos:**    *il programma* (a agenda), *l'autore* (o autor), *il cursore* (o cursor), *il film*, *il software*

Se termina em -ione ou -tudine, é feminina. Algumas profissões femininas terminam em -trice.

   **Exemplos:**    *l'educazione* (a educação), *l'altitudine* (a altitude), *l'attrice* (a atriz)

Como no português, as palavras terminadas em -ista podem ser dos dois gêneros!

   **Exemplos:**    *il turista* e *la turista*, *il pianista* e *la pianista*, *il giornalista* e *la giornalista*

**DICA DE GRAMÁTICA:** *"o" e "um"*

Em italiano, as palavras correspondentes a "o" e "um" mudam de acordo com a primeira letra da palavra seguinte. Vimos que, em vez de *il*, usamos *lo* antes de *s* seguido de consoante ou antes de *z*: *lo spagnolo*, *lo spazio* (o espaço), *lo zio* (o tio). Isso também vale para *un*, que deve ser substituído por *uno*: *uno svizzero* (um suíço). No plural, esses artigos viram *gli* em vez de *i*: *gli studi*. Por fim, os artigos também mudam quando vêm antes de vogais:

una → un': un'amica (mas não un'amico)     il → l': l'amico, l'albergo
la → l': l'amica, l'indicazione, l'agendina     i → gli: gli amici, gli animali

## SUA VEZ: Use o hack

1 Indique o gênero das palavras a seguir. Preencha as lacunas com *un, un'* ou *una*.

a _____ *popolo*
b _____ *città*
c _____ *commedia*
d _____ *organismo*
e _____ *appartamento*
f _____ *differenza*
g _____ *teatro*
h _____ *pace*

i _____ *religione*
j _____ *telefono*
k _____ *vino*
l _____ *libreria*
m _____ *peperone*
n _____ *poema*
o _____ *azione*

Nesse tipo de situação, deduzir é bastante recomendável e quase não causa problemas de comunicação! Sempre há exceções, mas com esse hack você vai acertar na maioria das vezes.

2 Agora, preencha as lacunas com *il, la* ou *l'*.

a _____ *popolo*
b _____ *città*
c _____ *commedia*
d _____ *organismo*
e _____ *appartamento*
f _____ *differenza*
g _____ *teatro*
h _____ *pace*

i _____ *religione*
j _____ *telefono*
k _____ *vino*
l _____ *libreria*
m _____ *peperone*
n _____ *poema*
o _____ *azione*

3 Por que a palavra *mascolinità* é feminina e *femminismo* é uma palavra masculina? _____

## JUNTE TUDO

*forse... ho... ho bisogno di...*

Continue desenvolvendo seu script. Pesquise novas palavras "pessoais" no dicionário para formular as frases que você usará em conversas reais. Crie três frases em italiano que descrevam sua vida, indicando:

···⋗ Sua opinião sobre o último smartphone lançado no mercado (use *forse*).
···⋗ Um aparelho você esteja utilizando (use *ho*).
···⋗ Algo de que você precisa ou gostaria de comprar (use *ho bisogno di*).

CONVERSA 3 ⋗··· 63

# FINALIZANDO A UNIDADE 3

## Confira o que aprendeu

🔊 **03.09** Releia as conversas e quando se sentir confiante:

⇢ Ouça o áudio e transcreva a gravação.
⇢ Pause ou repita o áudio sempre que precisar para entender as perguntas.

_____
_____
_____
_____

## Mostre o que sabe...

Confira o que aprendeu na unidade. Escreva ou fale um exemplo para cada item da lista e marque os que sabe.

- ☐ Diga "olá" e "prazer em conhecê-lo".
- ☐ Formule duas frases para dizer adeus.
- ☐ Diga "entendi" e "não entendi".
- ☐ Diga algo que você tem e algo de que precisa.
- ☐ Use as frases essenciais "Você pode repetir isso?" e "Mais devagar, por favor".
- ☐ Use os pronomes oblíquos do italiano na ordem correta, como em "Você pode me ajudar?"
- ☐ Diga as palavras em italiano correspondentes a "pessoa", "lugar" e "coisa".

## COMPLETE SUA MISSÃO

É hora de completar sua missão: use seu "italiano Tarzan" para jogar (e vencer!) o jogo de palavras. Crie frases para descrever uma pessoa, lugar ou coisa em italiano e lance o desafio para que outras pessoas adivinhem o objeto sem saber seu nome.

## PASSO 1: Crie seu script

Vamos adotar o princípio da "imperfeição" no seu script. Sublinhe as palavras-chave de que precisa para expressar sua opinião e, em seguida, confira seu significado no dicionário. Mas não se esforce para utilizar uma gramática perfeita! Ao se deparar com uma expressão complexa, procure palavras mais simples para transmitir a mesma ideia.

> Se você não sabe o que fazer, provavelmente está sofrendo da **paralisia do perfeccionismo**. Pare um pouco e lembre que, no momento, seu script deve ser imperfeito!

Continue desenvolvendo seu "italiano Tarzan" e utilizando as táticas de conversa indicadas na unidade para:

- Identificar descrições de pessoas, lugares e objetos.
- Descrever uma pessoa utilizando uma palavra conhecida (Qual é o seu *lavoro*? Onde ela está *adesso*?).
- Descrever um objeto, dizendo se é algo que você tem (*ho*), precisa (*ho bisogno di*), gosta ou não gosta.
- Descrever um lugar, identificando suas características ou as pessoas que moram nele.

Por exemplo, é possível dizer:

> É verdade! Seu desempenho melhora bastante quando você se dedica a uma tarefa! (Estudos mostram que seus resultados serão **30% melhores** em relação aos dos seus colegas que não praticam conversação regularmente.)

> C'è... persona... lavoro... al cinema...
> Molto famoso... è un uomo... pirata pazzo... dire sempre...
> dove rum?

Depois de escrever o script, repita as frases até se sentir confiante.

## PASSO 2: A prática leva à perfeição... *online*

Superar o constrangimento de "parecer bobo" faz parte de aprender um idioma. Portanto, use o "italiano Tarzan" para superar suas dificuldades! Quando enviar seu clipe para a comunidade, você vai se surpreender com o número de comentários positivos.

Acesse a comunidade para encontrar a missão da Unidade 3 e explorar mais possibilidades com o seu "italiano Tarzan".

> **HACKEANDO:** *Mude o idioma das suas preferências de pesquisa para italiano*
> Os principais sites detectam automaticamente o idioma do usuário com base nas configurações do navegador e ajustam seu layout. Mas é possível alterar essa configuração para *italiano*. Se você fizer isso, o idioma do seu site de busca, redes sociais e plataformas de vídeo mudará imediatamente para o italiano! Você também pode acessar google.it (e clicar em *italiano*) para pesquisar sites em italiano do mundo inteiro. Mas lembre-se de digitar palavras-chave em italiano!

FINALIZANDO A UNIDADE 3 **65**

### PASSO 3: Aprenda com outros estudantes

Depois de enviar seu clipe, confira como os outros estudantes usam o "italiano Tarzan". **Sua tarefa consiste em participar do jogo e adivinhar as palavras descritas pelos outros participantes**. Tome nota das formas mais inteligentes adotadas pelos estudantes para as táticas de conversa indicadas na unidade e tente utilizá-las depois.

### PASSO 4: Avalie o que aprendeu

Você conheceu novos lugares e pessoas na comunidade? Anote os pontos interessantes para conferir depois: pode ser um ator famoso que você ainda não conhece ou um filme que queira ver. Ao realizar a missão, quais lacunas você identificou no seu aprendizado? Usou alguma palavra diversas vezes? Quais? Ouviu alguma palavra várias vezes, mas não entendeu? Quais? Escreva no quadro a seguir!

## EI, HACKER DA LINGUAGEM, VOCÊ ESTÁ COM SORTE!

Apesar do seu vocabulário limitado, você já está conversando em italiano numa boa. Seu objetivo não é aprender todas as palavras e regras gramaticais, mas se comunicar e eventualmente ser criativo. Nessa missão, você desenvolveu habilidades muito úteis para encarar o mundo real. Na próxima unidade, aprenderá a conversar sobre seus planos para o futuro.

*Continua così!*

# 4 DESCREVA SEUS PLANOS PARA O FUTURO

### Sua missão
Imagine que você deseja passar algumas semanas viajando pela Europa, mas só poderá ir se contar com a companhia do seu amigo italiano para dividir os custos.

Sua missão é fazer uma oferta irrecusável! Descreva a viagem dos seus sonhos e convença seu amigo a ir com você. Use *andiamo...* para narrar as coisas maravilhosas que vocês farão juntos. Prepare-se para **explicar como chegarão lá e como passarão o tempo**.

Nesta missão, você vai desenvolver habilidades de conversação, falar sobre seus planos para o futuro e combinar novas sequências de frases para aperfeiçoar sua fluência em italiano.

### Treine para a missão
- Desenvolva uma tática de conversa para quebrar o gelo: *ti dispiace se...*
- Fale sobre seus futuros planos de viagem usando *voglio/devo* + infinitivo ou o presente.
- Descreva seus planos em sequência: *per cominciare*, *poi*, *quindi...*
- Aprenda o vocabulário essencial de viagens: *puoi prendere un treno*.
- Memorize o script que você provavelmente utilizará várias vezes no futuro.

## APRENDENDO A PUXAR ASSUNTO NO IDIOMA

É preciso um pouco de coragem para começar a praticar seu italiano, mas aprender a "quebrar o gelo" no início ajuda muito! Nesta unidade, você criará um script específico para iniciar conversas no idioma. Além disso, aprenderá a deixar seus diálogos mais informais e, com sorte, fará um ou dois novos amigos!

#LANGUAGEHACK
Turbine seu italiano com esses quatro verbos auxiliares.

## CONVERSA 1

### Com licença, você fala italiano?

Melissa voltou a frequentar seu grupo local de idiomas. Ela vem praticando italiano há algumas semanas, mas agora pretende abordar outra pessoa e puxar conversa para ganhar confiança.

🔊 **04.01** Quais frases Melissa usa na sua abordagem?

**Melissa:** Scusa, parli italiano?
**Paola:** Sì! Sono di Milano.
**Melissa:** Benissimo! Ti dispiace se pratico il mio italiano con te?
**Paola:** Perché no? Vieni! Puoi sederti qui.
**Melissa:** Grazie e piacere di conoscerti!
**Paola:** Piacere mio! Sono Paola. Come ti chiami?
**Melissa:** Mi chiamo Melissa. Devi sapere che sono ancora principiante.
**Paola:** Ma sai già dire *tante* cose!
**Melissa:** Grazie, ma ho bisogno di praticare molto di più con italiani.
**Paola:** Bene, non ti preoccupare, sono molto paziente! Quindi, parliamo!

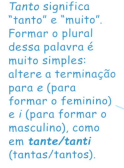

*Tanto* significa "tanto" e "muito". Formar o plural dessa palavra é muito simples: altere a terminação para *e* (para formar o feminino) e *i* (para formar o masculino), como em **tante/tanti** (tantas/tantos).

# DESVENDE

1 *Vero o falso?* Escolha a resposta correta.

 a  Paola é de Milão. vero / falso

 b  Melissa convida Paola para ir a um café com ela. vero / falso

 c  Paola é impaciente. vero / falso

2 Encontre e sublinhe as palavras com as quais:

 a  Paola diz a Melissa de onde é.

 b  Melissa pergunta se Paola fala italiano.

 c  Melissa pede para praticar italiano com Paola.

 d  Melissa diz que ainda é iniciante.

3 Encontre estas três palavras na conversa e as circule.

 a  italianos    b  paciente    c  iniciante

4 Escreva as expressões equivalentes em italiano a:

 a  Vamos conversar! _____

 b  Não se preocupe! _____

# OBSERVE

🔊 **04.02** Ouça o áudio e observe o quadro.

## Expressões essenciais da Conversa 1

| Italiano | Significado |
|---|---|
| scusa | desculpa |
| parli italiano? | você fala italiano? |
| benissimo! | excelente! |
| ti dispiace se… | se importa se… |
| … pratico il mio italiano con te? | … eu praticar meu italiano com você? |
| perché no? | por que não? |
| vieni! Puoi sederti qui | vem! Pode sentar-se aqui |
| piacere mio! | o prazer é meu |
| devi sapere che… | deve saber que… |
| sono ancora principiante | ainda sou iniciante |
| sai già dire tante cose! | você já sabe dizer tantas coisas! |
| ho bisogno di… | preciso… |
| praticare molto di più | praticar muito mais |
| non ti preoccupare | não se preocupe |
| sono molto paziente! | sou muito paciente! |
| quindi, parliamo! | então, vamos conversar! |

CONVERSA 1  69

1  Encontre na lista de expressões:

a  duas formas de abordar alguém para praticar italiano

_____   _____

b  a expressão para perguntar se alguém não se importa com algo

_____

2  Complete as frases a seguir com *già*, *ancora* ou *tanto*.

a  Ainda estou falando.  *Parlo* _____.

b  Já estou falando.  *Parlo* _____.

c  Estou falando muito.  *Parlo* _____.

d  Ainda sei o endereço.  *So* _____ *l'indirizzo.*

e  Já sei aonde devo ir.  *So* _____ *dove andare.*

f  Sei muito italiano.  *So* _____ *italiano.*

## EXPLICAÇÃO GRAMATICAL: Dizendo "nós" com *-iamo*

Para conjugar um verbo na terceira pessoa do plural (nós), substitua a terminação do infinitivo (*-are/-ere/-ire*) por *-iamo*.

**Exemplos:** parl*are* → *Parliamo italiano ogni giorno.* (Falamos italiano todo dia.)
           ved*ere* → *Vediamo molti film.*     (Assistimos a muitos filmes.)

Você também pode fazer sugestões com "Vamos..." usando *-iamo*!

*Andiamo al parco!*     Vamos ao parque!

## PRATIQUE

1  Complete as frases a seguir com as palavras correspondentes.

a  _____ *parole* _____ *ogni* _____.
(Aprendemos novas palavras todo dia.)

b  _____ *più* _____ *con i principianti.*
(Falamos mais devagar com os iniciantes.)

c  _____ *insieme lo spettacolo.* (Assistimos juntos ao espetáculo.)

d  _____ *la radio.* (Vamos ouvir o rádio!)

## TÁTICA DE CONVERSA: Memorize um script para situações frequentes

Muitas pessoas ficam nervosas quando falam com alguém pela primeira vez, especialmente em outro idioma. Mas se você planejar suas frases com antecedência, ficará menos ansioso. Felizmente, muitas conversas seguem um padrão parecido, o que é bastante útil para os estudantes.

### Aprenda frases prontas

Você pode usar uma frase sem saber as regras gramaticais aplicáveis a ela. Basta memorizar frases inteiras em bloco para utilizá-las sempre que precisar, mesmo sem entender plenamente o significado de cada palavra.

Comece com esta frase polivalente muito útil: *Ti dispiace se…* (Se importa se…), que pode ser usada em diversas situações e assuntos.

### Memorize um script

Para criar um "script" pessoal que poderá utilizar várias vezes, você deve aprender frases prontas específicas e fazer combinações entre elas.

Em viagens, sempre ouço perguntas como "Por que você está estudando esse idioma?" e sobre meu trabalho como escritor, que não é fácil de explicar como iniciante. Mas como sei que essas perguntas serão feitas, preparo com antecedência uma boa resposta para encarar com confiança cada pergunta que surgir.

Você pode ouvir perguntas sobre sua viagem à Itália ou seu interesse na cultura italiana. Basicamente, se tiver que explicar algo ou contar uma pequena história com frequência, memorize essa informação utilizando um script eficiente e tenha tudo na ponta da língua assim que surgir o assunto. Veja como fazer isso:

- **Determine o que quer dizer.** Expresse a sua visão pessoal.
- **Em seguida, simplifique suas frases no que for possível e remova todas as expressões complicadas**. Se puder, faça tudo em italiano desde o início, anote as principais palavras e frases e deixe a criação do script para depois. Se não puder, inicie o script em português e traduza as frases para o italiano.
- Quando **concluir o script**, repita o texto até memorizá-lo.

Você pode andar de bicicleta sem entender nada de aerodinâmica e usar um computador sem conhecer a fundo o funcionamento dos circuitos. Portanto, também pode utilizar frases em italiano no momento certo **mesmo sem entender o significado de cada palavra** ou a regra de gramática aplicável.

Isso funciona em situações casuais, mas para falar com uma pessoa mais velha ou desconhecida e em contextos formais, diga *Le dispiace se…*

**HACKEANDO:** *Peça para um falante nativo revisar seu script* e aprimore seu italiano. É normal cometer erros quando falamos em situações reais, mas você deve corrigir suas frases antes de memorizá-las. Para encontrar falantes nativos de forma simples e gratuita, confira a seção online Recursos.

## JUNTE TUDO

1 Ao visitar a Itália, em quais situações você deve usar *ti* (ou *Le*) *dispiace se...?* Use essa expressão e seu dicionário para criar frases que utilizará em locais como:

- ⋯⟩ Um evento social (ex.: "... se eu falar com você?")
- ⋯⟩ Um parque (ex.: "... se eu acariciar seu cachorro?")
- ⋯⟩ Um café (ex.: "... se eu me sentar aqui?")
- ⋯⟩ Na casa de alguém (ex.: "... se eu abrir a janela?").

2 Escolha uma das situações a seguir e prepare um pequeno script para falar sem ter que pensar na hora.

> É uma excelente ideia ter frases como essas no seu repertório, pois são muito frequentes. Talvez você já conheça algumas, mas prepare uma boa resposta para cada uma dessas perguntas.

⋯⟩ **Situação 1:** Alguém que fala italiano soube que você estuda o idioma. (Para essa situação, costumo preparar algumas frases como: "Ah, você fala italiano!", "Ainda sou iniciante" ou "Estudo italiano há...")

⋯⟩ **Situação 2:** Alguém pede que você conte uma pequena história ou pergunta por que você está estudando italiano. (Nesse caso, diga algo como: "Eu acho o idioma lindo" ou "Um dia, espero ir à Itália".)

⋯⟩ **Situação 3:** Você precisa parar alguém na rua para fazer uma pergunta em italiano. (Como a educação faz milagres, diga: "Desculpe" ou "Com licença" e, em seguida, algo como, "Você se importa se eu fizer uma pergunta?")

# CONVERSA 2

## Aonde você vai?

Como Melissa e Paola estão visitando Roma, as conversas tendem naturalmente a tratar de viagens. Na verdade, ao aprender um novo idioma, você provavelmente ouvirá perguntas (ou perguntará a outra pessoa) sobre viagens para outros lugares.

🔊 **04.03** Qual frase Paola usa para perguntar "Você viaja muito?"

> **Paola:** Allora, quanto tempo resti a Roma? Vuoi viaggiare molto?
>
> **Melissa:** Non molto... resto qui a Roma per alcuni mesi, poi vado a Firenze.
>
> **Paola:** Perché non visiti Milano, la mia città? Puoi prendere un treno da qui durante il weekend per conoscere la città.
>
> **Melissa:** È un'idea fantastica! Forse il prossimo weekend. Questo weekend non avere tempo.
>
> **Paola:** Vuoi dire 'non ho tempo'?
>
> **Melissa:** Sì, esattamente. Scusa!
>
> **Paola:** Non fa niente! Anch'io voglio viaggiare di più. Voglio vedere altre città in Italia, come Assisi. Ora o mai più!
>
> **Melissa:** Vero, ma c'è tanto da fare qui a Roma!

Em italiano, **vuoi dire**... significa "você quis dizer". Talvez você ouça essa expressão quando estiver sendo corrigido durante seu aprendizado. Você também pode dizer *voglio dire* para explicar o que tem em mente.

Para dizer "não se preocupe" em italiano, use a expressão comum **non fa niente** ("isso não faz nada", em tradução literal). Você também pode dizer *figurati!* ("imagina!")

**VOCÁBULO:**
**"há / existe" / "existem"**
Em italiano, *c'è* (pronuncia-se "tché") significa "há" e o plural dessa forma verbal é *ci sono* ("existem"). Exemplos: *c'è un libro; ci sono tre libri* ("há um livro"; "há três livros").

## DESVENDE

1 Use o contexto e as palavras que já sabe para responder as perguntas a seguir.

  a Que lugar Paola sugere que Melissa visite? _____

  b Que outras cidades Paola quer conhecer? _____

  c Qual palavra Melissa usa incorretamente? _____

2 Destaque as frases a seguir na conversa e escreva aqui em italiano.

  a Há quanto tempo está em Roma? _____

  b Há alguns meses _____

3 A palavra *weekend* é masculina ou feminina? Por quê?

CONVERSA 2 ❖ **73**

4 Indique o significado das frases a seguir.

a  *forse il prossimo mese* _____

b  *vuoi dire* _____    c  *c'è tanto da fare* _____

5 Ligue as palavras em italiano a seguir às suas respectivas traduções.

a  *altre*              1  como

b  *poi*                2  nunca

c  *durante*            3  então

d  *come*               4  durante

e  *mai*                5  mais

f  *più*                6  outro

## OBSERVE

🔊 **04.04** Ouça o áudio e observe o quadro.

### Expressões essenciais da Conversa 2

| Italiano | Significado |
|---|---|
| resti a Roma? | você está em Roma? |
| vuoi viaggiare molto? | você quer viajar muito? |
| resto qui… | estou aqui… |
| per alcuni mesi | por alguns meses |
| poi vado a... | posso ir a... |
| perché non... | por que não… |
| visiti la mia città? | você visita a minha cidade? |
| puoi prendere un treno da qui | você pode pegar um trem daqui |
| durante il weekend | durante o final de semana |
| per conoscere la città | para conhecer a cidade |
| forse il prossimo weekend | talvez no próximo final de semana |
| questo weekend | este final de semana |
| vuoi dire... | você quer dizer... |
| non ho tempo | não tenho tempo |
| non fa niente! | não se preocupe! |
| anch'io voglio viaggiare di più | também quero viajar mais |
| voglio vedere altre città, come... | quero conhecer outra cidade, como... |
| ora o mai più! | agora ou nunca! |
| vero, ma c'è tanto da fare! | verdade, mas tem muito o que fazer! |

---

**HACKEANDO: use expressões mais simples para evitar frases complexas**
Para formular uma frase em italiano começando com "Planejo...", você precisa de regras gramaticais complicadas que ainda não abordamos. Mas você tem que saber falar sobre seus planos! Por enquanto, confira esse #languagehack quebra-galho. Use uma expressão diferente que dê conta do recado – nesse caso, *voglio* (quero) ou *vuoi* (você quer).

Vimos antes que *adesso* significa "agora", mas também é possível falar *ora* ("hora", em italiano). As duas palavras são equivalentes.

**74** ⋯⋮ 4 DESCREVA SEUS PLANOS PARA O FUTURO

1 Quais expressões você pode usar para:

   a  recomendar um lugar para alguém visitar  _____

   b  corrigir-se em italiano dizendo "quero dizer..."  _____

   c  perguntar: "Você quer dizer...?"  _____

2 Complete a seguinte expressão da lista.
   por alguns meses = _____ alcuni _____

3 Ligue as expressões italianas às suas respectivas traduções.

   a  *lavori*                        1  por que não visita
   b  *perché non visiti*             2  você pode pegar
   c  *voglio vedere*                 3  você viaja
   d  *viaggi*                        4  você trabalha
   e  *voglio viaggiare di più*       5  quero ver
   f  *puoi prendere*                 6  quero viajar mais

4 Escolha a forma verbal correta e complete as frases a seguir.

   a  *Viaggio / Viaggi / Viaggiare* _____? (Você viaja muito?)

   b  *Vediamo / Vedi / Vedere la Cappella Sistina* _____.
      (Vamos ver a Capela Sistina amanhã.)

   c  _____ *visito / visiti / visitare* _____. (Quero visitar Milão.)

   d  *Prendo / Prendi / Prendere un taxi* _____. (Pego um táxi na cidade.)

Utilize este vocabulário adicional para falar sobre seus planos de viagem.

**DICA DE GRAMÁTICA:**

*abreviações*

Em italiano, algumas palavras terminam em o, mas ao contrário do que você imagina, não são masculinas. Na verdade, são abreviações de palavras maiores, como ocorre em *la metro*(politana), *la moto*(cicletta) e *l'info*(rmazione).

Talvez você ache que *macchina* significa "máquina", mas essa é a forma mais comum de se referir a um carro!

## Vocabulário de viagem

| Italiano | Significado |
|---|---|
| **prendere...** | **pegar...** |
| il treno | o trem |
| l'autobus | o ônibus |
| la metro | o metrô |
| un taxi | um táxi |
| **andare in...** | **ir de...** |
| aereo | avião |
| treno | trem |
| macchina | carro |
| bici | bicicleta |

## PRATIQUE

1 Observe o verbo italiano correspondente a "pegar". Como você diria "pego" e "você pega" em italiano?

a pegar _____    c pego _____

b você pega _____

2 Agora, utilize esse vocabulário de maneiras diferentes.

a Eu pego o trem. _____

b Eu dirijo o carro. _____

c Eu voo para o Brasil (Brasile). _____

3 Complete as frases a seguir com as formas corretas:

a o final de semana _____ *weekend*

b esse final de semana _____ *weekend*

c próximo final de semana *il* _____ *weekend*

Vimos essa palavra na Unidade 2.

d todo final de semana _____ *weekend*

**4** Preencha as lacunas com as palavras correspondentes.

**a** *Perché non* _____ *al belvedere del Gianicolo* _____
_____ *tutta la città di Roma.* (Por que não **vai** ao belvedere de
Gianicolo **para ver** toda a cidade de Roma?)

**b** *Voglio* _____ *altre città* _____ *Venezia* _____ *Napoli!*
(Quero **visitar** outras cidades **como** Veneza **e** Nápoles!)

**c** _____ _____ *in Italia,* _____ *andare in aereo.*
(**Para ir** à Itália, **você deve** ir de avião.)

**d** *Devo* _____ _____ _____ *o è meglio* _____ _____ _____?
(Devo **ir de trem** ou é melhor **ir de carro**?)

**e** _____ _____ *tante* _____ *per andare in macchina.*
(**Há** muitas **razões** para ir de carro.)

## JUNTE TUDO

**1** Leia e responda às seguintes perguntas em italiano. Use o dicionário
para encontrar o "vocabulário pessoal" necessário.

**a** *Dove vai per il tuo prossimo viaggio?*
*Vado a* _____

**b** *Per quanto tempo? Per quanti giorni? Per quante settimane? Per quanti
mesi?*
*Per* _____

**c** *Quando vai? Questo mese? Il prossimo mese? Quest'anno? Il prossimo
anno?*
*Vado* _____

**d** *Come vai? Vai in auto / in macchina/ in aereo? O prendi il treno?*

_____

# CONVERSA 3

## O que você vai fazer no fim de semana?

Melissa e Paola estão conversando sobre seus planos para o fim de semana.

🔊 **04.05** Observe como as palavras *voglio* e *vuoi* são usadas para falar sobre planos para o futuro. Que expressão Paola utiliza para perguntar "O que você vai fazer"?

> **VOCÁBULO:** *posto* e *luogo* **para "lugar"**
> Como vimos antes, a palavra *luogo* significa "lugar", mas *posto* é uma expressão equivalente com o mesmo significado.

**Paola:** Quindi, cosa vuoi fare qui a Roma?

**Melissa:** Dunque, per cominciare voglio vedere il Colosseo. Poi voglio bere qualcosa all'Antico Caffè Greco, il posto preferito di D'Annunzio, un poeta italiano. E per finire visito Trastevere per i suoi fantastici ristoranti! E voglio parlare italiano con tutti, chiaramente.

**Paola:** Incredibile! Hai molto da fare! Voglio fare le stesse cose – posso venire con te?

**Melissa:** Sì, perfetto! Sono contenta di avere una nuova amica! Possiamo scoprire la città insieme!

**Paola:** Penso di essere libera domani, ma non lo so ancora. Posso chiamarti?

> **DICA CULTURAL:**
> *squillo*
> *Squillo* significa "toque" ou "chamada perdida", uma ligação feita só para salvar o número de alguém.

**Melissa:** Sì. Ecco il mio numero. Mi fai uno squillo? Vuoi anche il mio indirizzo email?

**Paola:** Sì, per piacere. Ti chiamo stasera.

**Melissa:** Perfetto! Ci vediamo!

**78** 4 DESCREVA SEUS PLANOS PARA O FUTURO

## DESVENDE

1. *Vero o falso?* Marque as respostas corretas e corrija as falsas.

    a  A primeira coisa que Melissa fará é visitar Trastevere.  vero / falso

    b  Então ela irá ao Antico Caffè Greco.  vero / falso

    c  Depois, vai procurar restaurantes.  vero / falso

    d  Melissa acha que estará livre amanhã, mas ainda não tem certeza.  vero / falso

    e  Paola vai ligar para Melissa hoje à noite.  vero / falso

2. Responda as perguntas a seguir em italiano de acordo com a expressão inicial indicada.

    a  Por que Melissa vai a Trastevere?
       Per _____

    b  Por que Melissa vai ao Antico Caffè Greco?
       Per _____

3. Qual é o significado das frases a seguir?

    a  *il posto preferito di D'Annunzio* _____

    b  *Hai molto da fare!* _____

4. Destaque a tradução das frases a seguir na conversa e as escreva aqui.

    a  Por que está indo a Roma?
       _____

    b  Quero fazer algumas coisas.
       _____

CONVERSA 3 • 79

# OBSERVE

🔊 **04.06** Ouça o áudio e observe o quadro.

## Expressões essenciais da Conversa 3

| Italiano | Significado |
|---|---|
| cosa vuoi fare? | o que quer fazer? |
| per cominciare, voglio vedere... | pra começar, quero ver... |
| poi voglio bere qualcosa... | depois quero beber alguma coisa... |
| posto preferito | lugar preferido |
| e per finire... | e, por fim |
| voglio parlare italiano con tutti | quero falar italiano com todos |
| hai molto da fare! | tem muita coisa pra fazer |
| voglio fare le stesse cose | quero fazer as mesmas coisas |
| posso venire con te? | posso ir com você? |
| possiamo scoprire la città insieme! | podemos desbravar a cidade juntas! |
| penso di essere libera domani | acho que estou livre amanhã |
| non lo so ancora | ainda não sei |
| posso chiamarti? | posso te chamar? |
| ecco... il mio numero | aqui está... o meu número |
| ... il mio indirizzo email | ... o meu endereço de e-mail |
| ti chiamo stasera | te ligo hoje à noite |

1 Pesquise no quadro as expressões em italiano correspondentes a "primeiro", "então" e "por fim" e as escreva aqui.

   a  primeiro

   _____

   b  então

   _____

   c  por fim

   _____

2 Com base nas expressões do quadro, diga em italiano:

   a  Vou ver _____

   b  Vou fazer _____

3 Quais expressões você pode usar para:

   a  falar seu número de telefone ou e-mail para alguém _____

   _____

   b  pedir o número de telefone ou e-mail de alguém _____

   _____

**80** ⤑ 4 DESCREVA SEUS PLANOS PARA O FUTURO

# PRATIQUE

**1** Ligue as frases em italiano às suas respectivas traduções.

**a** *Puoi mandarmi un messaggio?*

**b** *Puoi chiamarmi?*

**c** *Posso mandarti un'email?*

**d** *Posso mandarti un messaggio?*

**e** *Posso chiamarti?*

**f** *Puoi mandarmi un'email?*

**1** Pode me mandar um e-mail?

**2** Posso te mandar uma mensagem?

**3** Posso te ligar?

**4** Pode me mandar uma mensagem?

**5** Posso te mandar um e-mail?

**6** Pode me ligar?

> **TÁTICA DE CONVERSA:** *Falando sobre o futuro*
> O italiano tem uma forma verbal para indicar o futuro, mas seu uso é restrito, como ocorre no português. Portanto, use o presente (que você já conhece) **e adicione uma expressão que implique o tempo futuro.** Essa é uma forma comum de falar sobre seus planos. Por exemplo, Melissa diz: *Ti chiamo stasera* (Te ligo hoje à noite). Nesse caso, a expressão *stasera* colocou a frase no futuro.
> *E basta!* (E é isso!)

**2** Preencha as lacunas a seguir com as palavras correspondentes.

**a** _____ _____, ti _____ il mio _____ _____
_____. (**Um momento, te darei** o meu **número de telefone**.)

**b** _____ _____ molto da fare, ma _____ _____
libero! (**Hoje à noite tenho** muito o que fazer, mas **estarei**
livre **amanhã!**)

**c** Non lo _____ _____… aspetta… _____!
(Não o **vejo ainda**… espera… **aqui está!**)

**d** Non _____ se _____. (Não **sei** se **poderei**.)

**e** Vado al bar _____ tutti! Vuoi _____ _____ _____?
(Vou ao bar **com** todos! Você quer **vir comigo**?)

**f** _____ in treno _____, _____?
(**Iremos** de trem **juntos, ok**?)

**3** Para praticar, crie novas frases sobre viagens em italiano.

**a** Quero viajar para a Itália. _____

**b** Como posso passar o tempo? _____

**c** Você já não sabe? _____

**d** Não… Acha que pode me ajudar?

_____

**e** Claro! Primeiro, pode se sentar comigo.

_____

**f** Vamos comer, e vou dizer a você qual é o meu lugar favorito!

_____

# #LANGUAGEHACK:
Turbine seu italiano com esses quatro verbos auxiliares.

Observe que, para falar italiano corretamente, é necessário aprender a conjugar os verbos em diversas pessoas (*tu, io, noi* etc.). Porém, lembre-se de que até agora só vimos o presente. Os tempos futuro e passado vão complicar ainda mais as coisas e, especialmente quando você está começando, isso parece terrível.

Mas fique tranquilo! Com o tempo, você aprenderá a lidar até mesmo com as formas verbais mais complexas. Por ora, confira esse truque prático que facilita bastante o estudo das conjugações. Deixe o trabalho pesado para os quatro verbos "auxiliares" a seguir e suas respectivas formas. Basta complementá-los com o infinitivo de outro verbo.

verbo auxiliar + **infinitivo**

## *Mi piace* para interesses

Imagine que você queira dizer "Eu saio todo fim de semana", mas não conhece a forma correspondente a *io* do verbo *uscire* (sair). Nesse caso, você pode usar a forma *mi piace* ou *ti piace* como verbo auxiliar.

Lembre que, na primeira missão, você usou *mi piace* + verbo para descrever seus interesses. Você pode combinar o infinitivo de "sair" (*uscire*) com *mi piace* para expressar a mesma ideia:

| *Mi piace* | + | *uscire* | → | *ogni weekend.* |
|---|---|---|---|---|
| Auxiliar | + | **infinitivo** | | |
| (Gosto) | + | (de sair) | → | (todo final de semana) |

## *Voglio* para intenções

Para falar sobre suas intenções, você pode usar *voglio*, que também serve para descrever planos futuros sem conjugar o verbo principal no presente. Para usar esse tipo de "futuro", coloque o infinitivo do verbo após *voglio, vuoi* ou *vogliamo*:

*Voglio vedere il film domani.*  Quero ver o filme amanhã.
*Vogliamo andare a Roma domani.*  Queremos ir a Roma amanhã.
*Non vuoi studiare.*  Você não quer estudar.

## Devo para obrigações

Com esse verbo, expressamos quando "devemos" ou "temos" que fazer algo. Por exemplo, em vez de "Eu trabalho amanhã" é possível dizer:

*Devo lavorare domani.*      **Preciso trabalhar** amanhã.

Esse verbo também serve para fazer recomendações:

**Devi prendere** *il treno.*      **Você precisa pegar** o trem.

## Posso para possibilidade

Use esse verbo para indicar que você "pode" ou "é capaz de" fazer algo. Por exemplo, se não lembrar como se fala "Digo" (*dico*), pode usar "Posso dizer":

*Ti posso dire la password, se vuoi?*      **Posso lhe dizer** a senha, se quiser.

*Mi puoi chiamare dopo?*      **Pode me ligar** depois?

## SUA VEZ: Use o hack

1 Use *voglio* + verbo no presente para criar frases que expressem ações futuras.
   a Vou estar ocupado amanhã! _____
   b Vou fazer muitas coisas hoje à noite._____
   c Você vai me ligar amanhã? _____
   d Você vai comer no restaurante esse final de semana?

   _____

   e Vou viajar para Veneza na próxima semana. _____

2 Preencha as lacunas a seguir usando os verbos auxiliares e os verbos indicados.
   a _____ _____ nel mare. (Eu nado no mar.) (*nuotare* = nadar)
   b _____ _____ italiano insieme. (Nós aprendemos italiano juntos.)
   c _____ _____ il caffè? (Você bebe café?) (*bere* = beber)

3 Traduza as frases a seguir para o italiano:
   a Você não está muito ocupado. _____
   b Você vai ficar muito ocupado. _____
   c Você vai falar italiano hoje à noite? _____
   d Você está indo a Roma. _____

CONVERSA 3  •••  **83**

## JUNTE TUDO

1 Agora que já aprendeu a falar sobre seus planos de viagem (ou sobre a viagem dos seus sonhos!), use as expressões da Conversa 3 para descrever o que vai fazer quando chegar ao seu lugar de destino. Escreva sobre...

···▶ O que vai fazer primeiro (*Per cominciare, voglio...*) e depois (*Poi ...*).

···▶ Quais locais vai visitar (*Visito ...*).

···▶ Onde pretende ir para comer ou beber? (*Per mangiare/bere vado ...*)

···▶ Algo que deseja ver (*Voglio vedere ...*).

> Per cominciare...

2 Agora, imagine que você encontrou alguém com quem gostaria de conversar mais tarde.

···▶ Diga a essa pessoa como entrar em contato com você (*Ecco qui...*)

···▶ Peça a ela para ligar, enviar uma mensagem ou e-mail (*Puoi...?*).

# FINALIZANDO A UNIDADE 4

## Confira o que aprendeu

🔊 **04.07** Você já conhece esta parte! Ouça o áudio de treino com perguntas em italiano e use o que aprendeu na unidade para responder as perguntas em italiano com informações sobre a sua vida.

*Para confirmar se entendeu o áudio, confira as transcrições online.*

## Mostre o que sabe...

Confira o que acabou de aprender. Escreva ou fale um exemplo para cada item da lista e marque os que sabe.

- [ ] Faça uma pergunta educada usando "Você se importa se..."?
- [ ] Use *voglio* + infinitivo para dizer algo que vai fazer amanhã, no próximo fim de semana ou no ano que vem.
- [ ] Forme uma frase com "ainda" e "já".
- [ ] Use *per* para dizer por quanto tempo vai fazer algo.
- [ ] Indique três formas de viajar em italiano.
- [ ] Diga três palavras em italiano correspondentes a "primeiro", "próximo" e "por fim".

# COMPLETE SUA MISSÃO

É hora de completar sua missão: convença seu amigo a ir com você em suas férias dos sonhos. Para tanto, precisará descrever a viagem usando as formas verbais do *io* e do *tu* para dizer como você e ele passariam o tempo.

> Viagens são um assunto popular entre estudantes de idiomas. Portanto, dedique uma atenção especial ao desenvolver esse script.

## PASSO 1: Crie seu script

### Che vuoi fare in Italia?

Crie um script para descrever seus planos de viagem para outros hackers da linguagem. Tente incorporar muitas palavras e frases novas: *già, sempre, poi* etc. Diga:

- O lugar aonde vai.
- O que pretende fazer quando chegar lá (cite, por exemplo, monumentos conhecidos ou atrações turísticas, o que irá comer ou beber etc.).
- O que vai visitar primeiro (qual local você está mais animado para explorar?).
- Quando vai e por quanto tempo pretende ficar lá.
- Como vai chegar lá e como pretende se locomover no local.
- Com quem pretende viajar.

> **DICA CULTURAL:**
> **Conheça antes de ir!**
> Esse é um bom momento para pesquisar e expandir seu script. Há muitas cidades bonitas na Itália. Pesquise locais para visitar e coisas para fazer no lugar de destino. Se puder, converse com alguém que more na região para obter dicas.

Faça recomendações a outros hackers da linguagem sobre coisas a fazer no seu lugar de destino! Depois de escrever o script, repita as frases até se sentir confiante.

## PASSO 2: Feedback e aprendizagem... *online*

> **Troque feedback** com outros estudantes; seu italiano vai melhorar muito!

Quando surge uma oportunidade na vida real, nem sempre temos acesso às nossas anotações. Portanto, memorize seu script para que ele fique na ponta da língua. Leia e releia até fixar tudo!

Dessa vez, não leia o script quando gravar o clipe! Fale as frases voltado para a câmera, consultando pequenas notas ou, melhor, repetindo o script de cabeça.

## PASSO 3: Aprenda com outros estudantes

Como os outros hackers da linguagem descrevem seus sonhos e planos de viagem? Depois de enviar seu clipe, **sua tarefa será ouvir outras gravações e escolher as férias que achar mais interessantes**. Diga o que chamou sua atenção no lugar e no plano em questão.

*Seus colegas de estudo podem ser um ótimo canal para obter dicas e ouvir histórias sobre viagens e culturas. Além disso, planos de viagem são uma excelente forma de puxar conversa.*

## PASSO 4: Avalie o que aprendeu

Nessa missão, você leu e ouviu diversas palavras e frases úteis e aprendeu sobre lugares novos e diferentes que pode visitar. O que mais gostaria de acrescentar ao seu script? Seus planos de viagem?

## EI, HACKER DA LINGUAGEM, VOCÊ JÁ FALA MUITO ITALIANO!

Tudo fica muito mais fácil quando você já sabe o que dizer. Em grande parte, o estudo de idiomas se baseia em conversas que podem ser reproduzidas e, às vezes, antecipadas. Então, aproveite isso e prepare suas respostas para as perguntas mais frequentes. Você terá muito mais confiança no seu domínio do idioma!

A seguir, vamos criar novas frases para você falar sobre seus amigos e sua família e incluir no seu script.

*Fantastico!*

FINALIZANDO A UNIDADE 4 ❖ 87

# 5 FALE SOBRE SUA FAMÍLIA E SEUS AMIGOS

### Sua missão

Imagine que alguém do seu círculo social tem uma queda pelo seu *amico* italiano e pede para você bancar o cupido.

Sua missão é falar casualmente sobre sua amiga ou amigo, despertar o interesse do *tuo amico italiano* e marcar um encontro! Prepare-se para descrever sua relação com o amigo em questão: como vocês se conheceram, onde ele/ela mora e trabalha e quais são suas atividades favoritas.

O objetivo desta missão é desenvolver suas habilidades descritivas e sua capacidade de falar sobre outras pessoas utilizando novas formas verbais.

### Treine para a missão

- Refira-se a "ele" e "ela" usando *lui / lei*.
- Refira-se a "eles" e "elas" usando *loro*.
- Formule frases para descrever atividades que você realiza com outras pessoas: *passo il tempo*, *noi*, *insieme*...
- Aprenda o vocabulário essencial para se referir à sua família: *il marito*, *la sorella*...
- Use os verbos correspondentes a "saber" e "conhecer": *sapere* e *conoscere*.

## APRENDENDO A DESCREVER PESSOAS PRÓXIMAS NO IDIOMA

Até aqui, as conversas geralmente abordaram descrições com os pronomes *io*, *tu* e *noi*. Nesta unidade, vamos desenvolver um vocabulário especial para falar sobre outras pessoas.

#### #LANGUAGEHACK
Aprenda a pronunciar formas verbais que nunca estudou.

# CONVERSA 1

## Quais são seus planos?

Melissa já assiste a aulas de italiano pela internet há algumas semanas. Hoje, ela está praticando com Giulia, uma professora italiana que mora na Sicília. Melissa está animada para falar sobre sua nova amiga do grupo de idiomas.

🔊 **05.01** Observe como Giulia cumprimenta Melissa. Qual frase ela utiliza para dizer "alguma novidade"?

> **Giulia:** Ciao Melissa, la mia studentessa preferita! Cosa mi dici di nuovo?
>
> **Melissa:** Tutto bene! Infatti questa settimana esco con una nuova amica.
>
> **Giulia:** Sono contenta di questa novità. Chi è? Come si chiama?
>
> **Melissa:** Si chiama Paola. È di Milano. È ingegnere e la *conosco* da una settimana. Frequentiamo lo stesso gruppo di scambio linguistico.
>
> **Giulia:** OK, e quanto tempo resta in città? Cosa hai in programma di fare con lei?
>
> **Melissa:** Resta qui a Roma solo una settimana. Domani vogliamo andare a un ristorante. Poi passiamo la settimana insieme a esplorare Roma. E il prossimo weekend credo che ci vediamo a Milano.
>
> **Giulia:** Mio marito è di Milano! Adoro la sua città natale – la visitiamo ogni estate.

Logo mais, você vai aprender a dizer "O que vocês planejaram?" em italiano, mas até lá pode falar **Cosa hai in programma con lei?** ("O que você planejou com ela?"), como fizemos aqui. Muitas vezes é possível reformular frases que você não sabe como dizer usando palavras/estruturas que já conhece!

## DESVENDE

1 Qual é o significado das expressões a seguir?

a Chi è? _____

b Come si chiama? _____

2 Três das afirmativas a seguir são *false*. Destaque os trechos incorretos e escreva as expressões corretas em italiano.

   a Melissa vai passar um tempo com sua nova amiga no próximo final de semana.
   _____

   b Paola é advogada. _____

   c Paola esteve em Roma somente por uma semana.
   _____

   d Amanhã, Melissa e Paola vão a um restaurante.
   _____

   e No final desta semana, Melissa vai visitar Paola em Milão.
   _____

3 Você aprendeu muitas palavras que indicam o *momento* em que algo acontece. Destaque essas expressões na conversa e as escreva a seguir ao lado das respectivas traduções.

   a esta semana _____

   b próximo fim de semana _____

   c amanhã _____

   d depois de _____

   e todo verão _____

4 Escreva as expressões a seguir em italiano:

   a Quais as novidades? _____

   b Quem é? _____

   c minha aluna favorita _____

   d Na verdade _____

   e Fico feliz em _____

CONVERSA 1 • 91

## OBSERVE

🔊 **05.02** Ouça o áudio e observe o quadro. Destaque as expressões mais relevantes para a sua vida.

### Expressões essenciais da Conversa 1

| Italiano | Significado |
|---|---|
| la mia studentessa preferita! | a minha aluna preferida! |
| cosa mi dici di nuovo? | o que me conta de novo? |
| infatti | na verdade |
| questa settimana... | esta semana... |
| esco con una nuova amica | vou sair com uma nova amiga |
| sono contenta di questa novità | fico feliz com essa novidade |
| chi è? Come si chiama? | quem é? Qual é seu nome? |
| è di Milano | é de Milão |
| è ingegnere | é engenheira |
| la conosco da una settimana | a conheço faz uma semana |
| quanto tempo... resta in città? | quanto tempo... fica na cidade? |
| resta qui solo una settimana | fica aqui apenas uma semana |
| cosa hai in programma di fare con lei? | o que planeja fazer com ela? |
| domani... | amanhã... |
| vogliamo andare a un ristorante | queremos ir a um restaurante |
| poi, passiamo la settimana insieme... | depois, vamos passar a semana juntas... |
| a esplorare Roma | para explorar Roma |
| il prossimo weekend... | o próximo final de semana… |
| credo che ci vediamo a Milano | acredito que nos veremos em Milão |
| mio marito è di Milano! | meu marido é de Milão! |
| adoro la sua città natale | adoro sua cidade natal |
| la visitiamo ogni estate | a visitamos todo verão |

1 *Sono contento / contenta di* (estou feliz em) também é uma expressão polivalente que pode ser utilizada em diferentes combinações de verbos e substantivos.

**Exemplos:** Estou feliz...          *Sono contento / contenta ...*
             com essas novidades.      *di queste novità.*
             de falar com você         *di parlare con te.*

a   de assistir ao filme _____ .

b   de estar aqui _____ .

c   de dizer que posso viajar _____ .

d   com esse trabalho _____ .

e   com esse restaurante _____ .

2 A conversa contém as formas verbais correspondentes a "ele" e "ela" em italiano. Encontre seis delas na lista de expressões.

3 Observe as novas formas verbais usadas na conversa. Encontre os verbos indicados e os escreva a seguir.

a   ele é _____          d   vamos passar
                                          _____
b   visitamos
    _____               e   ela é _____

c   vou sair                         f   planejamos ir _____
    _____

4 A conversa traz novas expressões que você pode empregar ao falar sobre seus planos com outras pessoas. Escreva as frases a seguir em italiano:

a   Estou passando um tempo _____

b   Nós planejamos
    _____

c   Vamos passar o final de semana _____

> **DICA DE GRAMÁTICA:**
> *lo, la, li/le*
> *"o", "a"*
> Na Unidade 3, você aprendeu a usar *mi* e *ti* como objetos. O mesmo vale para *lo* (o), *la* (a) e *li / le* (os / as). Além de representar pessoas, pronomes também substituem objetos. Lembre-se de colocá-los antes do verbo:
> *lo adoro*   "o adoro"
> *la mangia* "a como"
>             (ex.: *la pizza*)
> *li vedo*   "os vejo"

CONVERSA 1   93

## PRATIQUE

🔊 **05.03** Confira esse novo vocabulário que pode usar para falar sobre sua família. Ouça o áudio, observe o quadro e repita as palavras de acordo com a gravação.

### Famiglia e amici

| Italiano | Significado | Italiano | Significado |
|---|---|---|---|
| (migliore) amico/a | (melhor) amigo/a | zio/zia | tio/tia |
| marito/moglie | marido/mulher | figlio/figlia | filho/filha |
| ragazzo/a | namorado/a | figli | filhos |
| compagno/a il/la partner | companheiro/a parceiro/a | coinquilino/a | colega de quarto |
| genitori | pais | cugino/a | primo/a |
| padre/madre | pai/mãe | **Sono single** | **Sou solteiro/a** |
| papà/mamma | papai/mamãe | **È complicato** | **É complicado** |
| fratello/sorella | irmão/irmã | **gatto/cane** | **gato/cachorro** |
| nonno/nonna | avô/avó | **elefante** | **elefante** |
| | | | |
| | | | |

1  Para preencher o quadro, pesquise no dicionário palavras que descrevam seus familiares (ou pets!).

2  Preencha as lacunas com as respectivas palavras em italiano.

   a  _____ _____ o _____ ?
      (**Você tem irmãos** ou **irmãs**?)

   b  _____ *vicino*? (**Ele está** próximo?)

   c  *Io e il mio* _____ *Jim* _____ _____ *un'attività* _____ .
      (Eu e meu **amigo** Jim **vamos começar** um negócio **juntos**.)

   d  *Mia* _____ *è* _____ *dottoressa.* _____ *in un ospedale.*
      (Minha **mamãe** é **uma** médica. **Ela trabalha** em um hospital.)

> Sempre colocamos um artigo antes do pronome possessivo em italiano, salvo quando nos referimos a familiares: *mio padre, mia sorella, mio cugino* etc. Mas essa exceção só vale para o singular, como em *mio figlio* ou *i miei figli* e *mia sorella* ou *le mie sorelle*.

**94** ⋯⋗ 5 FALE SOBRE SUA FAMÍLIA E SEUS AMIGOS

**e** Amo _____ il _____ con i miei _____. (Amo **passar** o **final de semana** com os meus **filhos**.)

**f** Parlo con _____ _____ tutto il tempo e _____ _____ spesso. (Falo com **meus irmãos** todo o tempo, e **os vejo** frequentemente.)

**g** Io e _____ _____ _____ _____ sempre l'estate _____. (**Minha família** e eu sempre **passamos** o verão juntos.)

**h** Dove _____? (Onde **ele trabalha**?)

**i** _____ _____ _____ fa jogging _____ _____. (**Minha namorada** pratica corrida **todos os dias**.)

3 Use a lista de expressões da Conversa 1 para responder as perguntas a seguir e formar frases sobre seus amigos e familiares.

**a** Come si chiama il tuo migliore amico? _____

**b** Da quando lo conosci? _____

**c** Che lavoro fa? _____

## EXPLICAÇÃO GRAMATICAL: *lui* (ele), *lei* (ela)

Até aqui, seus scripts utilizam predominantemente as formas verbais correspondentes a *io* e *tu*. Agora, vamos estudar as formas de *lui / lei* (ele / ela).

### *lui / lei* – ele / ela

É muito fácil conjugar verbos na terceira pessoa ("ele" e "ela"). Basta pegar o infinitivo e substituir:

| | |
|---|---|
| -*are* por -*a* | (parl*are* → lui / lei parl*a*) |
| -*ere* por -*e* | (legg*ere* → lui / lei legg*e*) |
| -*ire* por -*e* ou -*isce* | (sent*ire* → lui / lei sent*e*, fin*ire* → lui / lei fin*isce*). |

Exemplos: *Melissa visita* Cosenza.    **Melissa visita** Cosenza.

*Finisce* oggi?    **Acaba hoje?**

*Ha* ventianni.    **Tem 20 anos**.

### As exceções

Em italiano, há poucas exceções a essa regra. As principais são:

⋯▸ *Lorenzo va a lezione ogni giorno.* (Lorenzo **vai à** aula todo dia – de *andare*, "ir")

⋯▸ *Sara è medica.* (Sara **é** médica – de *essere*, "ser")

⋯▸ *Lui vuole andare a Venezia lunedì.* (Ele **quer** ir a Veneza segunda – de *volere*, "querer")

⋯▸ *Lei può correre per ore.* (Ela **pode** correr por horas – de *potere*, "poder")

⋯▸ *Maria deve andare dal dentista.* (Maria **deve** ir ao dentista – de *dovere*, "dever")

CONVERSA 1 ⋯ **95**

## #LANGUAGEHACK:
### Fique atento às pistas e ao contexto para compreender melhor as conversas.

Pode ser assustador encarar tantas palavras e estruturas novas de uma vez, mas o iniciante total em italiano pode contar com algumas técnicas excelentes para isso. Confira estas cinco estratégias que podem ajudá-lo a compreender seus parceiros de conversa quando você não tiver um dicionário à mão:

### 1 Fique atento às pistas do *contexto* da conversa

Você dificilmente vai participar de uma conversa em italiano sem saber nada do assunto tratado. Geralmente, você faz perguntas a alguém (como *Cosa fai nel tuo tempo libero?* = O que você faz no seu tempo livre?) e espera a resposta.

Portanto, identificar o **contexto das palavras** é muito importante. Por exemplo, quando não tiver certeza se ouviu *pesca* (pêssego) ou *pesce* (peixe), o fato de a conversa ocorrer em um restaurante será uma pista evidente!

As conversas quase nunca giram em torno de "qualquer coisa". Na verdade, os diálogos geralmente abordam alguns tópicos mais recorrentes.

### 2 Preste atenção aos marcadores visuais para deduzir o significado das palavras

Imagine que você está em um restaurante no seu primeiro dia na Itália, mas não sabe dizer "garçom" em italiano. Então, quando o garçom chega, você ouve: "&%$## @@[] ç / &?".

Observe o ambiente ao seu redor. Você verá **marcadores visuais** que irão ajudá-lo a deduzir o significado das novas palavras e expressões que ouvir.

- Para onde o garçom está olhando? Ele está olhando para o seu copo?
- Para onde as mãos ou o corpo do garçom estão apontando?
- Qual é a expressão facial estampada no rosto do garçom? Que tipo de resposta ele está esperando?
- O garçom quer saber se você está satisfeito? Ou está à espera de alguma informação específica?

Como os marcadores visuais, a entonação também pode indicar uma pergunta, pedido, comando ou comentário casual.

## 3 Fique atento às **palavras informativas** que aparecem no começo e no final das frases

Você já observou os sinais que indicam quando estamos *entrando* e *saindo* de determinadas áreas? Algo semelhante também costuma ocorrer nas conversas. Considere, por exemplo, as expressões a seguir:

| | |
|---|---|
| *Dove... smartphone* | ("Onde... smartphone") |
| *stasera... libro* | ("hoje à noite... livro") |
| *venerdì... cinema* | ("sexta-feira... cinema") |

Com base nessas expressões, você pode compreender o sentido básico da frase como um todo. Cada palavra vai ajudá-lo a se aproximar do significado total, mesmo que você só tenha entendido o começo e o final da frase!

### Procure estas ótimas **palavras informativas**:

⋯⟩ Pronomes interrogativos: *chi, quando, dove* (quem, quando, onde)

⋯⟩ Indicadores de tempo: *questa settimana, stasera* (esta semana, esta noite)

⋯⟩ Verbos auxiliares: *Vuoi? Posso?* (Você quer? Posso?)

## 4 Capte o final das frases pelos **conectivos**

Tente deduzir o final das frases a seguir:

| | |
|---|---|
| *Bevo caffè con latte* ma *senza...* | *Se succede questo di nuovo...* |
| Bebo café com leite, mas sem... | Se acontecer isso de novo... |

A função dos **conectivos** é ligar as partes de uma frase. Por isso, são indicadores muito confiáveis que evidenciam o tipo de informação que estão por vir!

Nos exemplos acima, o **ma** ("mas") é uma dica importante de que o sujeito não bebe café com açúcar e o **se** ("se") provavelmente indica uma consequência. Você pode deduzir algumas informações com segurança ao ouvir as palavras a seguir:

⋯⟩ *ma*: há uma contradição em relação ao que foi dito anteriormente. Se você compreendeu uma das partes da frase, deduza que a outra se opõe a ela de alguma forma.

⋯⟩ *se*: algo incerto pode acontecer e talvez você ouça uma consequência positiva / negativa desse evento.

⋯⟩ *perché*: a primeira parte da frase é uma consequência da segunda.

## SUA VEZ: Use o hack

1 🔊 **05.04** Ouça o áudio e fique atento a palavras informativas e conectivos para indicar qual das opções a seguir é a tradução correta. Destaque sua resposta.

a *Non… gelato qui… posto?*
Não gosto do sorvete daqui. Quer ir a outro lugar? / Não gosto de sorvete, e você?

b *… il film… e tu?*
Quero assistir ao filme hoje à noite, e você? / Você viu o filme?

## PRATIQUE

Talvez você queira falar sobre o local em que "conheceu" alguém, mas ainda não abordamos o tempo passado, assunto da Unidade 7. Por enquanto, **reformule as frases** e transmita a mesma ideia usando o que sabe até agora. Essa é uma habilidade valiosa no estudo de idiomas.

1 Pesquise verbos para falar sobre pessoas próximas e incrementar seu vocabulário "pessoal". Escolha verbos para descrever:

⋯▹ Onde moram alguns dos seus familiares
   Exemplo:    *mia sorella vive…*

⋯▹ O trabalho do seu parceiro (namorado[a] / esposo[a])
   Exemplo:    *mio marito scrive…*

⋯▹ Algo que um amigo seu faz para relaxar
   Exemplo:    *la mia amica, Paola, guarda la televisione…*

## JUNTE TUDO

1 Com base no que você aprendeu nas Conversa 1–3, crie um script que responda as perguntas a seguir sobre *la tua persona preferita*:

⋯▹ Qual é o nome dele/dela?
⋯▹ Onde ele/ela mora? Com quem ele/ela mora?
⋯▹ Em que ele/ela trabalha?
⋯▹ Há quanto tempo vocês se conhecem?
⋯▹ O que ele/ela gosta de fazer?

# CONVERSA 2

## Com quem você mora?

Continuando a conversa, Melissa e Giulia falam sobre suas famílias.

🔊 **05.05** Qual é a expressão utilizada por Melissa para perguntar "há quanto tempo" Giulia é casada?

**Melissa:** Sei sposata?

**Giulia:** Sì! Mio marito si chiama Davide.

**Melissa:** Da quanto tempo stai con lui?

**Giulia:** Stiamo insieme da molto tempo. Conosco la sua famiglia da 20 anni. E tu?

**Melissa:** Per il momento sono single.

**Giulia:** Con chi vivi?

**Melissa:** Vivo a casa di Giacomo, il mio coinquilino. Mio padre conosce suo zio. Ha un cagnolino adorabile, Giotto!

**Giulia:** Mmm … Non mi piacciono i cani. Rompono sempre tutto.

**Melissa:** Assolutamente no! Il cane di Giacomo non rompe mai niente. Giotto è buonissimo.

**Giulia:** Vedo che andate d'amore e d'accordo!

> Para se referir às propriedades de alguém em italiano, use a partícula *di*: **casa di Giacomo** (casa de Giacomo).

## EXPLICAÇÃO GRAMATICAL: *Piccolo / piccola / piccoli / piccole*

Em italiano, os adjetivos costumam "concordar" com o gênero e o número do objeto que descrevem, como ocorre em português. Por exemplo:

> *Adoro la sua sedia rossa. E guarda, ha anche un tavolo rosso! Perché ha tante cose rosse?*
> (Adoro a sua cadeira vermelha. E, olhe, há também uma mesa vermelha! Por que há tantas coisas vermelhas?)

CONVERSA 2 ❖ **99**

Os adjetivos terminados em *-e* no singular não mudam com o gênero e recebem um *-i* no plural. Por exemplo:

*Mario è gentile, Daniela è intelligente. Sono persone interessanti.*

## DESVENDE

1  Complete as frases e responda as perguntas a seguir com informações sobre a conversa.

   a  Há quanto tempo Giulia é casada?
      *Giulia sta insieme a suo marito da* _____ _____.

   b  Melissa vive na casa de quem?
      *Vive a* _____ ____ _____.

   c  Melissa é casada ou solteira?  _____ _____.

2  Encontre as palavras indicadas a seguir na conversa e as escreva em italiano.

   a  casado _____

   b  solteiro _____

   c  colega de quarto _____

3  A palavra *famiglia* é masculina ou feminina? _____

4  Escreva as expressões a seguir em italiano.

   a  quando eu voltar _____

   b  Você quis dizer... _____

   c  por exemplo... _____

# OBSERVE

🔊 **05.06** Ouça o áudio e observe o quadro.

## Expressões essenciais da Conversa 2

| Italiano | Significado |
|---|---|
| sei sposata? | você é casada? |
| mio marito si chiama... | meu marido se chama... |
| da quanto tempo stai con lui? | há quanto tempo está com ele? |
| stiamo insieme da molto tempo | estamos juntos há muito tempo |
| conosco la sua famiglia da venti anni | conheço a família dele há vinte anos |
| sono single | sou solteira |
| con chi vivi? | com quem você mora? |
| vivo a casa di Giacomo | moro na casa de Giacomo |
| è il mio coinquilino | é meu colega de quarto |
| mio padre conosce suo zio | meu pai conhece o tio dele |
| ha un cagnolino adorabile | tem um cachorrinho adorável |
| non mi piacciono i cani | eu não gosto de cães! |
| rompono sempre tutto | sempre rasgam tudo |
| assolutamente no! | absolutamente não! |
| non rompe mai niente! | ele não rasga mais nada! |
| è buonissimo! | é muito bonzinho! |
| vedo che andate d'amore · e d'accordo! | vejo que vocês se dão bem! |

> **TÁTICA DE ESTUDO: pares de opostos**
> É recomendável memorizar palavras em pares de opostos, como *mai* e *sempre*. Mas você também pode aprendê-las em blocos. Por exemplo, se algo estiver entre *un po'* e *molto*, use *abbastanza*, que significa "bastante" ou "suficiente".

> Sempre encontramos **novas expressões** quando estudamos idiomas. Essa pode ser traduzida como "vocês são unha e carne". Não tente traduzir essas frases literalmente: procure versões aproximadas e mais descontraídas!

1 Encontre e destaque três verbos na terceira pessoa (ele / ela) no quadro de expressões.

2 Com base na expressão italiana correspondente a "casa de Giacomo", como você diria em italiano "cachorro do meu irmão"?

CONVERSA 2 ❖ **101**

## EXPLICAÇÃO DO VOCABULÁRIO: *Sapere* e conoscere (saber e conhecer)

Para indicar que você sabe uma informação ou como fazer algo, use *sapere*:

*so (sei), sai (você sabe), sa (ele / ela sabe)*

O verbo *conoscere* sugere que você conhece bem algo ou alguém:

*conosco (conheço), conosci (você conhece), conosce (ele / ela conhece)*

1 Escolha entre *sapere* e *conoscere* de acordo com o contexto. Utilize os critérios de "familiaridade" e "conhecimento".

a *Conosco / So questo libro.*

b *Conosci / Sai a che ora inizia il concerto?*

c *Conosciamo / Sappiamo Pietro.*

d *Lei conosce / Sa nuotare?* (nadar)

## PRATIQUE

1 Para praticar, responda as perguntas a seguir sobre seu relacionamento com outras pessoas. Se sua resposta for sim, complete as frases indicadas. Se for não, escreva uma frase negativa.

a *Sei sposato / a, single o hai la ragazza / il ragazzo?*

_____

b *Hai figli? Quanti?*
*Sì, ho* _____ */ No,* _____

c *Con chi vivi?*
*Vivo* _____ */ Vivo da solo. (Eu moro sozinho.)*

**2** Para perguntar "com quem você mora?", Giulia diz *con chi vivi?* Traduza as frases a seguir para o italiano adaptando a ordem das palavras quando necessário.

> **Exemplo:** A quem você vai dar isso? → **A chi lo dai?**

**a** De onde você vem? (*da*) _____

**b** Com quem você vai? (*con*) _____

**c** Que horas (*ora*) começa a aula? (*a*)

_____

> **DICA DE GRAMÁTICA:**
> *Preposição no começo*
> Em italiano, as frases não podem terminar em preposição (palavras como *a*, *di*, *dopo*, *con*, *in*). Mas até que é bem simples de entender, certo?

**3** A expressão *voglio dire* é muito útil e significa "quero dizer". Forme as frases a seguir utilizando essa expressão:

**a** Você quer dizer...? _____

**b** Ele / ela quer dizer... _____

**c** Isso quer dizer... _____

**d** Queremos dizer... _____

**4** Preencha as lacunas a seguir com as respectivas palavras em italiano.

**a** _____ *il mio migliore* _____ *da cinque anni.* _____

_____ _____

(**Conheço** meu melhor **amigo** faz cinco anos. **Somos muito parecidos**.)

**b** *Oggi è il compleanno* _____ _____ .
(Hoje é o aniversário **da minha mãe**.)

> Use o **da** com o verbo no presente. Lembre-se que, em português, também dizemos "conheço alguém desde".

## JUNTE TUDO

Amplie o script que você desenvolveu para a Conversa 1 utilizando seu novo vocabulário. Escreva três frases sobre alguém próximo a você para descrever:

⋯◈ Há quanto tempo se conhecem (*conosco* + *da*).
⋯◈ Há quanto tempo estão juntos ou casados (*stare insieme* + *da*).
⋯◈ Algo que fazem juntos (*vogliamo* + verbo no infinitivo).

> La conosco da...

CONVERSA 2 ⋯◈ **103**

## CONVERSA 3

### Somos quatro

A conversa toma um rumo mais específico quando Melissa tenta descrever as pessoas que conheceu.

🔊 **05.07** Como se diz "eles não são..." em italiano?

> **Melissa:** Hai figli?
> **Giulia:** Sì, siamo in quattro. Abbiamo due figli. Si chiamano Cesare e Massimiliano.
> **Melissa:** Oh, che nomi splendidi! Mi piacciono molto.
> **Giulia:** Tu intendi avere una famiglia?
> **Melissa:** Non lo so... Ho una vita pienissima. Ho tanto da fare!
> **Giulia:** E se incontri a Roma un italiano carino ed è colpo di fulmine? Resti là per sempre?
> **Melissa:** Che spiritosa! Conosco molti italiani, ma di solito non sono... come si dice in italiano, 'my type'?
> **Giulia:** Non sono il tuo tipo, sì, ho capito. Ma non si sa mai... tutto è possibile!

Use a expressão **siamo in** ("somos [número]") para para falar sobre um grupo de que você participa. Essa é uma expressão muito útil, por exemplo, para descrever sua família e indicar ao garçom o tamanho da mesa.

**VOCÁBULO:**
*ho capito*
Como vimos antes, **capisco** significa "entendo", mas você também pode dizer **ho capito** ("entendi").

104 ···▶ 5 FALE SOBRE SUA FAMÍLIA E SEUS AMIGOS

## DESVENDE

1 Com base no texto da conversa, responda as perguntas a seguir.

   a Há quantas pessoas na família de Giulia? _____

   b Melissa quer ter uma família? _____

   c Como se diz em italiano a frase "eles não fazem o meu tipo?"
   _____

2 Escreva o significado das frases a seguir.

   a *Abbiamo due figli.* _____

   b *Come si dice in italiano...?* _____

   c *italiani* _____

3 Destaque as expressões a seguir na conversa.

   a seus nomes são

   b que lindos nomes!

   c nunca se sabe

# OBSERVE

🔊 **05.08** Ouça o áudio e observe o quadro.

## Expressões essenciais da Conversa 3

| Italiano | Significado |
|---|---|
| hai figli? | você tem filhos? |
| sì, siamo in quattro | sim, somos quatro |
| abbiamo due figli | temos dois filhos |
| si chiamano… | se chamam… |
| che nomi splendidi | que nomes esplêndidos! |
| mi piacciono molto | gosto muito deles |
| tu intendi avere una famiglia? | pretende ter uma família? |
| non lo so… | não sei… |
| e se incontri un italiano carino? | e se encontrar um italiano charmoso? |
| resti là… per sempre? | ficaria lá… para sempre? |
| che spiritosa! | que espirituosa! |
| di solito non sono… | geralmente não… |
| come si dice in italiano…? | como se diz em italiano…? |
| non si sa mai! Tutto è possibile! | nunca se sabe! Tudo é possível! |

> **VOCÁBULO: *si impessoal***
> Como o "se" do português, você usa o *si* para expressar noções gerais em italiano. *A Milano si parla italiano* – "Fala-se italiano em Milão."

## EXPLICAÇÃO GRAMATICAL: *loro* (eles)

Para falar sobre *Melissa e Giulia* e descrever suas ações, você precisa da forma verbal correspondente a *loro* ("eles/elas"). Quando quiser formar essa conjugação, basta pegar o verbo no infinitivo e substituir:

⋯⟩ *-are* por *-ano*      (*parlare* → loro parlano, *imparare* → loro imparano)

⋯⟩ *-ere* por *-ono*      (*leggere* → loro leggono)

⋯⟩ *-ire* por *-ono* ou *-iscono*      (*sentire* → loro sentono, *capire* → loro capiscono).

**106** ⋯⟩ 5 FALE SOBRE SUA FAMÍLIA E SEUS AMIGOS

Mas, como você já sabe, há algumas exceções à regra:

⋯⟶ *andare (ir): loro vanno*

⋯⟶ *essere (ser): loro sono*

⋯⟶ *volere (querer): loro vogliono*

⋯⟶ *potere (poder): loro possono*

⋯⟶ *fare (fazer): loro fanno*

1 Preencha as lacunas a seguir com as formas verbais corretas.

a *Loro _____ andare al cinema.* (volere)

b *Le sorelle _____ delle notizie.* (parlare)

c *Giulia e Melissa _____ insieme a pranzo.* (mangiare)

d *Loro _____ di visitare presto la Toscana.* (sperare)

e *Melissa e Giulia _____ molto.* (viaggiare)

2 Preencha o quadro a seguir com as respectivas formas dos verbos irregulares indicados. Quando terminar, feche os olhos, aponte aleatoriamente para uma das formas e elabore uma frase com a forma selecionada. Faça isso cinco vezes, pois esses verbos são muito importantes.

| infinitivo | io | tu | lui / lei | noi | loro |
|---|---|---|---|---|---|
| volere | | | | | |
| essere | | | | | |
| andare | | | | | |
| conoscere | | | | | |
| capire | | | | | |

## PRATIQUE

1 Como se diz em italiano "Isso não é possível"? _____

2 Ligue as expressões a seguir às suas respectivas traduções.

a *andiamo*

b *vanno*

c *siamo*

d *sanno*

e *sono*

f *sappiamo*

1 eles são

2 sabemos

3 eles vão

4 somos

5 sabem

6 vamos

CONVERSA 3 ⋯ **107**

**3** Preencha as lacunas a seguir com as formas verbais correspondentes.

**a** *Tuo fratello è uno studente?   No, _____ ingegnere!*

**b** *I tuoi genitori sono al lavoro?   No, _____ in vacanza!*

**c** *Il tuo amico vuole viaggiare con te?*
*No, _____ _____ con mio cugino!*

**d** *Le tue sorelle vogliono leggere il tuo libro?*
*No, _____ vedere la televisione.*

## JUNTE TUDO

*Siamo in quattro!* A essa altura, você já deve ter adquirido grande parte do "vocabulário pessoal" necessário para falar sobre sua família e seus amigos! **Crie um script com quatro a seis frases para descrever:**

···⟩ Seus pais, filhos e outros membros da sua família; diga seus nomes, idades, onde moram e do que gostam (*lui / lei / loro* + verbo).

···⟩ Seus amigos; diga como os conheceu, com o que trabalham e do que gostam (*lui / lei / loro* + verbo).

···⟩ Seus colegas de trabalho; indique assuntos ou projetos profissionais em comum (*lui / lei / loro* + verbo).

···⟩ Seus animais de estimação ou outras pessoas que você admira ou quer descrever!

# FINALIZANDO A UNIDADE 5

## Confira o que aprendeu

🔊 **05.09** Ouça o áudio de treino, que traz perguntas e respostas curtas em italiano.

Associe a resposta com o verbo na pergunta para formular a resposta completa. Pause ou repita o áudio sempre que precisar para entender as perguntas.

    Exemplo:    *Con chi vive Giovanni? (con sua madre)*
                 → *Lui vive con sua madre.*

## Mostre o que sabe...

Confira o que acabou de aprender. Escreva ou fale um exemplo para cada item da lista e marque os que sabe.

- [ ] Indique as expressões italianas correspondentes a:
  - [ ] "minha mãe" e "meu pai"
  - [ ] "sua irmã" e "seu irmão"
  - [ ] outro membro da sua família.
- [ ] Indique duas frases que expressem como você "passa seu tempo" ou o que "planeja" fazer.
- [ ] Elabore uma frase usando:
  - [ ] A forma verbal de *lui* para descrever o trabalho de alguém (do sexo masculino) que você conhece.
  - [ ] A forma verbal de *loro* para descrever o que seus amigos estão fazendo agora.
- [ ] Diga algo que você planeja fazer com outra pessoa usando *noi* e *insieme*.
- [ ] Use *conoscere* para dizer que você "conhece" (está familiarizado com) algo ou alguém.

## COMPLETE SUA MISSÃO

É hora de completar sua missão: fale bem do(a) seu(sua) amigo(a) para despertar o interesse do(a) seu(sua) amigo(a) italiano(a). Crie uma descrição para essa pessoa, conte a história de como vocês se conheceram e liste as qualidades dele(a).

### PASSO 1: Crie seu script

*Chi è la persona più importante della tua vita?* Use as frases que você já sabe e seu vocabulário "pessoal" para criar scripts sobre a pessoa que você mais gosta. Não se esqueça de:

> ⋯⋗ Dizer quem ela é (*il mio amico, mio fratello, mia sorella*).
> ⋯⋗ Explicar por que essa pessoa é tão importante para você (*lui, lei*).
> ⋯⋗ Dizer há quanto tempo vocês se conhecem (*conoscere + da*).
> ⋯⋗ Descrever suas características, trabalho, família etc. (*il suo / la sua*)
> ⋯⋗ Descrever as coisas que vocês fazem juntos (*noi e insieme*).

Depois de escrever o script, repita as frases até se sentir confiante!

### PASSO 2: Seja realista... *online*

Você vai recorrer bastante a esse script para falar sobre as pessoas mais importantes na sua vida. Então, comece agora! Acesse a comunidade online, procure a missão da Unidade 5 e compartilhe sua gravação.

### PASSO 3: Aprenda com outros estudantes

**Sua tarefa é fazer uma pergunta complementar em italiano para, pelo menos, três pessoas** e incentivá-las a aperfeiçoarem seus scripts.

### PASSO 4: Avalie o que aprendeu

Você precisa de novas palavras ou frases para preencher suas lacunas? Quais? Escreva-as a seguir.

*Use o idioma para **conversar com pessoas em situações reais**! Você precisa falar e usar o idioma para integrá-lo à sua memória de longo prazo. Essa é a melhor forma de determinar e avaliar o seu progresso nos estudos.*

*Lembre-se de que as missões servem para expandir o seu vocabulário e o do grupo como um todo.*

## EI, HACKER DA LINGUAGEM, VOCÊ JÁ ESTÁ QUASE LÁ!

Você superou um dos maiores desafios do estudo de idiomas: começar e continuar. Sair da inércia é essencial para um rápido aprendizado. Então, parabéns por ter chegado até aqui; você merece. Priorize sempre o que pode fazer hoje e não conseguiu fazer ontem. A seguir, vamos aprender a conversar em italiano na mesa de jantar.

*Continua così!*

110 ⋯⋗ 5 FALE SOBRE SUA FAMÍLIA E SEUS AMIGOS

# 6 COMA, BEBA E CONVERSE

### Sua missão
Imagine que você convida um novo amigo italiano para ir a um restaurante incrível que descobriu perto da *casa tua*. Mas (lamentavelmente) seu amigo está por dentro da péssima reputação do estabelecimento, que você achou *molto elegante*. *Bleah*, ele diz, *é un mortorio*...

Sua missão é convencê-lo a ir com você ao restaurante. Prepare-se para dar sua opinião e dizer por que discorda. Para reforçar sua argumentação, explique em detalhes por que o restaurante é tão *alla moda*, **descrevendo seu prato favorito e por que gosta dele**.

O objetivo desta missão é deixá-lo mais confiante para concordar, discordar, explicar seu ponto de vista e falar sobre comida e restaurantes, assuntos muito importantes.

### Treine para a missão
- Aprenda boas maneiras e expressões úteis para comer em restaurantes: *per me*, *prendo*, *mi può portare*, *vorrei*.
- Aprenda o vocabulário para comida e bebida: *(dell') acqua naturale o frizzante*, *un bicchiere di vino rosso / bianco*.
- Use expressões para expressar opiniões e fazer recomendações: *secondo me*.
- Faça comparações usando *più*, *meglio*, *peggio*.

## APRENDENDO A CONVERSAR À MESA NO IDIOMA

A partir de agora, as conversas ficam bem mais interessantes. Uma das principais manifestações da cultura italiana é o hábito de fazer refeições demoradas, acompanhadas de conversas divertidas. Nessas ocasiões, compartilhar opiniões contra ou a favor de algo deixa tudo muito mais interessante.

#LANGUAGEHACK
Deixe sua conversa mais fluente usando conectivos.

# CONVERSA 1

## Vou querer...

🔊 **06.01** Melissa e sua amiga Paola saíram para comer em um restaurante em Roma. Qual frase o garçom usa para perguntar "O que vocês desejam?"

**VOCÁBULO:**
**Cumprimentos**
Por volta das 18h na Itália, todos trocam o *buongiorno* (bom dia) pelo *buonasera* (boa noite).
Já a expressão *salve* (olá) é falada o dia todo.

| | |
|---|---|
| **Melissa:** | Ho fame. Ah – ecco il cameriere qui! |
| **Garçom:** | Buonasera, quanti siete? |
| **Melissa:** | Siamo in due. |
| **Garçom:** | Va bene, questo tavolo è libero. Ecco il menu. |
| **Paola:** | Molto bene. Per ora ci porta dell'acqua frizzante e due spritz? Grazie! |
| **Garçom** | Prego, fate con comodo! |
| | |
| **Garçom** | Avete deciso? |
| **Paola:** | Sì! Abbiamo già deciso. |
| **Garçom** | Prego! |
| **Melissa:** | Ehm… per me gli gnocchi, per piacere. |
| **Garçom:** | *E per Lei?* |
| **Paola:** | Io prendo i ravioli. |
| **Garçom:** | E da bere? |
| **Paola:** | Vuoi bere qualcosa? |
| **Melissa:** | Vorrei un bicchiere di vino bianco. E tu, Paola? Cosa prendi? |
| **Paola:** | Mi può portare del vino rosso e ancora un po' d'acqua? |
| **Garçom:** | Arrivo subito! |

**DICA CULTURAL:**
**Devo usar *tu* ou *Lei*?**
Observe que os italianos têm duas formas para "você": uma informal (*tu*) e outra formal (*Lei*). Você deve usar o *Lei* em situações formais; por exemplo, ao fazer pedidos em restaurantes, conversar com desconhecidos, em contextos formais e sempre que falar com alguém mais velho.

112 ⋯⋗ 6 COMA, BEBA E CONVERSE

## DESVENDE

Releia a conversa e responda as perguntas a seguir.

1  O que Melissa pede para comer? E para beber? Encontre as respectivas palavras na conversa e as destaque.

2  Qual é o significado da expressão *Avete deciso*? _____

3  Você consegue identificar o pronome "vocês" na conversa? E o "você" formal? Destaque no texto.

4  Destaque no texto as expressões utilizadas por Melissa e Paola para pedir:

   a  gnocchi          b  ravioli          c  bicchiere di vino

5  Com base nas frases da conversa, escreva as frases a seguir em italiano.

   a  E para beber? _____

   b  O que querem? _____

   c  Já sabemos. _____

---

**DICA CULTURAL:** *mangia!*
Os italianos são apaixonados por comida e adoram sentar à mesa para comer durante um bom tempo. Basta olhar o cardápio para entender por quê. Comece com um *antipasto* (uma "entrada"). Depois escolha o *primo* (geralmente macarrão) e o *secondo* (em geral, carne ou peixe), mas não se esqueça de pedir um *contorno* (acompanhamento). Em seguida, curta um *dolce* (sobremesa). Um café (*espresso*, claro!) geralmente arremata uma experiência gastronômica italiana, mas não se surpreenda se o garçom oferecer um requintado *liquorino*!

*acqua*
Quando pedimos água em um bar ou restaurante na Itália, o garçom costuma perguntar se desejamos comum (*acqua naturale*) ou com gás (*acqua frizzante*). A água com gás é tão comum na Itália quanto no Brasil!

*aperitivo*
O *aperitivo* é um evento social muito popular na Itália. Depois do trabalho e antes do jantar, os italianos costumam se encontrar em um bar para beber (geralmente coquetéis, como o *spritz*), comer aperitivos e conversar. O tipo e a quantidade de comida que acompanha os drinks variam com o local; dependendo da cidade, você pode ficar satisfeito antes de o jantar começar! Como o nosso happy hour, essa é uma tradição descontraída do país.

## OBSERVE

🔊 **06.02** Ouça o áudio e observe o quadro.

**VOCÁBULO: *prego!***
*Prego* é uma das palavras mais versáteis em italiano. Na conversa, o garçom incentiva as clientes a pedirem falando um simples *Prego!* ("O que desejam?"). Mas o significado da expressão *prego* varia com a situação:

⋯⟩ Em resposta ao "obrigado": *Grazie mille!* (Muitíssimo obrigado!) – *Prego* (De nada)

⋯⟩ Para encorajar alguém a fazer algo: *Posso entrare?* (Posso entrar?) – *Prego!* (Claro!)

⋯⟩ Para pedir que alguém repita algo que disse: *Prego? Non ho capito!* (Desculpa, não entendi!).

**VOCÁBULO: *vorrei* – "eu gostaria"**
Você já sabe usar *voglio* ("quero"), mas uma opção menos direta é *vorrei* ("eu gostaria"), que funciona melhor em contextos formais.

### Expressões essenciais da Conversa 1

| Italiano | Significado |
|---|---|
| ho fame! | estou com fome |
| ecco il cameriere qui | aqui está o garçom |
| buonasera! | boa noite! |
| quanti siete? | quantos são? |
| siamo in due | somos duas |
| va bene, questo tavolo è libero | ok, esta mesa está livre |
| ecco il menu | aqui está o menu |
| per ora, ci porta dell'acqua frizzante e due spritz? | por enquanto, traz uma água com gás e dois spritz? |
| prego, fate con comodo! | de nada, a seu tempo! |
| avete deciso? | decidiram? |
| abbiamo già deciso | já decidimos |
| prego! | o que desejam? |
| per me, gli gnocchi, per piacere | para mim, nhoque, por gentileza |
| e per Lei? | e para você? (formal) |
| io prendo i ravioli | quero ravioli |
| e da bere? | e para beber? |
| Vuoi bere qualcosa? | O que deseja beber? |
| vorrei... | eu gostaria… |
| un bicchiere di vino bianco | de uma taça de vinho branco |
| mi può portare ... | pode me trazer... |
| e ancora un po' d'acqua? | e uma água? |
| arrivo subito! | já volto! |

1 Observe a frase *ho fame* na lista de expressões.
Traduza literalmente essa frase para o português.

2 Sublinhe as expressões usadas para:

a pedir água     b pedir vinho

114 ⋯⟩ 6 COMA, BEBA E CONVERSE

**3** Destaque no quadro as cinco expressões que podem ser usadas para fazer pedidos. Ouça o áudio novamente para praticar a pronúncia:

**a** Vou pedir…   **c** Vamos pedir   **e** Eu gostaria…

**b** Para mim…   **d** Pode me trazer…?

**4** Ligue os verbos às suas respectivas traduções.

**a** *Voglio*
**b** *Vuoi?*
**c** *Vuoi bere?*
**d** *Bevo*

**1** Você quer?
**2** Você quer beber?
**3** Bebo
**4** Quero

> **VOCÁBULO:**
> **"drink" versus "algo para beber"**
> Se quiser uma bebida leve, peça uma **bibita** ao garçom. Se disser **qualcosa da bere** (algo para beber), ele vai pensar que você quer algo mais forte – vinho, cerveja ou cachaça.

## PRATIQUE

**1** *Vuoi… qualcosa?* (Quer… alguma coisa?) é uma frase polivalente e você pode utilizá-la em diferentes situações. Para praticar, combine essa expressão com diferentes verbos. Escolha o verbo mais adequado com base na resposta indicada ao lado.

**a** *Vuoi* _____ *qualcosa?* → *Sì, sushi!*

**b** *Vuoi* _____ *qualcosa?* → *Sì, vino!*

**c** *Vuoi* _____ *qualcosa?* → *Sì, un libro!*

**2** Preencha as lacunas a seguir com as respectivas palavras em italiano.

**a** _____ *deciso.* (**Nós** decidimos.)

**b** *Ancora* _____ _____ *di gnocchi, per favore!*
(**Um pouco mais** de gnocchi, por favor!)

**c** *Io prendo del* _____ *rosso e* _____ _____ *un* _____ *d'acqua.*
(Quero **vinho** tinto e **ela quer um copo** de água.)

**d** _____ _____ *mangiare?*
(**O que deseja** comer?) (*desiderare*)

**e** *Hai* _____ _____? (**Já está com fome**?)

**3** Destaque as palavras que os italianos usam para se referirem ao volume de uma bebida e as escreva a seguir.

**a** _____ *vino rosso*   (um(a) / um pouco)

**b** _____ *bicchiere di vino bianco*   (um(a) / um pouco)

**c** _____ *acqua frizzante*   (um(a) / um pouco)

> **DICA DE GRAMÁTICA: del para "um pouco"**
> Em italiano, ao falar sobre objetos não quantificáveis (ex.: comidas e bebidas), você deve usar **del/della**. Por exemplo:
>
> ⋯▸ *Vorrei del pane,*
> (Queria um pouco do pão)
>
> ⋯▸ *Mi porta dell'acqua?*
> (Traz um pouco de água?)
>
> Isso também se aplica a conceitos intangíveis, como em:
>
> ⋯▸ *ascoltare della buona musica*
> (ouvir um pouco de música boa).
>
> No caso das bebidas, para "quantificá-las", diga: *due caffè* ou *un'acqua naturale*, **pois** os termos **tazze** (copo) e **bottiglia** (garrafa) estão implícitos.

CONVERSA 1 ⋯ **115**

Confira o quadro a seguir com as principais expressões para comida e bebida e amplie seu vocabulário.

## Vocabulário de comida e bebida

| Italiano | Significado | Italiano | Significado |
|---|---|---|---|
| cibo | comida | prendo | pego |
| avere fame (ho fame) | ter fome (estou com fome) | (fare) colazione | (tomar) café da manhã |
| avere sete (ho sete) | ter sede (estou com sede) | pranzo / pranzare | almoço / almoçar |
| mangiare | comer | cena / cenare | jantar (substantivo e verbo) |
| bere (io bevo) | beber (bebo) | carne | carne |
| bibita | drink | pollo | frango |
| cucinare | cozinhar | manzo | carne |
| vegetariano | vegetariano | maiale | porco |
| con / senza | com / sem | pesce | peixe |
| Sono allergico/a alle nocciole ... | Sou alérgico / a nozes | verdure | verduras |
| Cosa mi può consigliare? | O que você me recomenda? | frutta | fruta |
| Ancora un/una... | Uma a mais... | succo d'arancia | suco de laranja |
|  |  |  |  |
|  |  |  |  |
|  |  |  |  |

Recomendo **que você adquira um pequeno dicionário** ou use um dos apps ou dicionários online que recomendamos na seção Recursos no seu telefone. Tente algum item da sessão especial!

Antes de ir a um restaurante italiano, memorize os nomes dos seus pratos favoritos com antecedência para evitar confusões.

4 Quais comidas ou bebidas você pede com mais frequência? Escreva no quadro os nomes correspondentes em italiano.

## JUNTE TUDO

1  *Buonasera!* Encene uma conversa em que você pede seus pratos e bebidas favoritos em um restaurante italiano. Ao responder as perguntas, faça seus pedidos (sempre em italiano!). Utilize as expressões que aprendeu nesta unidade ou use um dicionário.

Peça uma entrada, um prato principal, duas bebidas e uma sobremesa – *Oggi hai fame e sete!* (Imagine que todos os seus pratos favoritos estão no *il menú!*)

**Cameriere:** Ha già deciso?

**Tu:** _____

**Cameriere:** Ah, buona scelta! E come primo?

**Tu:** _____

**Cameriere:** Lei è proprio un buongustaio! E da bere?

**Tu:** _____ e _____

**Cameriere:** Arrivo subito!

*(30 minuti dopo...)*

**Tu:** (Chama o garçom.) _____

**Cameriere:** Ha finito?

**Tu:** (Diz que sim e que já escolheu a sobremesa.)

_____

**Cameriere:** Cosa prende?

**Tu:** _____

**Cameriere:** ... Ecco qui! Buon appetito!

2  Imagine que você pretende cozinhar e está escrevendo uma lista de compras. Crie expressões "pessoais" para descrever seus hábitos alimentares. Use o vocabulário que aprendeu nesta unidade e pesquise novas palavras no dicionário. Indique:

···▷ O que planeja comer ou beber (*mangiare / bere*).

···▷ Se você costuma cozinhar em casa (*cucinare a casa*), comer em um restaurante (*cenare fuori / cenare in un ristorante*) etc.

CONVERSA 1

# CONVERSA 2

## Na minha opinião...

**DICA CULTURAL:**
*debata!*
Os italianos não se intimidam diante de assuntos controversos nas conversas. Mas mesmo depois de um debate acalorado, todos continuam amigos. Sempre que um tópico difícil surgir em uma conversa, é porque a outra pessoa está interessada em ouvir sua opinião! Mesmo que você não se sinta à vontade para falar sobre o assunto, participe e tente oferecer uma opinião básica para praticar um pouco!

Os italianos dão muita importância às conversas durante o jantar. Na Itália, uma refeição deve ser uma ocasião agradável para encontrar os amigos, conversar e, às vezes, ter discussões interessantes!

🔊 **06.03** Melissa e Paola não concordam sobre o próximo local a visitar em Roma. Ouça a conversa e preste atenção à pronúncia das expressões "concordo" e "discordo".

| | |
|---|---|
| **Paola:** | Allora, domani a che museo andiamo? |
| **Melissa:** | Ovviamente dobbiamo vedere la Cappella Sistina! |
| **Paola:** | No, ci sono così tanti musei a Roma e tu scegli quello con più turisti! |
| **Melissa:** | So che ci sono molti turisti, ma bisogna vederla! |
| **Paola:** | Non sono d'accordo! Secondo me è meglio il Pantheon, e poi c'è meno gente. |
| **Melissa:** | Hai ragione, ci sono meno turisti ma non è così interessante! |
| **Paola:** | Non è vero! Ha un'architettura incredibile! È unico! |
| **Melissa:** | Sono d'accordo. L'architettura è interessante, ma non lo trovo bello. |
| **Paola:** | Sai che molti romani trovano la Cappella Sistina noiosa e tu la vuoi visitare. |
| **Melissa:** | Mmm, troviamo un compromesso. Se per te il Pantheon è meglio della Cappella Sistina, possiamo andare al Pantheon domani per l'architettura. Ma lunedì, quando ci sono meno turisti, possiamo andare alla Cappella Sistina, per l'arte! |
| **Paola:** | Ci sto! |

## DESVENDE

1 Identifique na conversa as respostas para as perguntas a seguir e as destaque.

   a Quais são os dois *luoghi di interesse* (lugares de interesse) de que elas tratam na conversa?

   b Qual local Melissa sugere que elas visitem?

   c Qual é a opinião de Melissa sobre o Pantheon?

   d Quais expressões indicam que Melissa e Paola fizeram um acordo?

2 Encontre as expressões a seguir na conversa e as destaque:

   a a maioria dos turistas
   d há menos turistas
   b há muitos turistas
   e se você acha
   c há poucas pessoas

3 Responda as perguntas a seguir em italiano com base nas respostas em português indicadas entre parênteses.

   a *Cosa dobbiamo vedere?* _____
   (Precisamos ver o Mar Mediterrâneo.)

   b *Perché vuoi andare in spiaggia?* _____
   (Porque a praia é mais relaxante.)

4 Escreva as expressões em italiano correspondentes a:

   a obviamente
   c discordo

   b concordo
   d Não é verdade!

5 Use o contexto para deduzir o significado das palavras destacadas a seguir.

   *Paola dice che ...*

   a *il Pantheon è* **meglio della** *Cappella Sistina* _____

   b *nel Pantheon c'è* **meno** *gente che alla Cappella Sistina* _____

   c *molti romani* **trovano** *la Cappella Sistina noiosa* _____

CONVERSA 2 • 119

## OBSERVE

**DICA DE GRAMÁTICA:** *dovere*
*Dovere* é um verbo irregular. Até agora você já viu *devo, devi, deve, devono* (eu devo, você deve, ele deve, eles devem), mas a forma do "nós" é completamente diferente: ***dobbiamo***.

**VOCÁBULO:** *bisogna*
A expressão *bisogna* é muito útil e se refere a alguma necessidade. Na conversa, por exemplo, *bisogna vederla* significa "é preciso vê-la". Você pode usar essa expressão para se referir a algo que "precisa" acontecer. Por exemplo: *Bisogna bere il vino italiano!* Você realmente deveria beber o vinho italiano!

🔊 06.04 Ouça o áudio e observe o quadro.

### Expressões essenciais da Conversa 2

| Italiano | Significado |
| --- | --- |
| a che museo andiamo? | a que museu nós vamos? |
| ovviamente dobbiamo vedere... | obviamente precisamos ver... |
| no, ci sono così tanti musei... | não, há muitos museus... |
| tu scegli quello con più turisti! | tu escolhes o que tem mais turistas! |
| so che ci sono molti... | sei que são muitos... |
| ma bisogna vederla! | mas é preciso vê-la! |
| non sono d'accordo! | não estou de acordo! |
| secondo me... | na minha opinião... |
| è meglio il Pantheon | é melhor o Pantheon |
| e c'è meno gente! | e há menos pessoas! |
| hai ragione | tem razão |
| ma non è così interessante! | mas não é interessante! |
| ha un'architettura incredibile! | tem uma arquitetura incrível! |
| è unico! | é único! |
| sono d'accordo | estou de acordo |
| non lo trovo... | não o encontro... |
| troviamo un compromesso | vamos firmar um compromisso |
| se per te... | se para você... |
| è meglio di | é melhor do que |
| possiamo andare... per l'arte | podemos ir... pela arte! |
| ci sto! | fechado! |

1 Encontre no quadro a expressão correspondente a "você tem razão". Qual expressão da Conversa 1 também usa o verbo *avere* (ter)?

120 ⋯⟩ 6 COMA, BEBA E CONVERSE

2. Destaque as palavras usadas para fazer comparações e as escreva a seguir.

   a  a maioria  
   _____

   b  melhor  
   _____

   c  menos  
   _____

3. Escreva as expressões a seguir em italiano.

   a  eu o encontro _____

   b  eu sei disso _____

   c  você sabe _____

   d  sei que lá tem _____

   e  você sabe que lá tem _____

   f  não há nada igual _____

**VOCÁBULO:**
*c'è* / *ci sono*
"existe" / "existem"
Lembra das expressões *c'è* / *ci sono* que vimos nas conversas anteriores? Ao caminhar pelas metrópoles italianas, use o *ci sono* em frases como *Ci sono così tanti…!* o *Ci sono troppi…!* (Existem tantos…!). *Tanti* e *troppi* concordam em gênero e número com as palavras a que se referem, como em *tante ragioni* e *troppe persone*. Da mesma forma, *così tanto* e *troppo* significam "tanto" / "muitíssimo".

4. As expressões a seguir servem para expressar opiniões em italiano. Ligue cada uma delas à sua respectiva tradução.

   a  *secondo me*             1  concordo
   b  *non sono d'accordo*     2  tem razão
   c  *hai ragione*            3  na minha opinião
   d  *sono d'accordo*         4  discordo
   e  *trovo*                  5  eu gostaria
   f  *vorrei*                 6  encontro

CONVERSA 2  121

## EXPLICAÇÃO CULTURAL: Gírias

As gírias italianas variam um pouco de um lugar para o outro e são muito difíceis de traduzir, mas vou indicar algumas das minhas favoritas!

*Bello / bella* – use essa expressão para se dirigir a alguém de forma mais informal, como "amigo" ou "parceiro", embora seu significado literal seja "bonito/a".

*Occhio* – essa gíria significa "cuidado!" e é utilizada em situações cotidianas: quando você está prestes a atravessar a rua sem prestar atenção, seu amigo pode gritar *occhio!*

*Allora* – essa expressão ("então...") é uma boa forma de manter o ritmo da conversa ou destacar algum ponto. Os italianos geralmente começam suas frases com ela.

*Ma proprio no!* – pense nessa gíria como "de jeito nenhum!"

*Neanche per sogno!* – vai sonhando!

*Su / Dai* – são expressões muito fortes e motivadoras e podem significar "anda" ou "vamos lá".

*Va bene* – parece o "tudo bem" do português.

## EXPLICAÇÃO GRAMATICAL: Comparações

É fácil fazer comparações em italiano. Você pode dizer, por exemplo, que algo é "mais", "menos", "maior" ou "menor" do que outra coisa usando *più* e *meno*:

- **più** + adjetivo para "mais" → *più grande* (maior)
- **meno** + adjetivo para "menos" → *meno bello* (menos bonito)
- **il più** (ou *la / i / le più*) + adjetivo para "o/a mais/maior"
  → *il più grande* (o maior)
- **il meno** (ou *la / i / le meno*) + adjetivo para "o/a menos/menor"
  → *il meno bello* (o menos bonito)

Ao fazer comparações entre pessoas, lugares ou objetos, use a palavra **di** ("do que"):

**Exemplos:** *Sono* **più alto** *di te.*     Sou **mais alto** do que você.

*Sei* **più giovane** *di me.*   Você é **mais novo** do que eu.

**VOCÁBULO:**
*"do/da"*
Observe que as palavras *in*, *di* e *a* se combinam com *il*, em **nel**, **del**, **al**, com *i*, em **nei**, **dei**, **ai** e também com *la/l'/lo/le*, dobrando o *l*, em **nell'**, **della**, **alle**.

| Palavra | Exemplo | il più / il meno | Exemplo |
|---|---|---|---|
| **più** + grande (maior) | La tua città è più grande della mia. (A sua cidade é maior do que a minha.) | **il più** + grande (o maior) | La tua città è la più grande del paese. (A sua cidade é a maior do país.) |
| **più** + interessante (mais interessante) | Per me questo museo è più interessante. (Acho que esse museu é mais interessante.) | **il più** + interessante (o mais interessante) | È la persona più interessante che conosco. (É a pessoa mais interessante que conheço.) |
| **meno** + esperto (menos esperto) | È meno esperta di suo fratello. (Ela é menos esperta do que seu irmão.) | **il meno** + esperto (o menos esperto) | Sei la meno esperta qui. (É a menos esperta daqui.) |

Para comparar quantidades, você também pode usar *più* e *meno*:

**Exemplo:** *Ci sono* **meno** *turisti al Pantheon che al Colosseo.*
(Há menos turistas no Pantheon do que no Coliseu.)

Alguns adjetivos em italiano têm formas especiais; os principais casos são *buono* (bom) e *cattivo* (mau):

| Adjetivo | Relativo | Superior/inferior |
|---|---|---|
| buono (bom) | migliore (melhor) | il/la migliore (o melhor) |
| cattivo (mau) | peggiore (pior) | il/la peggiore (o pior) |

**Exemplo:** *Per me questo ristorante fa* **la migliore** *pizza del mondo!*

CONVERSA 2 ❖ **123**

1 Use as diferentes formas de *più*, *meno*, *meglio* e *peggio* para formar as expressões indicadas a seguir.

**Exemplo:** uma cidade menor (*città piccola*) → una città più piccola

a mais simpático (*simpatico*)

b mais charmoso (*affascinante*)

c mais livros

d o mais famoso (*famoso*)

e o melhor restaurante

f o melhor amigo

g o homem mais jovem

h menos dificuldade

i menos dias

j menos caro (*caro*)

k o pior filme

l pior qualidade

## PRATIQUE

1 Para praticar, utilize a expressão *c'è / ci sono* para formar novas frases em italiano com base nos trechos indicados a seguir.

**Exemplo:** Não existem… (dias suficientes no final de semana)!
Non ci sono abbastanza giorni in un weekend!

a Existem… (apenas três alunos aqui)?

b Existem apenas… (livros na minha casa).

c Acho que tem… (menos cachorros no parque hoje). (*cani al parco*)

2 Escreva as frases a seguir em italiano.

a Milão é maior do que Trieste.

b Há menos pessoas (*gente*) aqui do que na sua casa (*a casa tua*).

c Achei o restaurante muito pequeno.

## JUNTE TUDO

*Quale parte del mondo vuoi visitare?* Faça uma recomendação a um amigo indicando alguma coisa a fazer em uma cidade que você conhece ou gostaria de visitar. Use o vocabulário que aprendeu na Conversa 2 e seu vocabulário "pessoal". Tente incluir:

⋯⟩ Os lugares que gostaria (*vorrei*) de visitar.
⋯⟩ Os melhores (*migliore*) locais ou experiências, na sua opinião.
⋯⟩ Alguma "atração imperdível" (*bisogna vedere*), a seu ver.
⋯⟩ Frases com comparações (*più, meno*).
⋯⟩ Frases que expressem sua opinião (*secondo me*).

# CONVERSA 3

## O que você recomenda?

Na Itália, cultura é um tópico muito importante durante um jantar. Você não precisa citar Dante, mas é bom aprender algumas expressões para contribuir com a conversa e opinar sobre livros, música, arte e política.

🔊 **06.05** Melissa e Paola estão trocando opiniões sobre músicas e livros. Qual frase Melissa usa para dizer "me conte"?

> **DICA CULTURAL:**
> *pagare alla romana* – **pagar à romana**
> Melissa foi educada ao dizer *offro io* ("é por minha conta"), mas quando as pessoas saem para comer na Itália, a norma é *pagare alla romana* (dividir igualmente a conta, mesmo se você não tiver consumido nada). Eu, um pobre mochileiro na época, não sabia disso logo que cheguei à Itália. Então, ao sair com alguns moradores de Bolonha para comer em um bom restaurante, pedi apenas uma entrada e uma água, mas tive que dividir os custos dos pratos e drinques extravagantes dos meus amigos. Foi uma lição cara, mas desde então pedir a conta ficou bem mais simples! A vida é curta demais para se perder tempo com cálculos intermináveis!

**Melissa:** Dimmi una cosa, Paola. Vorrei sapere di più sulla musica italiana. Cosa consigli?

**Paola:** È una bella domanda! Secondo me la migliore musica pop in Italia è di Laura Pausini.

**Melissa:** Ah sì! Canta 'La Solitudine', no? Vorrei imparare i testi delle sue canzoni.

**Paola:** Devi imparare di più sulla musica italiana. Domani ti do delle canzoni da ascoltare.

**Melissa:** Grazie! Ho appena finito di leggere un libro su come la politica influenza la musica.

**Paola:** Oh! Mi interessa molto la politica e mi sembra un libro interessante ma, francamente, non mi piacciono i politici!

**Melissa:** Neanche a me. Secondo me parlano tanto ma in realtà dicono poco o niente.

**Paola:** Ti do ragione al cento per cento. A proposito, mi puoi consigliare un libro sulla politica in inglese? Devo praticare il mio inglese.

**Melissa:** Certamente! Leggo tutto il tempo. Domani ti do il libro che ho finito di leggere. Ti piace di sicuro.

**Paola:** Grazie!

**Melissa:** Grazie a te!

**Paola:** Vediamo un po' dov'è il cameriere. Voglio chiedere il conto. Il conto per favore!

**Melissa:** Offro io!

## DESVENDE

1  Responda as perguntas a seguir com frases curtas em italiano.

   a  Segundo Paola, qual é a melhor música da Itália? _____

   b  O que Melissa gosta de estudar? _____

   c  O que Melissa ficou de entregar à Paola? _____

2  Deduza o sentido destas expressões:

   a  *francamente*  
   _____

   b  *certamente*  
   _____

3  Escreva as expressões a seguir em italiano.

   a  Onde está o garçom? _____

   b  O que você recomenda? _____

   c  A conta, por favor! _____

4  Encontre e destaque na conversa as expressões de opinião indicadas a seguir.

   a  na minha opinião     b  o melhor…     c  Isso me parece…

5  Identifique e destaque na conversa os verbos comuns indicados a seguir.

   a  eu gostaria     b  eu vou lhe dar     c  pode recomendar

## OBSERVE

🔊 **06.06** Ouça o áudio e observe o quadro.

### Expressões essenciais da Conversa 3

**PRONÚNCIA:**
*consigli*
Se você aprendeu a pronunciar o *-gli*, sabe que essa palavra soa como "kon-seel-yee".

| Italiano | Significado |
|---|---|
| dimmi una cosa... | diga-me uma coisa... |
| vorrei sapere di più | eu gostaria de saber mais |
| → cosa consigli? | o que me recomenda? |
| è una bella domanda! | é uma boa pergunta! |
| la migliore è... | a melhor é... |
| devi imparare di più su... | deve aprender mais sobre... |
| ti do... | te dou... |
| ... delle canzoni da ascoltare | .... algumas músicas para ouvir |
| ho appena finito di leggere un libro su... | acabei de ler um livro sobre. . |
| mi interessa molto la politica | política me interessa muito |
| mi sembra un libro interessante | me parece um livro interessante |
| ma francamente | mas francamente |
| non mi piacciono i politici! | não gosto dos políticos! |
| neanche a me | nem eu (nem a mim) |
| parlano tanto | falam muito |
| ma in realtà dicono poco o niente | mas, na verdade, dizem pouco ou nada |
| ti do ragione al cento per cento | concordo totalmente! |
| mi puoi consigliare...? | pode me recomendar...? |
| leggo tutto il tempo | leio o tempo todo |
| ... il libro che ho finito di leggere | ... o livro que acabei de ler |
| ti piace di sicuro | você vai gostar com certeza |
| vediamo un po'... dov'è il cameriere | vejamos... onde está o garçom? |
| voglio chiedere il conto | quero pedir a conta |
| → offro io | por minha conta |

**VOCÁBULO:** *offro io*
Acho formidável que a frase "eu ofereço" seja como dizemos "fica por minha conta" em italiano. Observe o uso enfático do *io* – antes de Paola contestar, Melissa já deixa claro que pretende pagar a conta.

128 ⋯⟡ 6 COMA, BEBA E CONVERSE

**1** Escreva as expressões a seguir em italiano.

**a** você vai gostar com certeza

_____

**b** gosto disso

_____

**2** Ligue as expressões em italiano a seguir às traduções correspondentes.

**a** _ti do_

**b** _sono sicura che_

**c** _secondo me la migliore_

**d** _vorrei imparare_

**e** _voglio chiedere_

**1** estou segura de

**2** queria aprender

**3** te dou

**4** quero pedir

**5** na minha opinião, a melhor

**3** Identifique no quadro as expressões usadas para pedir recomendações e as escreva a seguir.

**a** O que você recomenda?

_____

**c** Diga-me uma coisa

_____

**b** Pode me recomendar…

_____

## PRATIQUE

**1** Para praticar, adapte as expressões polivalentes a seguir a diferentes situações.

**a** Expressão polivalente: _Voglio chiedere…_ (Quero pedir…)

… uma água _____

… mais tempo _____

… outro drink _____

**b** Expressão polivalente: _Vorrei sapere di più su… (qualcosa)_

"Sobre quais lugares ou tópicos novos você gostaria de aprender mais?" Use essa expressão polivalente para escrever duas frases sobre esse tema.

_____

_____

**2** Preencha as lacunas com as respectivas palavras em italiano.

**a** _Adoro_ _____ _classica._ _____ _____ _____ _____ _____
_moderna._ (Adoro **arte** clássica. **Gosto mais do que de arte** moderna.)

**b** _____ _____, _che libro_ _____ _____ _interessante?_
(**Na sua opinião**, qual livro **é mais** interessante?)

**c** _Un momento,_ _____ _____ _____ _nostro indirizzo!_ (Um momento, **tenho que lhe dar** nosso endereço.)

# #LANGUAGEHACK: Deixe sua conversa mais fluente usando conectivos.

Quando ouve perguntas em italiano, o iniciante fica tentado a responder com uma só palavra. Você gosta deste livro? *Sì*. Como está a comida? *Buona*.

Até ser capaz de desenvolver respostas mais detalhadas, você pode usar frases versáteis em vez de respostas curtas. Os **conectivos de conversação** são expressões polivalentes que incrementam suas frases, turbinam seu italiano e podem ser usados em várias situações. Por exemplo, na Conversa 3, Melissa usa o conectivo *è una bella domanda* em sua conversa com Paola.

## Como usar conectivos em conversas

Bons conectivos são versáteis e ampliam o sentido da frase sem enchê-la de informações adicionais. Por exemplo, se alguém perguntar: *Hai fame?*, você pode responder com:

> *A dire la verità ho molta fame, e tu?*

Confira a seguir alguns exemplos de conectivos de conversação para utilizar nos seus diálogos.

**Para acrescentar sua opinião**
francamente (francamente)
a dire la verità (para dizer a verdade)
secondo me (na minha opinião)
detto tra noi (cá entre nós)
se ho capito bene (se eu entendi bem)
sfortunatamente (infelizmente)
mi sembra che (me parece que)

**Para concluir uma ideia**
sempre più (cada vez mais)
anche se (mesmo se)
finalmente (por fim)
per lo meno (pelo menos)

**Para mudar de assunto**
d'altra parte (por outro lado)
a proposito (a propósito)

**Para elaborar uma ideia**
è per questa ragione che... (é por isso...)
è perché (é porque)

**Exemplo:** *Be', detto tra noi, ho una fame da lupi. / A dire la verità ho una fame da lupi.*

- Quando alguém perguntar Quanti anni hai?, você pode dizer *Ho 41 anni* ou: *Beh... detto tra noi... sfortunatamente ho già 41 anni!*
- Quando alguém perguntar *Perché studi l'italiano?*, você pode dizer *Mi piace la cultura italiana* ou: *A dire la verità... mi piace la cultura italiana! È per questa ragione che studio l'italiano!*

## SUA VEZ: Use o hack

1 🔊 **06.07** Aprenda o som e a pronúncia dos conectivos de conversação. Ouça o áudio e repita cada conectivo de acordo com a gravação.

2 🔊 **06.08** Agora, tente reconhecer as expressões. Ouça o áudio e anote os conectivos indicados na gravação em italiano.

a _____    d _____

b _____    e _____

c _____    f _____

3 Use os conectivos sugeridos para formular respostas mais elaboradas a perguntas comuns.

**Exemplo:** *Questa casa ti sembra troppo piccola?*

**A dire la verità, questa casa non mi sembra piccola!**

a *Ti piace la cena?* _____

b *Dove vivi?* _____

c *Vuoi qualcosa dal supermercato?* _____

_____

d *Prendi un caffè?* _____

> Essa técnica desenvolverá sua fluência e a capacidade de ter conversas interessantes apesar do seu vocabulário limitado. Para os iniciantes, **é mais importante sair da inércia** do que conhecer muitas palavras **para manter o ritmo das conversas**.

## JUNTE TUDO

Imagine que um amigo seu queira passar um final de semana imerso em atividades culturais e pede recomendações de programas interessantes. Crie frases utilizando seu "vocabulário pessoal" que:

- Descrevam suas músicas, obras de arte ou livros favoritos.
- Expressem sua opinião (*secondo me, trovo, mi piace*).
- Empreguem expressões polivalentes (*vorrei sapere di più su…*).
- Utilizem conectivos de conversação (*francamente, detto tra noi…*).
- Façam comparações (*più, meno, meglio*).

CONVERSA 3 ❖ **131**

# FINALIZANDO A UNIDADE 6

## Confira o que aprendeu

🔊 **06.09** Ouça o áudio e as duas afirmativas em italiano indicadas na gravação. A primeira frase apresenta informações sobre alguém, enquanto a segunda oferece um resumo dessas informações. Depois de ouvi-las, selecione *vero* se o resumo estiver correto ou *falso* se estiver errado.

**Exemplo:** *Secondo Susanna, questa città è bella.*

**Resumo:** *Le piace la città.* (vero) / *falso*

a *vero / falso*

b *vero / falso*

c *vero / falso*

d *vero / falso*

e *vero / falso*

## Mostre o que sabe...

Confira o que acabou de aprender. Escreva ou fale um exemplo para cada item da lista e marque os que sabe.

☐ Peça um prato específico usando "Eu quero".

☐ Peça uma bebida específica usando "Eu gostaria".

☐ Use frases voltadas para situações formais: "boa noite", "por favor" (formal e informal), "obrigado(a)" (informal).

☐ Fale sobre quantidades gerais e plurais:

    ☐ algumas músicas

    ☐ muitos turistas

    ☐ muitas igrejas

☐ Diga "eu concordo", "eu discordo" e "na minha opinião".

☐ Elabore uma frase para fazer recomendações e outra para pedi-las.

☐ Indique as expressões de comparação correspondentes a "mais que", "menos que", "o/a mais" e "melhor que".

☐ Dê dois exemplos de conectivos de conversação.

# COMPLETE SUA MISSÃO

É hora de completar a missão: convença seu amigo a dar uma chance para o seu restaurante favorito. Crie frases que expressem suas opiniões e expliquem por que você concorda ou discorda de algo. Descreva seu restaurante favorito ou outro estabelecimento ou pesquise restaurantes na Itália.

## PASSO 1: Crie seu script

Para continuar desenvolvendo seu script, crie frases que expressem suas opiniões:

- Descreva seu restaurante favorito. Por que você gosta tanto dele? O restaurante serve quais pratos e bebidas? O que você mais gosta de pedir quando vai lá e por quê?
- Convença um dos seus amigos a ir a esse restaurante apontando sua melhor qualidade em relação aos outros restaurantes da cidade (faça comparações!)
- Faça e peça recomendações
- Inclua expressões polivalentes e conectivos de conversação.

Depois de escrever o script, repita as frases até se sentir confiante.

**TÁTICA DE ESTUDO: Leia críticas de restaurantes** em italiano na internet para elaborar seus argumentos. Confira como os italianos descrevem suas próprias experiências com restaurantes que acharam bons (ou não)! Para saber mais, acesse a comunidade online #LanguageHacking.

## PASSO 2: O mundo gira em torno de mim! ... *online*

Quando estiver à vontade com seu script, acesse a comunidade online e compartilhe sua gravação. Durante o registro e enquanto estiver pensando no que vai dizer, lembre-se de usar conectivos de conversação entre as frases para que seu italiano flua melhor. Com esse exercício, você fixará na memória e viabilizará a utilização dessas frases em situações reais!

## PASSO 3: Aprenda com outros estudantes

Pratique suas habilidades argumentativas com outros hackers da linguagem! **Sua tarefa é responder em italiano a, pelo menos, três perguntas de pessoas diferentes** indicando se concorda ou discorda com cada argumento levantado e por quê.

É isso mesmo! **Crie frases com informações pessoais** para falar sobre a sua vida e coisas relevantes para você! Fica muito mais fácil estudar um idioma quando falamos sobre o que realmente importa.

## PASSO 4: Avalie o que aprendeu

Você achou algum ponto fácil ou difícil nesta unidade? Aprendeu palavras ou frases novas na comunidade online? A cada script e conversa, você tem uma percepção mais clara das lacunas a serem preenchidas no script.

## EI, HACKER DA LINGUAGEM, VOCÊ ESTÁ INDO MUITO BEM!

Agora você já pode expressar suas opiniões, falar sobre comida, fazer comparações e conversar sobre assuntos interessantes. Foi uma grande evolução. Daqui em diante, a tendência é só melhorar!

A seguir, vamos desenvolver bastante suas habilidades de conversação ao abordarmos o passado.

*Dai che ce la fai!*

# 7 FALE SOBRE ONTEM... SEMANA PASSADA... MUITO TEMPO ATRÁS

### Sua missão

Imagine que você resolveu participar de um grupo de estudos de italiano e agora precisa fazer uma apresentação contando histórias pessoais, mas com um detalhe: essas histórias podem ser verdadeiras ou inventadas.

Sua missão é contar uma história que seja verdadeira e inacreditável ou inventar uma história tão convincente que as pessoas não conseguirão saber se ela é verdadeira ou falsa. Narre uma história pessoal ou lição de vida que aprendeu quando estudou algum idioma, mudou para um lugar novo ou correu um grande risco.

Nesta missão, você ampliará suas habilidades de conversação, aprendendo a desenvolver vários tópicos para abordar em situações informais e a contar casos curiosos para apimentar seu repertório em italiano!

### Treine para a missão

- Fale sobre o passado usando apenas dois elementos: *ho parlato...*
- Responda perguntas sobre o passado: *Cosa hai fatto? Sono andato...*
- Indique há quanto tempo algo aconteceu usando *fa* e *scorso*.
- Use o tempo passado para falar sobre a evolução do seu italiano: *Ho detto bene questa parola?*

## APRENDENDO A TER CONVERSAS MAIS ABRANGENTES NO IDIOMA

Até agora, suas conversas em italiano abordaram eventos que estão acontecendo ou irão ocorrer. Nesta unidade, você vai aprender a descrever vividamente suas ações passadas para que suas conversas fiquem muito mais abrangentes.

### #LANGUAGEHACK

Viagem no tempo: use o presente para falar nos tempos passado e futuro.

## CONVERSA 1

### O que você fez no final de semana passado?

**DICA CULTURAL:**
*baci sulle guance –*
**beijos na bochecha**
Como já conhece Daniele, quando Melissa o vê novamente, eles se cumprimentam com dois *baci* — beijos nas duas bochechas. Essa é uma saudação típica na Itália, como ocorre em alguns estados do Brasil. Mas observe que os italianos beijam primeiro a face direita e depois a esquerda.

À medida que você faz amigos italianos e passa a praticar o idioma regularmente, surge uma questão: "Sobre o que devo falar?" Mas há uma ótima solução para esse problema: aprender e usar o passado em italiano para descrever histórias pessoais e ampliar os tópicos de conversação.

🔊 **07.01** Melissa está conversando de novo com Daniele, um dos seus professores online. Na conversa, ela descreve o tempo que passou com Paola no último final de semana. Como Daniele pergunta: "O que fez no último final de semana?"

*Mostre* é um caso em que o gênero altera completamente o sentido da palavra! Prometi que visitaria *tutti i mostri di Londra* (todos os monstros de Londres). Não, na verdade, pretendo visitar *tutte le* **mostre** (todas as mostras de arte)!

| | |
|---|---|
| **Daniele:** | Ciao Melissa! Come vanno le cose? Cosa hai fatto il fine settimana scorso? |
| **Melissa:** | Sono andata a un ristorante con Paola e ho parlato con lei dei nostri programmi per il weekend. Poi, ieri, abbiamo visitato il Pantheon e abbiamo visto un sacco di posti di Roma e molte mostre! |
| **Daniele:** | Non hai conosciuto Paola solo una settimana fa? |
| **Melissa:** | Sì, è vero. |
| **Daniele:** | Perché hai deciso di andare al Pantheon con lei? Perché non alla Cappella Sistina? |
| **Melissa:** | È uno dei posti preferiti di Paola. È un'appassionata della storia di Roma antica. Che meraviglia! A dire il vero, andiamo alla Cappella Sistina domani! |
| **Daniele:** | Ho visitato una volta il Pantheon a Roma quattro anni fa. |
| **Melissa:** | Ti è piaciuto? Cosa ne pensi di questa basilica? |
| **Daniele:** | Niente male, ma mi ricordo meglio il posto dei gelati lì vicino dove ho mangiato il migliore gelato della mia vita. Era davvero delizioso! |

**VOCÁBULO:**
*ti è piaciuto*
Talvez você compreenda essa expressão porque já viu outras semelhantes: mi piace, ti piace.

136 ᐧᐧᐳ 7 FALE SOBRE ONTEM... SEMANA PASSADA... MUITO TEMPO ATRÁS

# DESVENDE

**1** Qual é a opinião de Daniele sobre o Pantheon?

a é divertido.

b nada mal.

c é um dos seus lugares favoritos.

**2** Encontre na conversa as expressões a seguir e as escreva em italiano.

a último final de semana _____

b o que você pensa? _____

c falei com ela sobre nossos planos. _____

**3** Na sua opinião, qual é o significado da frase *Perché avete deciso di andare a Pantheon*?

_____

**4** *Vero o falso?* Selecione a resposta correta.

a Paola leu sobre um restaurante a que gostaria de ir. *vero / falso*

b Melissa falou com Paola. *vero / falso*

c Ontem, Melissa foi à Capela Sistina. *vero / falso*

d Melissa conheceu Paola uma semana atrás. *vero / falso*

**5** Tente traduzir as frases a seguir para o italiano. (Escreva com base nos seus conhecimentos e depois confira na lista de expressões.)

a O que você fez? *Cosa* _____ _____?

b Comi _____ _____

c Fui _____ _____

d Visitamos _____ _____

e Falei _____ _____

f Vimos _____ _____

g Você conheceu _____ _____

h Gostou? *Ti* _____ _____?

CONVERSA 1 · 137

## OBSERVE

🔊 **07.02** Ouça o áudio e observe o quadro. Reproduza a pronúncia e preste atenção ao modo como Melissa fala as expressões a seguir:

*sono andata*      *ho parlato*      *abbiamo visitato*     *abbiamo visto*

### Expressões essenciais da Conversa 1

| Italiano | Significado |
| --- | --- |
| come vanno le cose? | como vão as coisas? |
| cosa hai fatto il fine settimana scorso? | o que fez no final de semana passado? |
| sono andata a un ristorante con... | fui a um restaurante com... |
| ho parlato con lei di... | falei com ela de... |
| poi, ieri | depois, ontem |
| abbiamo... visitato il Pantheon | nós... visitamos o Pantheon |
| visto un sacco di posti | vimos um monte de lugar |
| non hai conosciuto...? | não conheceu...? |
| solo una settimana fa | só faz uma semana |
| perché hai deciso di... | porque decidiu... |
| è uno dei posti preferiti di Paola | é um dos lugares preferidos de Paola |
| che meraviglia! | que maravilha! |
| a dire il vero | dizer a verdade |
| ho visitato una volta... | uma vez visitei... |
| quattro anni fa | quatro anos atrás |
| ti è piaciuto? | você gostou? |
| cosa ne pensi di? | o que pensa disso? |
| niente male | nada mal |
| mi ricordo... | me lembro... |
| vicino, dove ho mangiato il migliore gelato della mia vita! | perto, onde comi o melhor sorvete da minha vida! |
| era davvero delizioso! | era realmente delicioso! |

> Se em português falamos "um monte", em italiano usamos a palavra **sacco** (saco) com o mesmo sentido.

1   Confira a lista de expressões e escreva as palavras em italiano correspondentes a:

a   atrás _____        c   vez _____

b   passado _____     d   próximo _____

**138** ⋯⋯ 7 FALE SOBRE ONTEM... SEMANA PASSADA... MUITO TEMPO ATRÁS

# EXPLICAÇÃO GRAMATICAL: Verbos no passado

Há várias formas de usar o tempo passado em italiano, mas vamos nos concentrar na mais fácil e comum:

*visito* (visito) → *ho visitato* (**visitei**)

**Passo 1:** Comece com o presente do verbo *avere* (ter):

| ho | hai | ha | abbiamo | avete | hanno |
|---|---|---|---|---|---|
| tenho | você tem | ele/ela tem | temos | vocês têm | eles têm |

**Passo 2:** Acrescente o verbo desejado, mas utilize seu particípio, que costuma ser bem previsível. Para a maioria dos verbos, basta substituir as três últimas letras do infinitivo da seguinte forma:

| Infinitivo | -are | -ere | -ire |
|---|---|---|---|
| Particípio | -ato | -(i)uto | -ito |

> **PRONÚNCIA:**
> *-ciuto*
> Para manter os sons "dj" e "tch" do infinitivo, devemos acrescentar um *i* aos verbos terminados em *g* ou *c* + *-ere*.

Exemplos: *ho mangiato*   (comi)
   *ha finito*   (ele / ela terminou)

1 Agora é sua vez! Com base nos seus conhecimentos, escreva "falei" em italiano.

   a Escreva "tenho". _____

   b Escreva o particípio de *parlare*. _____

   c Junte as duas formas verbais na expressão "falei".

   _____

> **VOCÁBULO:** *ho mangiato*
> Literalmente, a expressão *mangiato* significa "tenho comido", mas deve ser compreendida como "comi".

Esses dois passos se aplicam à maioria dos casos.

Evidentemente, existem exceções, como alguns verbos da Conversa 1 que não seguem essa regra. Nesta unidade, indicarei técnicas para que você memorize as principais exceções.

**DICA DE GRAMÁTICA:**
*terminações o/a*
Outra diferença do passado formado com o *essere* é que o particípio deve concordar em gênero e número com o sujeito, como Melissa expressa em *Sono andata.*

## Use o verbo *essere* (ser) para expressar movimento

Quando o verbo principal indicar movimento, como:

> *andare* (ir), *arrivare* (chegar), *entrare* (entrar),
> *scendere* (descer), *tornare* (voltar),
> *uscire* (sair), *venire* (vir) etc...

você deve usar o verbo *essere* (ser) e não *avere*, aplicando os passos que acabou de aprender.

Para dizer "Marco chegou ontem", aplicamos os passos e usamos o verbo *essere*:

> (1) *Marco è...*     (2) *arrivato*

A frase em italiano é: *Marco è arrivato ieri.*

Existem outras situações em que devemos usar o verbo *essere* para falar no passado, mas você pode aprendê-las aos poucos no futuro. Por enquanto, o único caso que vimos foi *ti è piaciuto* (você gostou). Pense nessa frase como uma expressão padrão; com o tempo você vai assimilar a lógica dessas frases.

**2** Preencha as lacunas a seguir com o passado dos verbos indicados usando o *avere*.

> **a** ____ _____ *i ravioli.*     (Comi..)
>
> **b** ____ _____ *italiano oggi.*     (Estudei...)
>
> **c** ____ _____ *tutto.*     (Entendi...)
>
> **d** ____ _____ *un regalo.*     (Recebi...)

**3** Com base no que você aprendeu sobre *avere* e *essere*, selecione a opção correta para formar o passado.

> **a** *Sono uscito / Ho uscito con i miei amici.* (Saí com meus amigos.)
>
> **b** *Sono scelto / Ho scelto questo museo.* (Escolhi este museu.)
>
> **c** *Elena ha visto / è visto il film la scorsa settimana.*
> (Elena assistiu ao filme na semana passada.)

## PRATIQUE

1. Use *fa* para dizer "atrás" em uma sentença que descreva sua vida. Há quanto tempo conhece seu melhor amigo (*il tuo migliore amico / la tua migliore amica*) ou parceiro?

    *Ho conosciuto* _____ fa.
    *Conheci* _____ atrás.

2. Para praticar, traduza as frases abaixo para o italiano.

    a Você deve ir ao restaurante em que almocei dois dias atrás.
    _____

    b Gostei do filme! _____

    c Ele viu o namorado da Anna.
    _____

3. Daniele também falou um pouco sobre seu passado durante a conversa. Preencha as lacunas a seguir com as formas corretas de *avere* ou *essere*.

    a *Tre mesi* _____, _____ _____ *in Canada.*
    (Três meses **atrás**, **fui** ao Canadá.)

    b _____ _____ *una ragazza molto interessante.*
    (**Conheci** uma garota muito interessante.)

    c *Questa mattina,* _____ _____ *in metro.*
    (Essa manhã, **cheguei** de metrô.)

    d _____ _____ *qui per molto tempo.*
    (**Eles trabalharam** aqui por muito tempo.)

    e _____ _____ *in questo ristorante l'anno scorso.*
    (**Comemos** neste restaurante ano passado.)

---

**TÁTICA DE CONVERSA: *Arrisque um palpite!***
Se não tiver certeza, recorra ao "italiano Tarzan" e use *avere*; você será compreendido. Embora a forma "ho andato" esteja errada, as pessoas vão compreender que você é um iniciante e captarão sua mensagem. Por enquanto, tente dominar os verbos que vai usar com mais frequência. Em caso de dúvida, o dicionário indica os verbos que usam *essere* e *avere*.

CONVERSA 1 · 141

### EXPLICAÇÃO DO VOCABULÁRIO: Conhecendo alguém

Confira estes três verbos úteis para descrever suas interações com pessoas que você está conhecendo ou já conhece:

*vedere*  *incontrare*  *conoscere*
(ver)  (encontrar)  (conhecer)

Para dizer que você planeja "ver" alguém, use *vedere*, mas para descrever o tempo que passou com essa pessoa, use *incontrare*. Para falar sobre alguém que você "está conhecendo", use *conoscere*!

1 Agora é a sua vez! Use o contexto para preencher as lacunas a seguir com as formas corretas de *vedere*, *incontrare* ou *conoscere*.

   a *Ragazzi, _____ _____ vostra madre in una stazione ferroviaria quindici anni fa.* (Meninos, **conheci** sua mãe em uma estação ferroviária quinze anos atrás.)

   b *Oggi _____ _____ la tua ragazza nel supermercato!* (Hoje **vi** sua namorada no supermercado!)

   c _____ *il mio insegnante* _____ *mercoledì.* (**Encontro** meu professor **toda** quarta-feira.)

### JUNTE TUDO

Use as formas do passado que aprendeu e crie frases "pessoais" para empregar em conversas reais. Formule frases que sejam relevantes para você e pesquise palavras no dicionário sempre que precisar.

1 Primeiro, responda a pergunta a seguir no passado com detalhes sobre sua vida:

*Come vanno le cose? Cosa hai fatto ieri / lo scorso weekend?*

**Ao responder, indique:**

- Onde você foi e o que fez lá.
- Com quem você conversou.
- Sobre o que vocês conversaram.

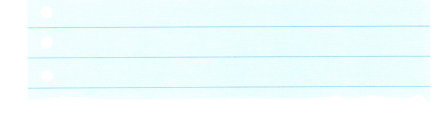

2 Agora, use o passado para descrever uma viagem que você fez para outra cidade. Com base nas suas experiências, crie frases que descrevam fatos da sua vida e responda as perguntas a seguir:

- *Dove sei andato? (Sono andato / andata a / in...)*
- *Quanto tempo hai passato...? (Ho passato...)*
- *Perché hai deciso di visitare...? (Ho deciso di andare a... perché...)*
- *Ti è piaciuto? Perché? (Mi è piaciuto/Non mi è piaciuto perché...)*
- *Cosa hai visto in questo posto? (Ho visto...)*

# CONVERSA 2

## Você estudou italiano esta semana?

Outra excelente forma de aumentar a abrangência das suas conversas é aprender a falar em italiano sobre sua evolução no idioma! Depois de colocarem a conversa em dia, Melissa e Daniele estão falando sobre o que Melissa tem feito para melhorar seu italiano.

🔊 **07.03** Como Daniele pergunta "Você teve tempo para estudar esta semana?"

**VOCÁBULO:** *bravo!*
Pode parecer que essa palavra só se aplica a grandes espetáculos, mas na Itália ela significa "bom trabalho" e é usada em inúmeras situações. Durante seus estudos de italiano, você vai ouvir *bravo* e *brava* com frequência! Na primeira vez, vai parecer uma chuva de rosas e aplausos em um palco – como deveria ocorrer sempre que você acerta as conjugações dos verbos! *Bravissimo/a* serve para elogiar um serviço executado com perfeição!

| | |
|---|---|
| **Daniele:** | Allora, hai avuto tempo di studiare italiano questa settimana? |
| **Melissa:** | Sì, ho studiato un po'. Ho imparato delle parole nuove e ho praticato delle frasi con Paola. |
| **Daniele:** | Ottimo! Hai fatto i compiti? |
| **Melissa:** | Sì, ho fatto i compiti. Sono qui. |
| **Daniele:** | È tutto chiaro? Hai bisogno di aiuto? |
| **Melissa:** | Sì, ho una domanda! Qual è la differenza tra 'ora' e 'adesso'? Ho detto bene 'ora'? |
| **Daniele:** | Non c'è nessuna differenza. E sì, l'hai detto bene. Brava, bravissima! Devo dire che sei un'ottima studentessa. Quando hai iniziato a studiare italiano? |
| **Melissa:** | Ho iniziato solo pochi mesi fa. L'estate scorsa ho deciso di viaggiare per un anno, così ho comprato un biglietto aereo e sono venuta a Roma! |
| **Daniele:** | È vero! Mi hai già raccontato tutta la storia! |

## DESVENDE

1 *Vero o falso?* Selecione a resposta correta.

   a  Melissa estudou italiano no final de semana.          vero / falso

   b  Melissa praticou algumas frases sozinha.             vero / falso

   c  Melissa estuda italiano há um ano.                  vero / falso

2 Leia a conversa e responda as perguntas a seguir em italiano.

   a  O que Melissa e Paola fizeram essa semana para melhorar o italiano de Melissa?

       _____

   b  Quando Melissa começou a estudar italiano?

       _____

   c  Qual é o significado desta frase: *È vero!* (*Mi hai già raccontato tutta la storia?*)

       _____

3 Destaque as 14 formas verbais do passado que aparecem na conversa.

CONVERSA 2    145

## OBSERVE

🔊 07.04 Ouça o áudio e observe o quadro.

### Expressões essenciais da Conversa 2

| Expressão | Significado |
|---|---|
| hai avuto tempo di... | teve tempo de... |
| studiare italiano questa settimana | estudar italiano esta semana? |
| ho studiato un po' | estudei um pouco |
| Ho imparato delle parole nuove | aprendi algumas palavras novas |
| ho praticato delle frasi | pratiquei algumas expressões |
| hai fatto i compiti? | fez os deveres de casa? |
| sono qui | estão aqui |
| è tutto chiaro? | está tudo claro? |
| hai bisogno di aiuto? | precisa de ajuda? |
| ho una domanda! | tenho uma pergunta! |
| qual è la differenza tra... e... | qual é a diferença entre... e ...? |
| ho detto bene...? | falei certo...? |
| non c'è nessuna differenza | não tem nenhuma diferença |
| devo dire che... | devo dizer que... |
| hai iniziato a...? | começou a...? |
| ho iniziato solo pochi mesi fa | só comecei há poucos meses |
| l'estate scorsa, ho deciso di... | verão passado, decidi... |
| viaggiare per un anno | viajar por um ano |
| così ho comprato... un biglietto aereo | então comprei... uma passagem de avião |
| sono venuta... a Roma! | eu vim... para Roma! |
| mi hai già raccontato! | você já me contou! |

1 Encontre no quadro as expressões a seguir e as escreva em italiano.

   **a** Você teve tempo de...? _____

   **b** Tive que dizer que... _____

   **c** Você me disse que... _____

2 Recorra à lista de expressões para reconhecer o tempo passado nas frases em italiano. Procure a expressão correspondente às formas verbais em português a seguir e as escreva ao lado.

> Observe que essas duas formas não seguem a regra que vimos depois da Conversa 1. Logo vamos explicar por quê.

| ho fatto | ho deciso | ho iniziato |
|----------|-----------|-------------|

   **a** decidi _____     **c** comecei _____
   **b** fiz _____

3 Encontre as formas verbais no passado indicadas a seguir e preencha a coluna da direita do quadro (seção 1). Por enquanto, deixe o espaço restante em branco.

   **a** estudei    **c** comecei    **e** comprei    **g** fiz    **i** respondi

   **b** pratiquei    **d** aprendi    **f** tive    **h** decidi    **j** falei

### Quadro de verbos no passado

| 1. Pretérito: verbos regulares | | 2. Pretérito: verbos irregulares | | 3. Vocabulário "pessoal" |
|---|---|---|---|---|
| Ho _____ | estudei | Ho _____ | fiz | |
| Ho _____ | pratiquei | Ho _____ | decidi | |
| Ho _____ | comecei | Ho _____ | respondi | |
| Ho _____ | aprendi | Ho _____ | falei | |
| Ho _____ | comprei | | | |
| Ho _____ | tive | | | |
| | | | | |
| | | | | |
| | | | | |

CONVERSA 2

## EXPLICAÇÃO GRAMATICAL: Principais verbos "irregulares" no passado

Na Conversa 1, vimos uma regra simples para formar o passado dos verbos, mas a Conversa 2 traz muitas exceções a ela. Felizmente, grande parte das exceções se enquadra em alguns padrões. Confira os padrões a seguir para turbinar seu italiano:

### Verbos irregulares: Verbos terminados em -ere que não seguem o padrão -uto

| Infinitivo | Particípio | Significado |
|---|---|---|
| decidere | deciso | decidir – decidido |
| vedere | visto | ver – visto |
| chiedere | chiesto | pedir – pedido |
| rispondere | risposto | responder – respondido |
| prendere | preso | pegar – pego |

### Verbos irregulares que têm letras dobradas ou que perdem sílabas

| Infinitivo | Particípio | Significado |
|---|---|---|
| fare | fatto | fazer – feito |
| dire | detto | dizer – dito |
| leggere | letto | ler – lido |
| scrivere | scritto | escrever – escrito |
| venire | venuto | vir – vindo |

1 Agora, preencha o quadro com as expressões correspondentes em italiano.

| Italiano | Significado | Italiano | Significado |
|---|---|---|---|
|  | fizemos |  | ele escreveu |
|  | você escreveu |  | li |
|  | decidi |  | dizemos |
|  | ele viu |  | gostei |
|  | ela pegou |  | pedimos |
|  | vi |  | respondemos |

2 Volte ao quadro de verbos no passado e:

a Preencha a seção 2 do quadro com as respectivas formas verbais do tempo passado.

b Releia os verbos no passado que você aprendeu até aqui, procure verbos "pessoais" de que talvez precise futuramente e os escreva na seção 3.

## PRATIQUE

1 Para praticar, reformule frases em italiano usando o passado. As frases a seguir empregam o *da* (desde) no presente. Coloque-as no passado usando *fa* (faz), mas preserve seu sentido original.

Exemplo: **Sono a Roma da una settimana. (arrivare)**

→ Sono arrivata a Roma una settimana fa.

a *Insegno italiano da nove mesi. (Dica: começar)*
→ Ho _____ a _____ _____ nove _____ _____.

b *Sono single da tre mesi. (Use: lasciare)*
→ Ho _____ il mio ragazzo _____ _____ _____.

c *Conosco Andrea da alcuni anni. (Dica: encontrar e conhecer)*
→ _____ _____ Andrea _____ _____ _____.

2 Escreva as frases a seguir em italiano. (Use o verbo *guardare*.)

a Assisto ao filme agora. _____

b Vou assistir ao filme amanhã. _____

c Assisti ao filme semana passada. _____

---

**VOCÁBULO: *Use o passado para descrever sua vida!*** Confira estes exemplos de frases que você já é capaz de elaborar:

···⁞ *Non ho mai letto Il Principe di Machiavelli*. (Nunca li O Príncipe, de Maquiavel.)

···⁞ *Ho visto molti film*. (Vi muitos filmes.)

···⁞ *Hai già fatto i compiti?* (Já fez o dever de casa?)

···⁞ *Giacomo è venuto ieri*. (Giacomo chegou ontem.)

···⁞ *Abbiamo scritto cartoline tutto il giorno*. (Escrevemos cartões-postais o dia todo.)

**DICA CULTURAL: *Nomes*** Italianos têm nomes interessantes; alguns, como *Andrea* e *Luca*, parecem femininos, mas são masculinos.

CONVERSA 2 ···⁞ 149

**3** Preencha as lacunas a seguir com as respectivas expressões em italiano.

a *Vivo qui* _____ *due anni.* (Vivo aqui **desde** dois anos atrás.)

b _____ _____, _____ _____ *a Firenze da sola.* (**Uma vez, fui** a Firenze sozinha.)

c *L'*_____ _____, _____ _____ _____ _____ *dalla Spagna all'Italia.* (**Verão passado, viajei de trem** da Espanha a Itália.)

d _____ _____ *dei dizionari?* _____ _____ _____. (**Você precisa** de dicionários? **Eu os tenho aqui.**)

e _____ _____ _____ *i compiti sono* _____ _____ *della* _____ _____. (**Tenho que dizer que** os deveres de casa **estavam mais fáceis** do que **semana passada**.)

## JUNTE TUDO

**1** Imagine que você está conversando com alguém em italiano e menciona casualmente algo que já fez ou algum lugar a que já foi. A outra pessoa então diz: *Fantastico! Cosa hai fatto esattamente?* (Legal! O que você fez exatamente?)

Crie frases em italiano para descrever algum lugar a que já foi, um filme que viu ou qualquer outra coisa, mas tente usar novos verbos e incluir o máximo de detalhes que puder. Escreva:

···❯ Detalhes específicos sobre o que aconteceu: quem fez o quê? (*Hanno incontrato…*)
···❯ Detalhes específicos das conversas: quem disse o quê? (*La ragazza ha detto…*)
···❯ Detalhes sobre o local a que você foi, quando voltou (*Sono stato…*)
···❯ Vários verbos no passado e suas diversas formas.

# CONVERSA 3

## Você sabia…?

🔊 **07.05** Melissa e Daniele continuam falando sobre a evolução do italiano de Melissa. Preste atenção nas palavras e frases que você já conhece. Qual frase Melissa usa para perguntar "Você sabia"?

**Melissa:** Sapevi che ho studiato italiano a scuola per un anno?

**Daniele:** Sul serio? Ma non eri principiante?

**Melissa:** Ho dimenticato tutto quello che sapevo, quindi penso di essere ancora principiante.

**Daniele:** Perché non hai imparato niente?

**Melissa:** Il mio insegnante ha insegnato solo la grammatica. Non abbiamo mai parlato davvero in italiano. Una noia mortale!

**Daniele:** Secondo me, è meglio provare a parlare il più possibile.

**Melissa:** Una volta ho provato a parlare e ho trovato la mia pronuncia orribile! Ero molto nervosa.

**Daniele:** Ma che dici! Non hai un accento forte. Ti fai capire benissimo! E sai dire così tante cose!

**Melissa:** Grazie, è gentile da parte tua!

> Você não precisa aprender uma estrutura complicada para dizer "o máximo possível". ***Il più possibile*** já dá conta do recado!

## DESVENDE

1 Destaque na conversa os cognatos (e quase cognatos) correspondentes às expressões a seguir.

a nervosa      b minha pronúncia      c gramática

CONVERSA 3   151

2 *Vero o falso?* Selecione a resposta correta.

a Melissa estudou italiano na escola por um ano.  *vero / falso*

b Comumente falam italiano nas aulas.  *vero / falso*

c O professor da escola de Melissa
disse que sua pronúncia era terrível.  *vero / falso*

## OBSERVE

🔊 **07.06** Ouça o áudio e observe o quadro.

### Expressões essenciais da Conversa 3

| Italiano | Significado |
| --- | --- |
| sapevi che... | sabia que... |
| ho studiato a scuola | estudei em uma escola |
| sul serio? | sério? |
| ma non eri... | mas você não era... |
| ho dimenticato... | esqueci... |
| tutto quello che sapevo! | tudo o que eu sabia! |
| perché non hai imparato niente? | por que não aprendeu nada? |
| il mio insegnante... | meu professor... |
| ha insegnato solo la grammatica | só ensinava gramática |
| non abbiamo mai parlato davvero in italiano | nunca realmente falamos italiano |
| una noia mortale! | entediante! |
| una volta ho provato a... | uma vez tentei... |
| ho trovato la mia pronuncia orribile! | eu achava minha pronúncia horrível! |
| ero molto nervosa | eu ficava muito nervosa |
| ma che dici! | não mesmo! |
| non hai un accento forte! | você não tem um acento forte! |
| ti fai capire benissimo! | você é perfeitamente entendida! |

1 Escreve as frases a seguir em italiano.

a É melhor aprender um pouco todo dia. _____

b Esqueci seu nome. _____

c Uma vez tentei estudar russo. _____

2 Com base na estrutura da expressão *non abbiamo mai parlato*, complete as frases a seguir:

a *Non abbiamo* _____ .
(Não vimos nada.)

b *Non c'è* _____ .
(Não tem ninguém aqui.)

c *Non ho* _____ .
(Nunca comi uma bruschetta.)

3 As expressões a seguir podem ser adaptadas a muitas situações. Procure na lista as expressões correspondentes em italiano e as escreva ao lado.

a Você soube que _____

b Encontrei _____

c Tentei _____

## EXPLICAÇÃO GRAMATICAL: Passado habitual

Ao avançar nos seus estudos de italiano, você vai aprender a usar o "passado habitual" para descrever ações que costuma realizar com frequência. Por enquanto, basta reconhecer as formas verbais mais comuns nesse tipo de passado.

| *pensare* (pensar) | *volere* (querer) | *sapere* (saber) | *essere* (ser) | *avere* (ter) |
|---|---|---|---|---|
| io pensavo | io volevo | io sapevo | io ero | io avevo |
| tu pensavi | tu volevi | tu sapevi | tu eri | tu avevi |
| lui/lei pensava | lui/lei voleva | lui/lei sapeva | lui/lei era | lui/lei aveva |

Exemplos:

*Pensavo che eri occupato.*     (Achei que estivesse ocupado)

*Sapevi che era qui?*     (Sabia que ela estava aqui?)

CONVERSA 3 153

# PRATIQUE

1 **Escreva as frases a seguir em italiano.**

    a  Cecilia tinha o livro. _____

    b  Ela não sabia. _____

    c  Eu queria comer com você.

        _____

2 **Use o vocabulário que aprendeu nesta unidade para completar o diálogo a seguir.**

    a  Qual è la differenza tra _____ _____ _____?
        (Qual é a diferença entre **as duas palavras**?)

    b  _____ _____ così velocemente! Cosa _____ _____?
        (**Você falou** muito rápido! O que **quer dizer**?)

    c  _____ _____? (**Você entendeu**?)

    d  Com'è la mia _____? _____ _____ bene quella _____?
        (Como é a minha **pronúncia**? **Eu falei** bem essa **palavra**?)

    e  _____ _____ di dirmi la password. (**Ele se esqueceu** de me dizer a senha.)

    f  L'altro giorno _____ _____ alla mia insegnante 'come _____ _____
        _____ _____ e lei _____ _____ 'non è male'.
        (Outro dia, **perguntei** à minha professora "como **você acha que minha pronúncia é**?" e ela
        **disse** "nada mal".)
        (Dica: trovare)

    g  _____ _____ la _____ tutta la settimana. (**Estudei** a **gramática** a semana toda.)

    h  _____ _____ stasera per quel tema. _____ _____ delle _____.
        (**Vou lhe telefonar** esta noite sobre aquele assunto. **Escrevi** algumas **frases**.)

    i  Mi _____ _____ molto. Grazie! (**Você me ajudou** muito. Obrigado!)

# EXPLICAÇÃO DO VOCABULÁRIO: Indicadores de tempo

Nesta unidade, você viu expressões que pode usar para descrever eventos no passado e futuro: são os "indicadores de tempo":

| Passado | Futuro | Dias específicos |
|---|---|---|
| ieri (ontem) | domani (amanhã) | lunedì (segunda-feira) |
| la settimana scorsa (semana passada) | la settimana prossima (semana que vem) | martedì (terça-feira) |
| il mese scorso (mês passado) | il mese prossimo (mês que vem) | mercoledì (quarta-feira) |
| l'anno scorso (ano passado) | l'anno prossimo (ano que vem) | giovedì (quinta-feira) |
| mercoledì scorso / l'estate scorsa (quarta passada / verão passado) | il prossimo novembre / il weekend (próximo novembro / final de semana) | venerdì (sexta-feira) |
| una volta (uma vez) | un giorno (um dia) | sabato (sábado) |
| due settimane fa (faz duas semanas) | tra due settimane (em duas semanas) | domenica (domingo) |

Utilize **indicadores de tempo** para incluir mais detalhes nas suas frases.

**VOCÁBULO: tra (em / daqui / entre)**
Como vimos antes, tra significa "entre" (**la differenza tra...**). Mas quando se refere a tempo, ele também assume o sentido de "daqui a" ou "em", indicando algo que ainda vai acontecer.

1 Preencha as lacunas a seguir com o passado ou presente do verbo entre parênteses, de acordo com o tempo indicado.

a *Lunedì scorso* _____ *italiano sul mio libro. (studiare)*

b *Il prossimo anno io e mio fratello* _____ *a Roma. (andare)*

c *La prossima settimana* _____ *un libro in italiano. (leggere)*

d *La settimana scorsa io e lui* _____ *tutto il giorno. (praticare)*

e *Ieri i miei amici* _____ *tutta la torta. (mangiare)*

f *Una settimana fa mia cugina* _____ *la mia città. (visitare)*

g *Domani* _____ *al cinema. (andare)*

CONVERSA 3 · 155

## #LANGUAGEHACK:
## Viagem no tempo: use o presente para falar nos tempos passado e futuro.

Aprender um idioma é um processo. Portanto, o iniciante deve ter em mente que não precisa aprender tudo de uma vez e que os aspectos mais divertidos dos idiomas são sua flexibilidade, fluidez e criatividade! Então, vamos explorar essas dimensões para descobrir as várias formas criativas de expressar o passado à sua disposição, mesmo que você não tenha um conhecimento gramatical ou vocabulário muito extenso.

### 1 Use "tenho"...

Essa é a maneira mais comum de formar o passado em italiano (falamos sobre ela nesta unidade). Para formar o passado com "tenho", basta usar o *ho* e um verbo no infinitivo!

Há verbos que exigem o *sono* em vez do *ho* (como em *sono andato* "eu fui"), mas os iniciantes não precisam se preocupar com essa regra: basta usar o *ho* em todos os casos durante o aprendizado.

Lembre-se que as pessoas perceberão que você é iniciante e perdoarão seus erros.

**Exemplos:**   *Ho parlato con lui ieri.*   *Hai letto il libro?*

Dito isso, você não está limitado a usar "tenho" sempre que falar sobre o passado! Vamos ser criativos. Por que não?

### 2 Viaje para o futuro... agora mesmo!

Como vimos antes, você também pode se referir a um evento futuro sem aprender novas conjugações. Basta adicionar um indicador de tempo e pronto! Observe a diferença entre:

*Parlo molto italiano.* (Falo muito italiano)
*Domani parlo italiano con te!* (Amanhã, falo italiano com você!)

Essa técnica funciona como em português:

*Chiamo i miei genitori fra due ore.* (Chamo meus pais daqui a duas horas.)

Você deve se esforçar para melhorar cada aspecto essencial das suas habilidades linguísticas por vez. Comece pelos mais importantes e desenvolva os outros a partir daí.

156 ⋯⋗ 7 FALE SOBRE ONTEM... SEMANA PASSADA... MUITO TEMPO ATRÁS

## 3 Conte uma história

Depois de aprender a usar indicadores de tempo, você pode construir o "passado narrativo". Por exemplo, quem nunca contou uma história como esta?

> "Então, outro dia, lá estou eu... pensando na minha empresa, quando alguém vem até mim e... você não imagina o que acontece!"

Essa forma de narrativa é fantástica porque, ainda que seja uma anedota sobre um evento passado, utiliza formas verbais no presente para contar a história – "alguém vem", "você não imagina o que acontece".

Você também pode utilizar essa técnica em italiano! Para que a narrativa funcione, inclua alguns detalhes e contextualize o relato. Para delinear a história, diga onde você está, o que está acontecendo ou o que você está fazendo. Depois, basta narrar os fatos usando o presente!

**Exemplos:**  *Allora, sono al mercato e compro dei pomodori ...*
(Então, vou ao mercado e compro alguns tomates...)
*Lunedì scorso, mangio la miglior focaccia di Roma ...*
(Segunda passada, comi a melhor focaccia de Roma...)

## 4 Fale no estilo "Tarzan"!

Se tudo der errado e a sua memória falhar, o mundo não vai acabar se você usar o infinitivo ou qualquer outra forma verbal. Use essa técnica com moderação para que as pessoas possam captar o teor da sua mensagem a partir de fragmentos como: "Ieri... io... mangiare pizza."

## SUA VEZ: Use o hack

Embora esse hack seja muito útil, só deve ser usado quando você não se lembrar do passado abordado nesta unidade. Recorra ao hack até se sentir confiante para se expressar no passado.

1 Coloque as frases a seguir na ordem correta e use os indicadores de tempo para descrever ações passadas e futuras com a forma do tempo presente do *io*.

**Exemplo:** Stasera _____ _____ _____ (guardare / un film)

→ Stasera, guardo un film.

a  *Domani* _____ _____ _____ e _____ al _____.
(preparare / dei panini / andare / al parco)

b  *Lunedì prossimo* _____ e _____ a _____ _____.
(cucinare / mangiare / casa tua)

c  *La prossima settimana* _____ _____ _____ e
_____ _____ _____. (prendere / il treno / viaggiare / per l'Italia)

CONVERSA 3   157

**2** Conte a história a seguir sem usar o passado dos verbos:

*Tre giorni fa, _____ _____ _____ e _____*
*_____ _____! (prendere il treno / vedere / un orso (um urso)*

**3** Crie frases "pessoais" para descrever ações que ocorreram em diferentes datas. Fale sobre algo que fez:

a uma semana atrás _____

b no último sábado _____

c dois anos atrás _____

d ontem _____

**4** Agora, fale sobre o que você vai fazer:

a na próxima quarta-feira _____

b em um ano _____

## JUNTE TUDO

(Você chegou a ficar nervoso em alguma das missões anteriores?)

**1** Pense em uma situação na qual você ficou nervoso ao falar italiano com alguém. Use o que aprendeu nesta unidade para descrever esses momentos: o que você estava pensando, fazendo ou dizendo. Pesquise no dicionário e inclua:

···∗ Pelo menos três dos verbos a seguir no passado: (*pensare, volere, sapere, essere, avere*)

···∗ Um indicador de tempo específico (*lunedì scorso...*)

···∗ A descrição de algo que fez para superar o nervosismo (*ho deciso di parlare del mio weekend...*)

158 ···∗ 7 FALE SOBRE ONTEM... SEMANA PASSADA... MUITO TEMPO ATRÁS

# FINALIZANDO A UNIDADE 7

## Confira o que aprendeu

Você sabe o que fazer! Ouça o áudio de treino com perguntas em italiano. Use o que você aprendeu até aqui para responder as perguntas a seguir em italiano com informações sobre a sua vida.

1. 🔊 **07.07** Ouça o áudio em que o italiano Claudio descreve o que fez de manhã. Fique à vontade para tomar notas ou ouvir a gravação várias vezes.

   _____
   
   _____
   
   _____

2. 🔊 **07.08** Agora, ouça o segundo áudio, que traz perguntas sobre o primeiro. Responda em italiano.

### Mostre o que sabe...

Confira o que acabou de aprender. Escreva ou fale um exemplo para cada item da lista e marque os que sabe.

- [ ] Diga as frases a seguir no passado:
  - [ ] "eu pensei" e "eu disse"
  - [ ] "eu vi" e "eu fui"
  - [ ] "eu era" e "eu aprendi"
- [ ] Elabore uma frase usando *fa* que expresse há quanto tempo fez algo.
- [ ] Diga os indicadores de tempo correspondentes a:
  - [ ] "certa vez" e "ontem"
  - [ ] "semana passada" e "amanhã"
- [ ] Escreva duas frases sobre a evolução do seu italiano.

## COMPLETE SUA MISSÃO

É hora de completar sua missão: faça uma cara de paisagem e comece a contar a sua história. Se puder, tente impressionar a comunidade language hacking.

## PASSO 1: Crie seu script

*ho pensato... sono andato... ho imparato...*

**Descreva uma situação constrangedora na qual você usou uma palavra errada em italiano ou um momento em que superou um obstáculo pessoal e se sentiu muito motivado.**

Desenvolva seus scripts com informações sobre seu passado. Use o "vocabulário pessoal" e as frases no passado que aprendeu nesta unidade para descrever uma importante lição de vida que aprendeu em algum momento da sua trajetória. Inclua:

- Indicadores de tempo para descrever quando o fato em questão aconteceu (... *fa*).
- Vários verbos no passado e suas diversas formas para descrever o que pensou, o que queria e o que aprendeu, entre outras informações.
- O máximo de detalhes possível! (Recorra ao #languagehack da viagem no tempo se tiver dificuldades.)

Depois de escrever o script, repita as frases até se sentir confiante.

**Durante o aprendizado, a pesquisa destaca a importância do contexto social para o estudo do idioma.**

## PASSO 2: Não fique invisível! Use o idioma em contextos sociais reais... *online*

Quando você estiver confortável com o seu script, é hora de completar a missão! Acesse a comunidade online, encontre a missão da Unidade 7 e compartilhe sua gravação.

## PASSO 3: Aprenda com outros estudantes

Quais são as sábias palavras dos outros hackers da linguagem? Você consegue identificar quais histórias são verdadeiras e quais são *false*? **Sua tarefa é assistir a pelo menos dois clipes enviados por outros hackers** e, em seguida, fazer três perguntas complementares em italiano. Confirme se os outros estudantes conseguem manter o ritmo da conversa e os ajude a preencher as lacunas nos seus scripts. Lembre-se também de determinar se as histórias deles são verdadeiras ou falsas. Arrisque um palpite.

## PASSO 4: Avalie o que aprendeu

## EI, HACKER DA LINGUAGEM, QUE TAL ESSA GRANDE MUDANÇA, HEIN?

Agora você consegue falar sobre qualquer coisa no passado! Pode até mesmo relembrar os velhos tempos, em que não dominava o italiano. A seguir, você vai incluir ainda mais detalhes nas suas conversas e descrever ações específicas da sua rotina.

*Ora sai dire così tante cose in italiano!*

**160** 7 FALE SOBRE ONTEM... SEMANA PASSADA... MUITO TEMPO ATRÁS

# 8 JÁ FAZ UM TEMPO!

### Sua missão
Imagine a seguinte situação: um dos seus amigos italianos tem um blog sobre rotinas de pessoas altamente produtivas (como os leitores deste livro!) e pede que você colabore com um artigo.

Sua missão é escrever, em italiano, algumas boas dicas de produtividade para o blog. Descreva sua rotina, do café da manhã até a hora de dormir. Fale sobre o que está dando certo e o que gostaria de mudar.

O objetivo desta missão é desenvolver sua capacidade de conversar sobre temas cotidianos e trivialidades em italiano.

### Treine para a missão
- Aprenda a falar sobre seus passatempos e hábitos diários.
- Use frases versáteis para expressar suas opiniões e percepções: *è importante*, *sono felice di*, *vedo che*.
- Aprenda o que dizer ao reencontrar pessoas conhecidas: *quanto tempo!*, *sono felice di rivederti*.
- Formule frases com base nos meios de transporte: *prendere la metro*.
- Fale sobre algo que gostaria de fazer: *mi piacerebbe*.

## APRENDA A DESCREVER SEU DIA A DIA NO IDIOMA

Em regra, os iniciantes no estudo do italiano sentem dificuldades em conversas mais específicas, mas você já pode se considerar um *iniciante de alto nível*! Portanto, aprenda alguns truques para adicionar mais detalhes às suas conversas com poucos acréscimos ao seu vocabulário. Nesta unidade, vamos dividir uma conversa típica em partes e desenvolver uma estratégia mais complexa para que a sequência flua naturalmente.

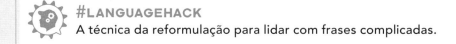

### #LANGUAGEHACK
A técnica da reformulação para lidar com frases complicadas.

# CONVERSA 1

### Já faz um tempo!

Depois das cortesias iniciais de praxe, para onde a conversa deve ir? Para não ter que improvisar na hora, prepare-se para essas situações criando frases estratégicas para iniciar, quebrar o gelo e manter o ritmo de qualquer conversa.

🔊 **08.01** Luca e Melissa se encontram para almoçar em um café. Como eles já se conhecem, não precisam usar as expressões e cumprimentos iniciais. Então, quais frases Luca e Melissa usam para "quebrar o gelo" da conversa?

> **DICA GRAMATICAL:**
> *Prefixo ri-*
> O *prefixo ri-* do italiano indica algo que ocorre "de novo". Por exemplo, observe o verbo *rivedere* ("rever") em *arrivederci* (tchau), algo como "até nos revermos" em português. Outros casos são:
>
> ⋯▸ *riascoltare* (ouvir de novo)
>
> ⋯▸ *riabbracciare* (abraçar de novo)
>
> ⋯▸ *riprovare* (provar de novo)

**Luca:** Ciao Melissa! Sono felice di rivederti!

**Melissa:** Sì, quanto tempo!

**Luca:** Vedo che il tuo livello di italiano è molto migliorato. Allora dimmi, come vanno le cose?

**Melissa:** Be', sono molto occupata in questo momento. Recentemente ho iniziato a cucinare. Vado a lezione!

**Luca:** Davvero? Quante lezioni: di italiano, di cucina… E cosa hai imparato finora?

**Melissa:** L'ultima volta abbiamo imparato a fare la parmigiana. Ma quando provo a farla da sola a casa non è mai buona.

**Luca:** Forza e coraggio! Io sono un imbranato in cucina… Ma fare pratica è importante.

**Melissa:** Lo so, ma imparo in fretta. La prossima volta spero di imparare a fare il tiramisù!

## DESVENDE

1 Com base na conversa, complete as frases a seguir. Sublinhe as frases correspondentes em italiano.

   a Luca acha que o italiano de Melissa está _____ .

   b Melissa começou a fazer aula de culinária _____ .

   c Na última aula, Melissa aprendeu a fazer _____ .

2 Como se diz "Estou feliz em ver você de novo" em italiano?
_____

3 Responda as perguntas a seguir em italiano.

   a *Cosa ha iniziato a fare Melissa recentemente?* _____

   b *Cosa fa Melissa la prossima volta?* _____

4 Destaque na conversa as expressões a seguir:

   a Quais as novidades?      b faz algum tempo      c no momento

5 Traduza para o português a expressão *fare pratica è importante*.
_____

CONVERSA 1   163

## OBSERVE

🔊 **08.02** Ouça o áudio e observe o quadro

### Expressões essenciais da Conversa 1

| Italiano | Pronúncia |
|---|---|
| sono felice di rivederti! | estou feliz em te rever! |
| sì, quanto tempo! | sim, quanto tempo! |
| vedo che... | vejo que... |
| il tuo livello di italiano è molto migliorato | seu nível de italiano melhorou muito |
| be', sono molto occupata | bem, estou muito ocupada |
| in questo momento | no momento |
| recentemente ho iniziato a... cucinare | recentemente comecei a... cozinhar |
| vado a lezione! | assisto a aulas! |
| quante lezioni: di italiano, di cucina... | quantas aulas: italiano, culinária... |
| cosa hai imparato | o que aprendeu |
| ... finora? | ... até agora? |
| l'ultima volta... | da última vez... |
| abbiamo imparato a fare... | aprendemos a fazer... |
| ma quando provo a farla | mas quando tento fazer |
| ... da sola a casa | ... sozinha em casa |
| non è mai buona! | nunca fica bom! |
| forza e coraggio! | vá em frente (força e coragem)! |
| io sono un imbranato in cucina | sou um desastre na cozinha |
| fare pratica è importante! | praticar é importante |
| ma imparo in fretta | mas aprendo rápido |
| la prossima volta... | da próxima vez... |
| spero di imparare a fare il tiramisù! | espero aprender a fazer tiramisù! |

1    Confira as traduções literais a seguir e escreva as respectivas expressões em italiano, identificando as diferenças entre as duas formas.

a   Vá em frente! _____     b   Quando tento... _____

164 ···⟩ 8 JÁ FAZ UM TEMPO!

2 Preencha as lacunas a seguir usando as expressões da lista.

a _____ *tempo!* (faz muito tempo)

b _____ *hai imparato finora?* (O que aprendeu até agora?)

c *Spero di imparare* _____ _____... (Espero aprender a fazer...)

## TÁTICA DE CONVERSA: Aprenda frases padrão para cada "etapa" da conversa

É comum ficarmos nervosos quando não sabemos o que falar nas conversas. Daí vem a facilidade de encontrar alguém pela primeira vez, pois basta fazer sua apresentação. Mas depois de conhecer e cumprimentar a pessoa, é necessário manter o ritmo da conversa e continuar praticando seu italiano!

Ao compreender a estrutura de uma conversa típica, você pode dividi-la em partes, preparar frases para cada etapa e manter o ritmo do diálogo. Assim, nunca vai ficar parado, pensando no que dizer em seguida. Vamos conferir essas etapas e preparar as expressões que você vai utilizar na conversa.

### Anime a conversa

Nos primeiros segundos da conversa, você pode aquecer o diálogo com um simples *Ciao, come va?* Mas se você aprender cumprimentos mais extensos, vai ganhar mais tempo para organizar seus pensamentos.

**Exemplos:** *Quanto tempo!*          Quanto tempo!

*Sono felice di rivederti!*          Estou feliz em te rever!

### Inicie a conversa

Após os cumprimentos iniciais, é preciso abordar um tópico de conversa. Prepare algumas expressões para incentivar seu parceiro a falar por alguns minutos:

**Exemplos:** *Dimmi, come vanno le cose?*          Me diga, como vão as coisas?

*Vedo che... (non sei cambiato)*          Vejo que... (você não mudou)

### Conduza a conversa

Em algum momento, depois de responder sua pergunta, seu parceiro fará outra para você. Na sua vez de falar, pense em algumas expressões para conduzir a conversa e propor um novo tópico.

**Exemplos:** *Allora, recentemente ho iniziato a...*          Bem, recentemente comecei a...

*... lavorare come segretaria...*          ... trabalhar como secretária...

*... andare a lezioni di cucina etc.*          ... ter aulas de culinária etc.

*Ultimamente sono stato...*          Ultimamente, tenho sido...

CONVERSA 1 **165**

## Estimule a conversa

Enquanto seu parceiro estiver falando, demonstre seu interesse com expletivos como *interessante!* e *davvero?* Mas faça também uma pergunta um pouco mais detalhada, preparada com antecedência, para incentivá-lo a desenvolver o tópico e, portanto, esticar a conversa.

**Exemplos:** *Quindi ti piace?* Então, você gosta?

*E come lo trovi?* E como o encontra?

## Inclua detalhes na conversa

Lembre-se: para aproveitar ao máximo uma conversa, você pode desenvolver um tópico simples incluindo detalhes que indiquem quando, onde ou como algo aconteceu. Na Conversa 1, Melissa descreve seu hobby, *cucinare* (cozinhar) e desenvolve esse tema com detalhes descritivos (quando? o quê?):

**Exemplos:** *L'ultima volta* (quando), *abbiamo imparato… la parmigiana* (o quê)

*Quando provo…* (como)… *a casa* (onde)

*La prossima volta* (quando), *spero… il tiramisù* (o quê)

| Hacker da linguagem A | Hacker da linguagem B |
|---|---|
| **Aquecimento da conversa** | **Aquecimento da conversa** |
| quanto tempo! | grazie mille…! |
| sono felice di rivederti! | |
| **Início da conversa** | **Respostas iniciais** |
| dimmi, come vanno le cose? | non ho molto da raccontare |
| vedo che… non sei cambiato | faccio… le solite cose |
| … ora hai la ragazza | **Continuação da conversa** |
| parlami di te | allora, recentemente ho iniziato a… |
| | … lavorare come segretaria |
| | … andare a lezione di cucina. |
| | in questo momento, io… |
| | l'ultima volta che abbiamo parlato… |
| **Extensões da conversa** | **Detalhes da conversa** |
| quindi ti piace? | l'ultima volta (quando) ho imparato … la   parmigiana (o quê) |
| e  come lo trovi? | quando provo… (como) … a casa (onde) |
| | La prossima volta (quando) spero… il tiramisù (o quê) |

## PRATIQUE

1 Releia a lista de expressões e sublinhe os seguintes componentes de conversação:

   a  dois componentes para aquecer a conversa   c  um componente para continuar a conversa

   b  dois componentes para iniciar a conversa

2 Crie expressões para iniciar a conversa usando as formas corretas dos verbos *sapere* e *vedere*.

   a  Sei que... _____

   b  Sabe se...? _____

   c  Você viu...? _____

3 Você tem um hobby? Escolha um hobby ou alguma atividade que você gostaria de abordar em uma conversa. Use as expressões *Recentemente ho iniziato a...* e *In questo momento io...*, bem como seu vocabulário pessoal, para criar dois tópicos e continuar a conversa.

## JUNTE TUDO

Crie um script para descrever seu hobby a um amigo. Comece com um modelo de conversação, mas adicione detalhes sobre o assunto no decorrer do texto.
Inclua detalhes:

···❯ Que indiquem por que/quando você começou a praticar a atividade (*recentemente, ho iniziato, fa*).

···❯ Que descrevam a atividade (*l'ultima volta, quando provo...*).

···❯ Sobre o que aprendeu ou realizou até o momento (*finora*).

···❯ Sobre o que espera aprender ou realizar (*spero che... sono contento... è interessante*).

CONVERSA 1  **167**

## CONVERSA 2

### Sua rotina

Vamos preparar tópicos sobre sua rotina. O que você faz normalmente durante o dia? Como é sua semana?

🔊 08.03 Melissa e Luca estão conversando sobre seu cotidiano. Como Melissa diz "foi estranho da primeira vez"? O que ela fez para pegar o ritmo?

> **VOCÁBULO: "Com que frequência?"**
> Para expressar uma ideia de repetição, use *ogni* (todo/cada) e uma palavra no singular ou *tutti i/ tutte le* (todos os/ todas as) e um plural: *ogni giorno* (todo dia) e *tutte le settimane* (todas as semanas). Você também pode usar um número + *volta/e* (vez[es]) para indicar frequência: *una volta, due volte, molte volte.*

| | |
|---|---|
| **Luca:** | Mi sembra che ti trovi bene qui a Roma. |
| **Melissa:** | Sì, grazie. All'inizio era strano, ma ora mi sono ambientata e ho una routine. Ogni mattina prima del lavoro vado a fare una passeggiata per la città. |
| **Luca:** | Anch'io. Di solito la mattina porto fuori il mio cane e ogni tanto vado a fare un giro in bici per prendere un po' d'aria fresca. |
| **Melissa:** | Io vado in bicicletta ovunque! Non prendo la metro. |
| **Luca:** | Neanche io, o raramente, perché spesso vado al lavoro in macchina. |
| **Melissa:** | E a pranzo mangio sempre nello stesso ristorante – hanno i migliori spaghetti all'amatriciana. |
| **Luca:** | Io a volte vengo in questa trattoria per pranzo, ma normalmente cucino a casa. |
| **Melissa:** | Non sono mai stata prima in questa trattoria. Vuoi prendere qualcosa? |

## DESVENDE

1 Todas as frases a seguir sobre a conversa são *false*. Circule a parte incorreta e escreva a forma correta em italiano.

  a  No começo, Melissa amou viver em Roma. Mas, agora, sente falta de casa.
  _____

  b  Melissa pega metrô.
  _____

  c  Luca dificilmente vai trabalhar de carro.
  _____

  d  Melissa come em um restaurante que tem o pior spaghetti *all'amatriciana*.
  _____

  e  Luca costuma almoçar em um café.
  _____

2 Está tudo indo bem para Melissa em Roma? Preencha as lacunas a seguir com palavras em português que descrevam corretamente a conversa.

  Primeiro era _____, mas agora _____.

3 Escreva a frase que corresponde a "Me parece que..." em italiano. Essa expressão se aplica a qual etapa da conversa?
  _____

4 Encontre e destaque na conversa:

  a  expressões opostas:

   1  _____ (eu também)    3  _____ (raramente)
   2  _____ (nem eu)       4  _____ (comumente)

  b  dois meios de transporte
  _____   _____

CONVERSA 2   169

## OBSERVE

1  🔊 08.04 Ouça o áudio e observe o quadro.

### Expressões essenciais da Conversa 2

| Italiano | Significado |
| --- | --- |
| mi sembra che... | me parece que... |
| ti trovi bene qui a Roma | você está bem em Roma |
| all'inizio era strano, ma ora... | no começo foi estranho, mas agora.. |
| mi sono ambientata e ho una routine | estou ambientada e tenho uma rotina |
| ogni mattina... prima del lavoro... | toda manhã... antes do trabalho... |
| vado a fare una passeggiata per la città | caminho pela cidade |
| anch'io | eu também |
| di solito... la mattina... | comumente... de manhã.. |
| porto fuori il mio cane | caminho com meu cachorro |
| ogni tanto... | de vez em quando... |
| vado a fare un giro in bici | faço um passeio de bicicleta |
| ... per prendere un po' d'aria fresca | ... para pegar um pouco de ar fresco |
| io vado in bicicletta ovunque! | vou de bicicleta a todo lugar! |
| non prendo la metro | nunca pego metrô |
| neanche io, o raramente | nem eu, ou raramente |
| spesso... | frequentemente... |
| vado al lavoro in macchina | vou trabalhar de carro |
| mangio sempre nello stesso ristorante | como sempre no mesmo restaurante |
| hanno i migliori... | eles têm os melhores... |
| io a volte... | eu às vezes... |
| vengo in questa trattoria per pranzo | venho nesse café almoçar |
| ma normalmente… | mas normalmente... |
| cucino a casa | cozinho em casa |
| non sono mai stata prima in questa trattoria! | nunca estive nesse café antes! |

**2** Leia a conversa e preencha o quadro a seguir com "expressões de detalhes" para responder: Quando? Com que frequência? Por quê? Como? Onde?

## Quadro de detalhes da conversa

| Quando? | | Com que frequência? | | Onde? | |
|---|---|---|---|---|---|
| antes do trabalho | 1 | normalmente **di solito** | 4 | pela cidade | 11 |
| de manhã **la mattina** | 2 | de vez em quando | 5 | fora **fuori** | 12 |
| na hora do almoço | 3 | raramente | 6 | em todo lugar | 13 |
| | | frequentemente | 7 | no trabalho | 14 |
| | | sempre | 8 | no mesmo (restaurante) | 15 |
| | | às vezes | 9 | em casa | 16 |
| | | nunca | 10 | | |

**3** Descreva o você que costuma fazer durante a semana usando *di solito…*

**Exemplo:** Il mercoledì sera di solito, vedo il mio programma preferito alla TV.

- **a** *Il sabato pomeriggio* _____
- **b** *La domenica mattina* _____
- **c** *Il venerdì dopo il lavoro* _____
- **d** *Il giovedì dopo pranzo* _____
- **e** *Il martedì prima di dormire* _____

## PRATIQUE

**1** Você pratica alguma atividade regularmente, como construir coisas? Corre todos os dias? Canta, dança, programa ou malha? Pesquise verbos "pessoais" para descrever seu dia a dia.

Exemplo: Suono il violino. _____

_____ _____

CONVERSA 2 ⋄⋯ **171**

2 Para praticar, vamos adicionar incluir mais detalhes para desenvolver as frases básicas.

   a  *Cosa ti piace fare?* Use a expressão *All'inizio era..., ma ora...* para descrever um dos seus hobbies.

**Exemplo: All'inizio era difficile, ma ora mi diverto molto!**

   b  *Qual è il tuo posto preferito?* Escreva uma frase simples em italiano sobre um dos seus locais favoritos. Use a expressão *Vado in... perché* para indicar por que você gosta do local e com que frequência o visita.

**Exemplo: Mi piace andare in biblioteca. Vado spesso in biblioteca perché ci sono molti libri.**

   c  *Sei stato in qualche posto interessante?* Agora use a expressão *Non sono mai stato...* para falar sobre um lugar a que nunca foi, mas gostaria de ir algum dia.

**Exemplo: Non sono mai stato al teatro di Broadway!**

## JUNTE TUDO

1 Crie um script para descrever seu dia a dia e desenvolva essas informações sobre sua rotina básica adicionando detalhes. Se possível, inclua:
- Informações que indiquem como você vai para o trabalho / escola diariamente.
- Seus passatempos, interesses e outras atividades.
- Informações que indiquem com que frequência, quando, onde, por que e como você realiza suas tarefas diárias.

# CONVERSA 3

## Saindo à noite

Certamente, o último componente de uma conversa é a despedida. Então, embora você já conheça expressões essenciais como *presto* e *prossimo*, vamos expandir seu vocabulário para fazer planos para um próximo encontro.

🔊 **08.05** Melissa e Luca estão conversando sobre saírem juntos à noite. Como Luca pergunta: "O que você vai fazer depois?"

**Luca:** Cosa fai dopo? Io spero di andare al parco con alcuni amici a giocare a calcio. Ti va di venire?

**Melissa:** Mi piacerebbe molto, ma purtroppo ho già in programma di andare a fare shopping con un'amica e poi ho lezione di cucina alle quattro. Ho del tempo libero più tardi se vuoi!

**Luca:** Sarebbe perfetto! Organizzo una piccola festa con degli amici a casa mia stasera. Perché non vieni?

**Melissa:** Fantastico! Cosa devo portare? E a che ora?

**Luca:** Alle nove. Manca solo il dolce. Magari puoi portare il tiramisù che prepari questo pomeriggio, no?

**Melissa:** Che bella idea! Prometto di farlo bene... non un disastro come la mia parmigiana. E dove vivi?

**Luca:** Non è lontano. Il mio appartamento si trova accanto alla stazione.

**Melissa:** Puoi scrivermi il tuo indirizzo?

**Luca:** Certamente! E se hai il cellulare, **te lo** mostro sulla mappa!

> **DICA DE GRAMÁTICA:** *te lo*
> Observe que os pronomes "me" e "te" geralmente correspondem a *mi* e *ti*, mas quando há outro pronome, eles mudam para *me* e *te*: *te lo do* (eu te dou), *Me la racconti?* (Você a conta (*la storia*) para mim?)

## DESVENDE

1 *Vero o falso?* Selecione a resposta correta.

   a  Depois, Luca vai beber com seu irmão.                                    vero / falso

   b  Luca convida Melissa para jogar futebol com ele,
      depois, ir a uma confraternização.                                        vero / falso

   c  Melissa já planejou fazer compras com alguém.                            vero / falso

   d  A aula de italiano de Melissa começa às 16h.                             vero / falso

2 Encontre os componentes de conversação indicados a seguir:

   a  Primeiro, destaque a frase utilizada por Luca para descrever seu plano de ir ao parque.

   b  Em seguida, circule os respectivos detalhes (Por quê? Com quem?)

   c  Destaque a frase em que Melissa fala sobre seus outros planos.

   d  Circule os detalhes (Com quem?)

### EXPLICAÇÃO DO VOCABULÁRIO: Horário na Itália

Para dizer horários, o principal sistema usado pelos italianos é o de 12 horas:

| | | | |
|---|---|---|---|
| *di mattina* | da manhã | *sette di mattina* | sete da manhã |
| *del pomeriggio* | da tarde | *due del pomeriggio* | duas da tarde |
| *di sera* | da noite | *undici di sera* | onze da noite |
| *di notte* | da noite | *due di notte* | duas da noite |

O sistema de 24 horas também é usado, mas sua aplicação se limita a contextos mais formais (ex.: expedientes e calendários).
**Exemplo:** *Il treno parte alle sedici.*  (O trem parte às 16h.)

## OBSERVE

🔊 08.06 Ouça o áudio e observe o quadro.

### Expressões essenciais da Conversa 3

| Italiano | Significado |
| --- | --- |
| cosa fai dopo? | o que vai fazer depois? |
| Io spero di… | espero que… |
| … andare al parco con alcuni amici a | … andar no parque com alguns amigos |
| … giocare a calcio | … jogar futebol |
| ti va di venire? | gostaria de vir? |
| mi piacerebbe molto | gostaria muito |
| … ma purtroppo ho già in programma | … mas infelizmente já tenho compromisso |
| di andare a fare shopping con un'amica | ir ao shopping com uma amiga |
| e poi ho lezione di cucina | e depois aulas de culinária |
| … alle quattro | … às quatro |
| ho del tempo libero più tardi se vuoi! | tenho tempo livre mais tarde, se quiser! |
| sarebbe perfetto! | seria perfeito! |
| organizzo una piccola festa con degli amici | organizo uma festinha com uns amigos |
| … a casa mia stasera | … na minha casa esta noite |
| perché non vieni? | por que não vem? |
| cosa devo portare? | o que devo levar? |
| e a che ora? | e a que horas? |
| alle nove | às nove |
| manca solo il dolce | só falta o doce |
| non è lontano | não é longe |
| il mio appartamento si trova accanto alla stazione | o meu apartamento fica perto da estação |
| puoi scrivermi il tuo indirizzo? | pode anotar seu endereço? |
| te lo mostro sulla mappa! | te mostro no mapa! |

CONVERSA 3 175

## DICA DE GRAMÁTICA:

*sarebbe*

O condicional tem seus próprios casos irregulares, como a forma **sarebbe** ("seria") do verbo **essere** ("ser"). Mas apesar das dificuldades, é muito útil aprender o condicional para ampliar suas possibilidades nas conversas. Lembre-se que o *e* sai de **potere** e **dovere** quando formamos **potrebbe** e **dovrebbe**.

É muito útil traduzir literalmente essa expressão como "me agradaria" para não ter que aprender uma nova forma de agradecer usando o pronome *mi*, o que vale também para **ti piacerebbe** ("te agradaria").

## DICA CULTURAL:

**Moedas**

Em toda a Europa, os símbolos das moedas vêm depois do número (mesmo que haja decimais), como em 2.200,22 €!

# EXPLICAÇÃO GRAMATICAL: Condicionais

Para falar sobre um futuro provável em italiano, você deve substituir o -*e* do infinitivo por -*ebbe* na terceira pessoa (*ele/ela*). Os verbos terminados em -are recebem -*erebbe*, como em:

*cantare* → *canterebbe* (ele/ela cantaria)
*scrivere* → *scriverebbe* (ele/ela escreveria)
*partire* → *partirebbe* (ele/ela deixaria)

Existem outras formas (como as do *io*, *tu*, *loro* etc.), mas não falaremos delas aqui. No entanto, essa forma já é suficiente para falar sobre:

- Algo que seria verdadeiro:
  *Sarebbe impossibile senza di lui.*  (Seria impossível sem ele.)
- Algo que você gostaria de fazer:
  *Mi piacerebbe uscire stasera.*  (Eu gostaria de sair esta noite.)
- Algo que alguém poderia fazer:
  *Potrebbe dormire qui se vuole.*  (Ele poderia dormir aqui se quisesse.)
  *Dovrebbe mangiare meno.*  (Ele deveria comer menos.)
- Algo em um tom mais formal, com o pronome *Lei*:
  *Lo venderebbe per 50€?*  (Você o venderia por €50?)
  *Potrebbe ripeterlo per favore?*  (Poderia repetir, por favor?)

# TÁTICA DE CONVERSA: Condicional "Tarzan"

Até você dominar todas as formas do condicional, uma solução temporária é usar a forma do ele / ela para se referir a qualquer pessoa. Por exemplo, para dizer:

Eu **compraria** chocolate, mas estou de dieta

Fale:

*Io… comprerebbe cioccolata, ma sono a dieta.*

Com essa técnica, você expressa o ponto mais importante da mensagem e pratica conversação sem conhecer todas as formas verbais.

**176** 8 JÁ FAZ UM TEMPO!

1 Preencha as lacunas a seguir para formar o condicional dos verbos indicados:

a *Tua sorella _____ vivere in Italia!* (adorare)

b *_____ troppo caro per me.* (essere)

c *Ti _____ guardare un film con me?* (piacere)

d *Credi che il mio ragazzo _____ in pubblico?* (parlare)

2 Há frases que indicam noções específicas. Encontre na lista as expressões a seguir e as escreva ao lado:

a O que devo levar? _____

b A que horas? _____

c Pode anotar seu endereço? _____

d Te mostro no mapa. _____

3 Agora, utilize essas expressões para fazer combinações com o vocabulário da conversa e criar novas frases em italiano.

a A que horas termina? (terminar = *finire*; termina: *finisce*)

_____

b Você sabe o endereço? _____

c Onde é o apartamento?_____

d Quando devo chegar? _____

e Posso levar vinho? (*vino*) _____

> **DICA CULTURAL:**
> *O que levar*
> Ao ser convidado para jantar na Itália, não apareça de mãos vazias! *Non andare mai a mani vuote* – como dizem os italianos. Leve presentes típicos (especialmente se o anfitrião tiver cozinhado para você), como uma garrafa de vinho, champanhe ou *spumante*, algumas flores ou uma planta. Outra alternativa é levar uma sobremesa (feita por você ou comprada em algum lugar; sorvete ou chocolates, por exemplo), mas sempre confirme com o anfitrião se ele não preparou alguma coisa. Em caso de dúvidas, você sempre pode perguntar!

CONVERSA 3 ❖⋯ 177

## PRATIQUE

1 Faça combinações e formule frases para convidar alguém para fazer algo. Selecione duas das sugestões indicadas em português para completar a frase em italiano de duas formas diferentes.

**Exemplo:** *Mangiamo in un ristorante cinese* (esta noite) (segunda-feira) (mais tarde) (às 19h) (semana que vem)?

**Mangiamo in un ristorante cinese questa sera?**

a *Cosa fai* (depois disso) (mais tarde) (às 17h) (hoje à noite) (amanhã)?
_____
_____

b *Ho tempo libero* _____ *per andare al concerto. Vieni?* (depois disso) (mais tarde) (às 17h) (hoje à noite) (amanhã)?
_____
_____

2 Faça combinações e formule frases para aceitar ou recusar um convite. Selecione duas das sugestões indicadas em português para completar a frase em italiano de duas formas diferentes.

a *Sarebbe* (bom) (perfeito) (incrível) (divertido) (impossível) (muito tarde)
_____
_____

b *Mi piacerebbe, ma* (infelizmente...) (já tenho planos) (estou ocupado)
_____
_____

3 Como se diz em italiano:

a Gostaria de aprender italiano comigo?
_____

b Gostaria de ir ao shopping neste final de semana?
_____

## JUNTE TUDO

1 Imagine que você encontra, na sua cidade natal, um turista idoso que está à sua procura para conversar desde que descobriu que você também fala italiano. Faça uma descrição do local e diga como seria um dia ideal para aproveitar ao máximo uma visita. Indique as seguintes informações na sua recomendação (lembre-se de usar o Lei – o "você" formal):

··›  A primeira coisa que ele deve fazer
     (*Per cominciare potrebbe mangiare...*)
··›  Os melhores locais da cidade e por que ele deve visitá-los
     (*Il posto migliore da visitare sarebbe…*)
··›  As atividades que vocês realizarão juntos
     (*Potrebbe prendere un taxi per andare a…*)
··›  Outras dicas de um bom conhecedor
     (*Dopo le cinque il biglietto sarebbe meno caro…*)

2 Um velho amigo da escola quer sair hoje à noite, mas você está planejando falar italiano em um encontro do seu grupo de estudos. Evidentemente, se você o convidar, ele vai passar a noite falando português e você não vai conseguir praticar. Logo, quando ele sugerir um programa menos interessante, você terá que pensar rapidamente em uma desculpa! Para preparar sua resposta, formule frases em italiano para lidar com essa situação:

··›  Primeiro, diga que você realmente gostaria (*Mi piacerebbe molto – mi sembra...*)
··›  Mas não é possível (*Ma purtroppo...*)
··›  E invente uma desculpa criativa, indicando algum programa do qual ele certamente não gostaria de participar (*Ho già in programma di...*)

## #LANGUAGEHACK:
## A técnica da reformulação para lidar com frases complicadas.

Você está acostumado a se expressar na sua língua materna usando recursos complexos e diversificados, mas isso não é possível logo no início do aprendizado de um novo idioma. Parte do processo de aprender uma nova língua consiste em se acostumar (e ficar à vontade) com essa restrição. Então, como transmitir ideias e sentimentos complexos contando apenas com as noções básicas de um idioma?

Nem tudo está perdido! Para se expressar, você só precisa reformular um pouco suas frases e encaixar as ideias em estruturas mais simples, usando palavras e expressões com as quais se sinta mais confortável.
Vamos ver como podemos fazer isso.

### Desvende a ideia central

⋯⋗ Primeiro, reconheça que as regras para se expressar com a eloquência de um falante nativo (em geral) não se aplicam a você. Aquela linguagem sutil na sua cabeça, a vontade de transmitir um certo tom e distinção... Às vezes, você deve deixar tudo isso de lado.

"Desculpe... Sinto muito... Sem querer, eu ouvi você falar italiano... Na verdade, estou estudando há algum tempo... Posso praticar um pouco com você? Espero não estar incomodando..."

⋯⋗ Depois, defina a principal ideia a ser transmitida.

"Você fala italiano? Eu também! Vamos conversar."

⋯⋗ Finalmente, "pegue carona" em uma expressão semelhante que dê conta do recado.

*Parli italiano? Anch'io! Parliamo!*

## De volta ao básico

Em geral, a ideia central a ser transmitida costuma ser bastante simples.

- ⋯➔ **Em vez de:** "Gostaria de dançar comigo?", você pode dizer "Dança comigo!" – *Balla con me!*
- ⋯➔ **Em vez de:** "Devo evitar comer peixe o máximo possível devido a um problema de saúde que tenho", você pode dizer: "Não posso comer peixe porque tenho alergia" (ou use o "italiano Tarzan": "Peixe não" – *No pesce*).
- ⋯➔ **Em vez de:** "Procuro um colega de quarto que fale italiano e queira alugar o cômodo por, pelo menos, 12 meses", você pode dizer algo como: "Preciso de um colega de quarto que pratique italiano comigo por 12 meses."

## SUA VEZ: Use o hack

1 Pratique sua habilidade de reformulação agora. Para cada frase a seguir, escreva uma alternativa (mais curta) em italiano, para transmitir uma ideia parecida com a original sem recorrer a operações gramaticais sofisticadas. Fique à vontade para formular as frases como quiser, mas tente transmitir a ideia da forma mais simples e eficiente possível.

*Lembre-se de que essa é uma **habilidade**, ou seja, a melhor forma de desenvolvê-la é praticando.*

**Exemplo:** Provavelmente, não conseguirei ir com você.

→ **Non posso uscire con te.** (Não posso sair com você.)

a Não tenho certeza se eles conseguirão vencer. (vincere)

_____

b Estou tão feliz por termos conseguido vir ao restaurante juntos.

_____

c Eu gostaria muito se você dançasse comigo.

_____

d Eu prefiro ir ao supermercado mais tarde.

_____

CONVERSA 3 ⋯➔ **181**

# FINALIZANDO A UNIDADE 8

## Confira o que aprendeu

1 🔊 **08.07** Ouça o áudio de treino, em que uma italiana descreve sua rotina e as coisas que deseja fazer. Fique à vontade para tomar notas e ouvir novamente a gravação.

2 🔊 **08.08** Agora, ouça as perguntas sobre o primeiro áudio e responda em italiano.

## Mostre o que sabe...

Confira o que acabou de aprender. Escreva ou fale um exemplo para cada item da lista e marque os que sabe.

- ☐ Escreva uma frase que descreva seu hobby.
- ☐ Diga quando começou a praticar a atividade e seu nível atual nela.
- ☐ Indique dois detalhes sobre seu hobby.
- ☐ Formule três frases que descrevam sua rotina usando as expressões italianas correspondentes a:
  - ☐ "com frequência"
  - ☐ "geralmente"
  - ☐ "algumas vezes"
- ☐ Diga as expressões "eu seria", "eu estaria" e "eu poderia" em italiano.

182 ⋯⟩ 8 JÁ FAZ UM TEMPO!

## COMPLETE SUA MISSÃO

É hora de completar sua missão: escrever uma excelente dica de produtividade para o blog do seu amigo. Para isso, analise sua rotina e suas tarefas habituais. Se puder, leia alguns blogs italianos sobre produtividade e atenção plena (mindfulness) para se inspirar.

### PASSO 1: Crie seu script

Continue a desenvolver seu script com as frases que aprendeu nesta unidade e seu "vocabulário pessoal". Prepare-se para responder as perguntas mais frequentes:

- Fale sobre diferentes aspectos da sua vida e rotina semanal.
- Descreva um local a que vai, como chega lá e o que faz.
- Inclua detalhes que indiquem frequência, onde, por que e como.
- Descreva algo que gostaria de fazer, mas ainda não fez.
- Descreva algo que você gosta na sua rotina e o que poderia ser melhor.

Depois de escrever o script, repita as frases até se sentir confiante. Desta vez, incorpore componentes de conversação para iniciar, continuar e estender a conversa e manter seu ritmo, como vedo che... (vejo que...)

*Para completar a missão, pesquise na internet usando os termos* **produttività personale** *e* **essere più produttivo**. *Acesse a comunidade #LanguageHacking e veja dicas sobre como pesquisar!*

### PASSO 2: Aprenda com seus erros e com os dos outros... *online*

Quando estamos aprendendo um novo idioma, é inevitável cometer erros. Parte do charme de falar um segundo idioma está em perceber que as pessoas são bem menos críticas do que imaginamos!

É hora de completar a missão. Compartilhe suas dicas de produtividade com a comunidade! Você também pode se beneficiar das muitas sugestões gratuitas disponíveis e aumentar sua eficiência. Então, acesse a comunidade online e encontre a missão da Unidade 8. Use esse espaço para aprender a integrar o estudo do italiano à sua rotina.

*Essencialmente, se você comete erros, está aprendendo, e ao falar o idioma, pode identificar melhor e corrigir esses lapsos por conta própria.* **Além disso**, *é possível aprender com os erros dos outros hackers da linguagem. Portanto, leia as correções e comentários dos membros da comunidade. Você vai ver como seus erros são comuns para a grande maioria dos estudantes.*

### PASSO 3: Aprenda com outros estudantes

Você recebeu dicas de produtividade dos outros hackers da linguagem? Quais? Depois de enviar seu clipe, confira como os outros membros da comunidade descrevem suas rotinas. **Sua tarefa é comunicar a pelo menos três pessoas o que você achou mais interessante na rotina delas**.

Desta vez, incorpore componentes de conversação para iniciar, continuar e estender a conversa e manter seu ritmo, como vedo che… (vejo que…)

### PASSO 4: Avalie o que aprendeu

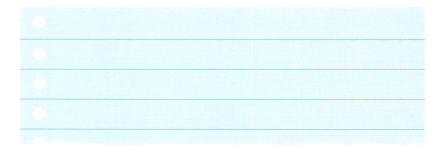

### EI, HACKER DA LINGUAGEM, VOCÊ ESTÁ QUASE LÁ!

Nesta unidade, abordamos sua estratégia de preparação para os tipos de conversas mais frequentes no idioma. Todos os scripts que você criou até agora estão orientados a esse objetivo.

Nas Missões 9 e 10, você aprenderá mais estratégias e ficará surpreso com o alto nível da sua primeira conversa…

*Manca poco!*

# 9 DESCREVA!

## Sua missão

Imagine que você pretende atuar como guia turístico em uma cidade em que se fala italiano, mas antes precisa comprovar que é capaz de descrever um lugar em detalhes e fazer recomendações de locais para se divertir e coisas a fazer.

Sua missão é falar como um morador local e descrever uma cidade que conhece bem (ou que deseja conhecer!). Pesquise e crie uma breve descrição das principais atividades e locais, mas não diga o nome da cidade. Deixe as outras pessoas adivinharem! Descreva os locais mais interessantes, explique suas características e indique como a cidade pode atender a diferentes tipos de turistas.

O objetivo desta missão é desenvolver suas habilidades de comunicação para que você se expresse com mais criatividade e descreva detalhadamente pessoas, lugares e objetos conhecidos.

## Treine para a missão

- Descreva lugares, como o local em que você mora – *vivo in campagna*.
- Descreva o clima e o ambiente – *fa caldo*.
- Descreva as pessoas e suas personalidades – *Lei è avventurosa*.
- Descreva a aparência de pessoas e objetos – *mi sembra*.
- Aprenda frases importantes para fazer compras – *il più economico*, *pagare in contanti*.

## APRENDENDO A DESCREVER O MUNDO À SUA VOLTA NO IDIOMA

Você está bem perto da sua primeira conversa em italiano! Então, vamos começar a preencher as lacunas mais essenciais. Nesta unidade, você vai aprender a descrever as personalidades e características das pessoas. Com esse novo vocabulário, é possível se expressar de forma mais criativa em italiano; quando não lembrar da palavra certa, basta descrever!

### #LANGUAGEHACK
Aproveite seus momentos secretos para fazer uma imersão contínua no italiano.

## CONVERSA 1

### Descreva a cidade

🔊 **09.01** Prestes a voltar para os Estados Unidos, Melissa pensa em coisas de que tem saudades na sua terra natal. Ela descreve sua cidade para Luca durante uma caminhada às margens do rio *Tevere* em um dia de sol. Qual palavra Melissa usa para dizer que está "voltando" para os Estados Unidos?

> Os estrangeiros geralmente perguntam de onde você vem e destacam as diferenças entre os dois países. Portanto, vamos prepará-lo para essas conversas e criar um script para descrever vários lugares.

| | |
|---|---|
| **Melissa:** | Presto ritorno negli Stati Uniti. È la mia ultima settimana a Roma! |
| **Luca:** | Che peccato! Sei felice di tornare a casa? |
| **Melissa:** | Amo Roma, ma sai che io vivo in campagna? Mi mancano le montagne e anche il lago e la foresta vicino a casa mia. Comunque… se penso che presto parto, Roma già mi manca un po'! |
| **Luca:** | Me lo immagino! Senti, ho un'idea… perché non compri alcuni regali per la tua famiglia e per ricordare il tempo che hai passato qui? |
| **Melissa:** | È una buona idea. Adoro fare shopping! Dove posso andare a comprarli? |
| **Luca:** | Hmmm… Dipende. Sei già stata a Via dei Condotti? È più carina dei centri commerciali e la via è piena di negozi. C'è così tanto da vedere! |
| **Melissa:** | Non lo so… Oggi fa bel tempo, ma muoio di caldo. Non posso stare tutto il pomeriggio al sole. Mi stanco! |
| **Luca:** | A dire il vero, a quest'ora del giorno la via è all'ombra, quindi fa fresco. |
| **Melissa:** | In questo caso, sì! Andiamo! |

**TÁTICA DE ESTUDO:** A essa altura, você já deve ter um vocabulário extenso e consistente em italiano. Portanto, é muito importante **atuar ativamente para preencher as lacunas**. Destaque todas as palavras novas que encontrar e tome nota para adicioná-las depois ao seu script ou material de estudo.

## DESVENDE

1 Todas as frases a seguir são *false*. Sublinhe as palavras incorretas em cada uma delas e escreva a expressão correta em italiano.

   **a** É o último dia de Melissa em Roma.    _____

   **b** Melissa e Luca planejam ir dançar.    _____

   **c** Há muito o que comer na rua.    _____

186 ⋯▷ 9 DESCREVA!

2 Com base no contexto, escreva o significado das frases a seguir:

a *Presto ritorno negli Stati Uniti* _____

b *Che peccato!* _____

c *Dipende.* _____

3 Traduza as expressões a seguir para o italiano.

a no campo _____

b nas montanhas

_____

c lago e floresta _____

d perto da minha casa

_____

e sob o sol _____

## OBSERVE

🔊 **09.02** Ouça o áudio e observe o quadro. Repita em voz alta imitando os falantes.

### Expressões essenciais da Conversa 1

| Italiano | Significado |
|---|---|
| presto ritorno negli Stati Uniti | logo retornarei aos Estados Unidos |
| che peccato! | que pecado! |
| sei felice tornare a casa? | está feliz em voltar para casa? |
| in campagna | no campo |
| mi mancano le montagne | sinto falta das montanhas |
| e anche il lago e la foresta | e também do lago e da floresta |
| Roma mi manca già un po'! | Já estou com saudades de Roma! |
| perché non compri dei regali per la tua famiglia... | por que não compra presentes para sua família... |
| per ricordare il tempo che hai passato qui! | para lembrar o tempo que passou aqui! |
| dove posso andare a comprarli? | onde posso comprar? |
| è più carina dei... | é melhor que... |
| la via è piena di negozi | a rua é cheia de lojas |
| c'è così tanto da vedere! | tem tanto para ver! |
| oggi fa bel tempo | hoje o tempo está ótimo |
| la via è all'ombra, quindi fa fresco | tem sombra na rua, então está fresco |

CONVERSA 1 **187**

1 Confira a lista para responder em italiano as perguntas a seguir.

**Exemplo:** Che cosa manca a Melissa?

*Melissa* **mancano le montagne, il lago e la foresta.**

a *Quando ritorna negli Stati Uniti?*
*Melissa* _____

b *Cosa compra Melissa per la sua famiglia?*
*Melissa* _____

c *Dove li compra? Melissa li* _____

2 Preencha as lacunas a seguir para formar as expressões correspondentes em italiano.

a Precisa se lembrar de... *Devi* _____.

b Eu te lembrarei amanhã. *Te lo* _____ *domani.*

c Ele me lembrou do meu compromisso.
_____ *il mio appuntamento.*

> Como iniciante, é bom aprender a **reformular suas frases** para transmitir ideias com mais eficiência.

3 Ligue as frases da conversa às expressões em português correspondentes. Observe que algumas das expressões italianas podem ter mais de um significado em português.

a *in questo caso*

b *che peccato!*

c *dipende*

1 quando coloca dessa forma

2 há mais de um jeito de considerar isso

3 é uma pena

188 ⋯⋮ 9 DESCREVA!

4   Uma boa técnica de memorização é aprender o vocabulário em "grupos" de palavras, ou seja, expressões semelhantes de uma mesma categoria. Preencha o quadro a seguir com palavras que descrevam lugares.

## Vocabulário de paisagem e natureza

| Italiano | Significado | Italiano | Significado |
|----------|-------------|----------|-------------|
|          | o campo     |          | a floresta  |
|          | as montanhas |         | o sol       |
|          | o lago      |          | a sombra    |
| la città | a cidade    |          |             |
|          |             |          |             |
|          |             |          |             |
|          |             |          |             |

5   Use o vocabulário de paisagem e natureza que você aprendeu e as diferentes formas de dizer "em" indicadas na lista para responder as perguntas a seguir em italiano.

a   Você mora no campo ou na cidade?
    *Vivo* _____.

b   Você prefere ficar sob o sol ou na sombra?
    *Preferisco stare* _____.

c   Em que lugar você prefere passar uma semana tranquila: lago, floresta ou montanhas?
    *Preferisco* _____
    *per passare una settimana tranquilla.*

## PRATIQUE

1   Pesquise novas palavras para descrever o local onde você mora e a respectiva paisagem ao redor. Você mora perto do mar? No subúrbio? Em uma quitinete apertada? Inclua seu "vocabulário pessoal" na lista.

2   Agora, use seu vocabulário para criar frases em italiano que expressem seu contexto.

a   Vivo...

    _____

b   Perto da minha casa tem...

    _____

CONVERSA 1   189

## EXPLICAÇÃO VOCABULÁRIO: *Mancare* e "sentir falta"

> **DICA DE GRAMÁTICA:**
> *mancare e "sentir falta"*
> Em italiano, a locução correspondente a "sentir falta" segue uma sequência diferente. Para dizer "eu sinto falta das montanhas" em italiano, é preciso trocar o sujeito pelo objeto.

A Conversa 1 traz dois exemplos de uso da locução "sentir falta":

> *Mi* **mancano** *le montagne.*     *Roma* *mi* **manca** *già un po'!*

Observe que a ordem das palavras nas frases é similar à estrutura de *mi piace*:

> *Mi* **piace** *Roma.*          *Mi* **mancano** *le montagne.*
> (Gosto de Roma.)          (Sinto falta das montanhas.)
> (lit. "a mim **agrada** Roma")    (lit. "a mim **fazem falta** as montanhas")

Usamos o plural *mancano* (*mancare + ano)* porque são "as montanhas" ("elas") que fazem falta.

**Exemplos:** *Ti mancano le montagne.*   (Você sente falta das montanhas.)
*Ci mancano le montagne.*   (Sentimos falta das montanhas.)

1  Escreva as frases a seguir em italiano usando *manca* ou *mancano*.

   a  Sinto falta do meu cachorro. _____

   b  Sinto falta dos sete gatos. _____

   c  Sentimos falta de Roma. _____

   d  Francesco sente falta do café italiano.

   _____

   e  Você sente falta de sua cidade natal?

   _____

   f  Por que você não sente falta de festas?

   _____

## EXPLICAÇÃO DO VOCABULÁRIO: Descreva o clima

*Che tempo fa?* (Como está o tempo?)

Para descrever o clima, use o verbo *fare*. Na maioria das vezes, basta dizer "*fa...*"

> *Fa caldo* pode significar "faz calor" quando queremos descrever o dia ou um ambiente. Mas para descrever sensações, use o verbo avere, como em *ho caldo* ("estou com calor") e *ho freddo* ("estou com frio").

| Italiano | Significado | Italiano | Significado |
|---|---|---|---|
| Fa bel tempo / è bello | O tempo está bom | C'è il sole | Faz sol |
| Fa brutto tempo | Está fechado | C'è vento | Está ventando |
| Fa caldo | Faz calor | Piove | Está chovendo |
| Fa freddo | Faz frio | È nuvoloso | Está nublado |

1 Para praticar, crie novas frases em italiano para descrever o clima.

   **a** Está bom hoje. _____

   **b** O tempo está ruim. Que pena!

   _____

   **c** Vai chover amanhã?

   _____

2 Use *fa* ou *c'è* para elaborar duas frases que descrevam o clima no seu contexto atual.

   _____

   _____

3 Releia a lista de expressões da Conversa 1 e procure os adjetivos a seguir. Depois, escreva-os nas formas masculina e feminina, no singular.

   **a** agradável    _____(m)    _____(f)

   **b** completo    _____(m)    _____(f)

   **c** bom    _____(m)    _____(f)

## JUNTE TUDO

Agora que você já pode falar melhor sobre o seu contexto, mãos à obra! Indicando o maior número de detalhes possível, descreva o local onde você mora ou um lugar que adoraria conhecer. Empregue palavras descritivas (adjetivos e substantivos) e responda as perguntas a seguir:

⋯⋗ Como é a paisagem do local?

⋯⋗ Em geral, como é o clima no local? Há alguma exceção? Qual?

⋯⋗ Ao deixar o local, do que você mais sentiria falta?

   **Normalmente vivo...**

# CONVERSA 2

## Descreva personalidades

Agora que você já sabe descrever lugares, vamos aprender um conjunto totalmente novo de palavras descritivas que caracterizam pessoas e suas personalidades.

Melissa e Luca estão na *Via dei Condotti* para fazer compras e conversam sobre os presentes que Melissa comprará para sua família.

🔊 **09.03** Quais palavras Melissa usa para descrever sua irmã, seu irmão e seus pais?

> **Melissa:** Questa via è straordinaria! Ci sono così tanti negozi!
>
> **Luca:** Sai già cosa vuoi comprare?
>
> **Melissa:** Voglio comprarmi un sacco di cose. Ma per la mia famiglia… non ho la minima idea!
>
> **Luca:** Com'è la tua famiglia?
>
> **Melissa:** È difficile descriverla – per esempio, mia sorella è avventurosa e vuole veramente venire in Italia un giorno. Magari alcuni souvenir tipici di Roma per lei?
>
> **Luca:** O un vestito... La moda italiana è famosissima!
>
> **Melissa:** Perché no! ... Mio fratello è giovane e troverebbe noiosi i souvenir. Cosa compreresti a una persona timida?
>
> **Luca:** Non hai bisogno di comprare qualcosa di italiano. Sai che alcuni prodotti tecnologici sono **più economici** qui?
>
> **Melissa:** Ah sì, ora ricordo – le sue cuffie sono piuttosto vecchie e non funzionano bene. Ha bisogno di cuffie nuove!
>
> **Luca:** E i tuoi genitori? Non puoi dimenticarti di comprare qualcosa anche per loro!
>
> **Melissa:** I miei sono più tradizionali e mi hanno già detto che vogliono un **buon vino** italiano.
>
> **Luca:** Problema risolto! So già dove comprarlo! Qui all'angolo della strada c'è un'enoteca. Dobbiamo assolutamente prendere una bottiglia anche per noi, solo per provarla!

---

**DICA CULTURAL:**
**Barganhas em mercados populares**
Embora a *città vaticana* seja um local maravilhoso para visitar, prefiro fazer compras no mercado de pulgas do Porta Portese. Adoro *trattare il prezzo* (barganhar) e fazer bons negócios lá. É mais divertido do que pagar um preço fixo e uma excelente ocasião para praticar italiano!

---

**DICAS DE GRAMÁTICA:** *quando os adjetivos vêm primeiro*
Como no português, os adjetivos normalmente vêm depois dos substantivos em italiano. Mas há casos em que eles aparecem antes e causam uma mudança sutil de significado. Quando isso acontece, o *buono* é reduzido para *buon*.

192 ···▶ 9 DESCREVA!

## DESVENDE

1  *Vero o falso?* Selecione a resposta correta.

   a  Melissa foi comprar presentes para seus amigos.   *vero / falso*

   b  O irmão de Melissa não gosta de lembrancinhas.   *vero / falso*

   c  Melissa sabe exatamente o que comprar.   *vero / falso*

2  Responda as perguntas sobre a conversa em italiano.

   a  O que Melissa vai comprar para a irmã?   *Alcuni* _____

   b  Por quê? Como Melissa a descreve?   *Lei è* _____

   c  Como Melissa descreve seu irmão?   *Lui è* _____

   d  Como Melissa e Luca descrevem os pais dela?   *Sono* _____

   e  O que Luca diz sobre a tecnologia na Itália?   *Sono* _____

3  Encontre e destaque na conversa os adjetivos indicados a seguir.

   a  extraordinária _____   e  velho _____

   b  realmente famoso _____   f  envergonhado _____

   c  típico _____   g  tradicional _____

   d  entediante _____   h  novo _____

4  Encontre e destaque na conversa as expressões correspondentes às indicadas a seguir. Em seguida, escreva as palavras destacadas em italiano.

   a  isso me **lembra** _____

   b  ela **realmente** quer _____

   c  **ele acharia** lembrancinhas _____

   d  eles são **bem** velhos _____

   e  eles **já** me disseram _____

## OBSERVE

🔊 **09.04** Ouça o áudio e observe o quadro.

### Expressões essenciais da Conversa 2

| Italiano | Significado |
|---|---|
| questa via è straordinaria! | esta rua é extraordinária! |
| voglio comprarmi | quero comprar para mim |
| non ho la minima idea | não faço a mínima ideia |
| com'è la tua famiglia? | como é a sua família? |
| è difficile descriverla | é difícil descrevê-la |
| mia sorella è avventurosa | minha irmã é aventureira |
| souvenir tipici | lembrancinhas típicas |
| mio fratello è giovane | meu irmão é jovem |
| troverebbe... | ele acharia... |
| cosa compreresti a una persona...? | o que você compraria para uma pessoa...? |
| alcuni prodotti tecnologici sono più economici qui | produtos de tecnologia são mais baratos aqui |
| ora ricordo | agora eu me lembro |
| le sue cuffie sono piuttosto vecchie | os seus fones são bem velhos |
| non funzionano bene | não funcionam bem |
| ha bisogno di... | ele precisa de... |
| e i tuoi genitori? | e seus pais? |
| più tradizionali | mais tradicionais |
| un buon vino italiano | um bom vinho italiano |
| all'angolo della strada | na esquina da rua |
| solo per provarla | só para experimentar |

1 **Encontre no quadro as expressões a seguir e as escreva em italiano.**

a agora eu me lembro _____

b o que você compraria _____

c meus pais são mais tradicionais _____

**2** Outra técnica eficiente de memorização consiste em aprender pares de antônimos. Complete as frases a seguir com os adjetivos correspondentes da lista de expressões ou pesquise em um dicionário.

> Mesmo que você saiba formar muitos adjetivos masculinos e femininos, quando estiver falando espontaneamente, não se preocupe demais em acertar. Use qualquer forma que vier à sua cabeça; a outra pessoa vai entender.

a   *Non è* _____, *è* _____. (Não é **fácil**, é **difícil**.)

b   *Non è* _____, *è* _____. (Não é **único**, é **típico**.)

c   *Non sono* _____, *sono* _____.
(Não são **bobos**, são **espertos**.)

d   *Non sono* _____, *sono* _____.
(Não são **modernos**, são **tradicionais**.)

e   *Non è* _____, *è* _____. (Não é **aventureira**,
é **tímida**.)

f   *Non è* _____, *è* _____. (Não é **velho**, é **jovem**.)

**3** Use as palavras do quadro a seguir para criar frases. Lembre-se de ordenar as palavras de forma correta e observar a concordância de gênero/número.

| | | |
|---|---|---|
| mio fratello | è | aperto |
| i miei fratelli | sono | aperti |
| mia sorella | era | alto |
| le mie sorelle | | alta |
| il negozio | | alti |
| i negozi | | alte |

a   A loja está aberta. _____

b   As lojas estão abertas. _____

c   A loja foi aberta. _____

d   Meu irmão é alto. _____

e   Meus irmãos são altos. _____

f   Minha irmã é alta. _____

g   Minhas irmãs são altas. _____

CONVERSA 2 **195**

## PRATIQUE

1 Na sua opinião, como se diz "é o(a) mais barato(a)" em italiano? _____

2 Para praticar, forme adjetivos de acordo com o gênero e escreva as respectivas palavras no quadro a seguir, organizado em colunas de significados opostos. Indique o masculino ou o feminino (se forem diferentes) e pesquise no dicionário, quando precisar.

### Descreva pessoas

| Italiano | Significado | Italiano | Significado |
|---|---|---|---|
| | tímido(a) | avventuroso(a) | |
| | feio(a) | bello(a) | |
| vecchio(a) | | | jovem |
| strano(a) | | | típico(a) |
| | desagradável | simpatico(a) | |
| | pessimista | ottimista | |
| | orgulhoso(a) | modesto(a) | |
| | divertido(a) | serio(a) | |
| | | | |
| | | | |
| | | | |
| | | | |

3 🔊 09.05 Observe os cognatos em português a seguir e tente pronunciá-los em italiano. Ouça o áudio para confirmar sua pronúncia.

a interessante    e honesto       i ignorante

b atento          f inteligente   j impaciente

c criativo        g sincero

d curioso         h tolerante

196 ⋯⋮ 9 DESCREVA!

4   Para praticar, use adjetivos para descrever a si mesmo e pessoas conhecidas. Formule frases com palavras que indiquem fatos da sua vida (pesquise no dicionário se precisar) e fique atento ao uso correto dos gêneros.

a   *Sono* _____.

b   *Il mio lavoro è* _____.

c   *Mio padre/il mio amico/mio fratello è* _____.

d   *La sua casa è* _____.

e   *Mia madre/la mia amica/mia sorella* _____.

## JUNTE TUDO

1   Quando conhecemos pessoas novas, é comum que elas perguntem sobre nossa vida social. Para se preparar para essas perguntas, desenvolva um script que descreva as personalidades de pelo menos duas pessoas próximas a você. Inclua a maior quantidade possível de detalhes específicos no seu script e pesquise novas palavras descritivas para utilizar nessas situações.

⋯⋗ Descreva duas pessoas próximas a você.

⋯⋗ Use adjetivos para descrever suas personalidades.

⋯⋗ Verifique se os adjetivos concordam em gênero e número com as pessoas descritas.

CONVERSA 2   197

## CONVERSA 3

**Parece com...**

Quando aprender a descrever objetos em italiano, você terá uma nova carta na manga para usar nas conversas: se não se lembrar de uma palavra específica, basta *descrever o objeto*!

🔊 **09.06** Melissa está procurando fones de ouvido para seu irmão e pede a ajuda a Luca. Qual frase Melissa usa para perguntar "Estes são bons?"

**Melissa:** Questo negozio vende cuffie, mi sembra.

**Luca:** Per che cosa usa le cuffie tuo fratello?

**Melissa:** Gioca ai videogiochi online. Queste vanno bene?

**Luca:** No, quelle nere sono per fare jogging. Il regalo migliore per lui sarebbe questo... le cuffie verdi.
In più sono anche di una qualità migliore.

**Melissa:** Come lo sai?

**Luca:** Conosco la marca. Sono un po' care, ma oggi sono in offerta, a metà prezzo! A tuo fratello piacciono di sicuro!

**Melissa:** Perfetto! Quanto costano? ... Hmm, con questo prezzo non posso pagarle in contanti. Devo usare la mia carta di credito.

**Luca:** La accettano sicuramente. Andiamo a pagare alla cassa. Devo dire che sei la migliore sorella del mondo.

## DESVENDE

1 As afirmativas a seguir são *false*. Destaque as palavras incorretas e escreva as frases corretas em italiano.

   a  O irmão de Melissa precisa de novos fones porque perdeu os seus. _____

   b  Os fones não são caros. _____

   c  Melissa vai pagar em dinheiro. _____

2 Destaque os dois métodos de pagamento mencionados na conversa. Na sua opinião, qual é o significado de *cassa*? _____

3 Com base na conversa, responda as perguntas a seguir:

   a  Quais são os melhores fones de ouvido para praticar corrida? *Quelle* _____

   b  Quais são os melhores fones para o irmão de Melissa? *Quelle* _____

4 Encontre e destaque na conversa a expressão correspondente em italiano a "seria".

## OBSERVE

🔊 **09.07** Ouça o áudio e observe o quadro.

**VOCÁBULO: "este"**
Os demonstrativos mudam conforme o contexto, mas não se preocupe em dominar isso agora. Basta saber que *questo/a/e/i* significa "esta/e/as/es". Você também pode usar **quello/quella/quelli/quelle ("aquele/a/es/as")** para expressar distância, como em *quelle verdi* (aquelas verdes).

A melhor forma de perguntar se algo está bom é **va bene?**

### Expressões essenciais da Conversa 3

| Italiano | Significado |
|---|---|
| questo negozio vende cuffie, mi sembra | esta loja vende fones, me parece |
| per che cosa usa le cuffie tuo fratello? | para que seu irmão usa fones? |
| gioca ai videogiochi online | ele joga videogames online |
| queste vanno bene? | estes estão bons? |
| quelle nere / verdi | aqueles pretos / verdes |
| il regalo migliore per lui sarebbe... | o melhor presente para ele seria... |
| in più | além |
| sono anche di una qualità migliore | têm uma qualidade melhor |
| conosco la marca | conheço a marca |
| sono un po' care | são um pouco caros |
| sono in offerta | estão em promoção |
| ... a metà prezzo | ... pela metade do preço |
| quanto costano? | quanto custam? |
| ... pagare in contanti | ... pagar em dinheiro |
| ... usare la mia carta di credito | ... usar o meu cartão de crédito |
| la accettano sicuramente | com certeza eles aceitam |
| andiamo a pagare alla cassa | vamos pagar no caixa |
| Devo dire che sei la migliore sorella del mondo | Preciso dizer que você é a melhor irmã do mundo |

Você aprendeu a descrever pessoas e lugares nas Conversas 1 e 2. Agora, confira o novo vocabulário para **descrever objetos.**

1  Escreva frases em italiano para indicar:

a  Como algo é.  _____

b  Para que algo serve.  _____

200 ⋯⋙ 9 DESCREVA!

**2** Encontre dois usos do verbo *usare* na lista.

**3** Você pode usar as frases a seguir para descrever um item a um lojista. Escreva as expressões correspondentes em italiano.

**a** este _____

**c** o pequeno _____

**b** o preto _____

**d** o novo _____

**4** Quando não souber o nome de um item, indique *a marca*. Use marcas internacionais para fazer as perguntas indicadas a seguir:

**a** *Vendete* _____ ? (marca de sapatos)

**b** *Vorrei una scatola di* _____ . (marca de tecidos)

**c** *Bevo una* _____ . (marca de refrigerantes)

**d** *Vorrei comprare un* _____ . (marca de computadores)

**e** *Posso andare a lavorare con la tua* _____ ? (marca de carros)

> Você já conhece muitas **marcas italianas famosas**. Aproveite essas informações para descrever o objeto que deseja.

**5** Ainda no contexto de compras, escreva as expressões em italiano correspondentes às indicadas a seguir:

**a** um pouco caro _____

**b** pago em dinheiro _____

**c** uso meu cartão de crédito _____

**d** o caixa _____

## PRATIQUE

**1** Para praticar, crie novas perguntas em italiano para usar em um contexto de compras.

**a** Quanto custa (*costa*) esta? _____

**b** A qualidade é boa? _____

**c** Você (*Lei*, formal) aceita cartões de crédito? _____

**d** Só posso pagar em dinheiro. _____

CONVERSA 3 201

**2** Preencha as lacunas a seguir com as respectivas palavras em italiano.

**a** *Non conosco* _____ _____. (Não conheço a marca.)

**b** *Pago alla* _____. (Pago no caixa.)

**c** *Mi piace* _____ _____ _____ *a sinistra.* (Gosto do computador grande à esquerda.)

**3** Preencha o quadro a seguir com as respectivas traduções.

| Italiano | Significado | Italiano | Significado |
|---|---|---|---|
| largo(a) | | giallo(a) | amarelo(a) |
| corto(a) | pequeno | rosso(a) | vermelho(a) |
| | cheio | blu | azul |
| di cattiva qualità | | bianco(a) | branco(a) |
| | | | verde |
| | | nero(a) | |

## JUNTE TUDO

**1** *Cosa cerchi?* (O que você procura?) Descreva algo que deseja comprar, que procura ou perdeu, mas sem dizer o nome do objeto. Escreva:

┈┤ Como é ou para que serve o objeto.

┈┤ A marca ou a cor do objeto.

┈┤ "Este", "aquele" ou "o/a"...

┈┤ Outros adjetivos descritivos do seu repertório!

## #LANGUAGEHACK:
## Aproveite seus momentos secretos para fazer uma imersão contínua no italiano.

Em vez de pensar nos meses e anos necessários para aprender italiano, uma estratégia muito eficiente de aprendizagem é considerar os *minutos*.

Nem todos têm algumas horas por dia para dedicar ao italiano, mas todo mundo tem alguns minutos. Mesmo que você tenha uma vida ocupada, ainda pode encontrar "momentos secretos" durante o dia para praticar. Na fila do supermercado, esperando uma carona, sentado no ônibus, trem ou táxi, esperando um amigo atrasado… todos esses são momentos perfeitos para criar o hábito de estudar italiano diariamente.

> Não ignore o valor desses pequenos instantes. Eles realmente dão resultado e, mais importante, são uma excelente forma de **superar a inércia** durante a aprendizagem.

### Imersão em italiano, em qualquer lugar

Ao ler a história de Melissa, talvez você tenha pensado: "Bem, ela tem muita sorte de ter a oportunidade de ir à Itália para melhorar seu italiano com um período de imersão!" Mas, graças à tecnologia, *você* pode criar um ambiente de imersão em italiano morando em qualquer lugar do mundo. Há várias formas de criar **um contexto de imersão em casa**:

- Entre em contato com outros estudantes (como já vem fazendo em nossa comunidade online!) para praticar seu italiano em chamadas de vídeo/áudio regulares.
- Ouça um streaming de rádio ao vivo ou assista a um vídeo da Itália na internet.
- Jogue videogiochi! Mude a configuração do idioma para italiano em seus jogos!
- Você também pode mudar o idioma dos sites que visita com mais frequência para italiano e fazer o mesmo com os sistemas operacionais do seu computador e smartphone.

> **TÁTICA DE ESTUDO:**
> **Estude no dia a dia**
> Quando estudo um idioma, uso algumas ferramentas, como um aplicativo para aprender vocabulário no dia a dia e durante esperas. Sempre levo meu smartphone, que utilizo para estudar a qualquer momento e memorizar nem que seja uma ou duas palavras. Confira nossa seção Recursos para obter algumas sugestões!

### SUA VEZ: Use o hack

1. Confira nossas recomendações de aplicativos e recursos online no site da comunidade #LanguageHacking. Escolha alguns itens para rodar no seu computador ou smartphone e fique preparado para seus momentos secretos.

2. Verifique nos sites, aplicativos, jogos, navegadores e sistema operacional que você mais utiliza se há uma opção para mudar o idioma para italiano. Como você já está acostumado com a interface e sabe onde clicar e tocar, por que não mudar o idioma logo de uma vez?

> Fique tranquilo ao usar esse método, pois você sempre pode retornar à configuração original se achar difícil demais. Basta procurar por **"lingua" em suas configurações**.

CONVERSA 3 · 203

# FINALIZANDO A UNIDADE 9

## Confira o que aprendeu

1  ◀)) **09.08** Ouça o áudio de treino em que uma pessoa descreve o contexto e as pessoas próximas a ela em italiano. Fique à vontade para tomar notas e ouvir a gravação mais de uma vez.

2  ◀)) **09.09** Agora ouça as perguntas sobre o primeiro áudio e responda em italiano.

## Mostre o que sabe...

Confira o que acabou de aprender. Escreva ou fale um exemplo para cada item da lista e marque os que sabe.

☐ Diga algo de que você sente falta usando *mancare*.

☐ Elabore duas frases que descrevam o local onde você mora.

☐ Diga "está quente", "está frio" e "está chovendo" em italiano.

☐ Crie uma frase com um adjetivo para descrever a personalidade de um membro da sua família. Lembre-se de utilizar a ordem e o gênero corretos.

☐ Use três adjetivos diferentes para descrever seus interesses (roupas, aparelhos digitais ou games favoritos, entre outros) em italiano. Utilize a ordem e o gênero corretos.

☐ Faça as seguintes perguntas em italiano:

   ☐ Posso pagar em dinheiro?

   ☐ Posso pagar com cartão de crédito?

# COMPLETE SUA MISSÃO

É hora de completar a missão: fale como um nativo e use suas habilidades de descrição para indicar os melhores lugares na cidade para alguém de fora. Descreva os detalhes e as características de diferentes lugares, pessoas e objetos.

## PASSO 1: Crie seu script

Pense na sua cidade favorita. Com ela é? Como é a paisagem? Como você descreveria os edifícios, a atmosfera e as pessoas? Crie um script para caracterizar lugares, pessoas e objetos com mais detalhes. Descreva:

⋯⟩ O clima típico do local e paisagem próxima.
⋯⟩ As casas, apartamentos ou vizinhança.
⋯⟩ A personalidade das pessoas que moram no local.

Lembre-se que os adjetivos devem concordar em gênero e número com os objetos que descrevem.
Depois de escrever o script, repita as frases até se sentir confiante.

## PASSO 2: Faça a diferença... online

Este é seu último treino antes de falar pessoalmente com um italiano de verdade!

Quando estiver à vontade com seu script, vá em frente e pratique! Acesse a comunidade online, encontre a missão da Unidade 9 e compartilhe sua gravação para receber feedback e incentivos.

## PASSO 3: Aprenda com outros estudantes

Como os outros hackers da linguagem descrevem suas cidades? Depois de enviar seu clipe, confira o que os demais membros da comunidade estão dizendo. Quais cidades eles escolheram para descrever? Quais deles você contrataria como guia turístico? Sua tarefa é fazer mais duas perguntas sobre cada cidade.

Estude todos os dias, **mesmo que pouco**. Você vai aprender mais se praticar com frequência.

FINALIZANDO A UNIDADE 9 · 205

## PASSO 4: Avalie o que aprendeu

Você aprendeu alguma palavra ou frase nova no espaço da comunidade? Encontrou um lugar novo para adotar como sonho de consumo? Identificou alguma lacuna nos seus scripts? Quais?

## EI, HACKER DA LINGUAGEM, TUDO PRONTO?

Você acabou de aprender a fazer vários tipos de descrições e preencheu algumas lacunas no seu italiano. Agora certamente está preparado para a última missão, hein?

*Pronti, partenza... via!*

# 10 SUA PRIMEIRA CONVERSA

### Sua missão

Você trabalhou duro e chegou até aqui com uma base sólida em italiano. Mais importante: aprendeu a usar vários #languagehacks e táticas de conversa para desenvolver ainda mais as frases do seu repertório.

**Agora, sua missão é conversar diretamente com um falante nativo em uma chamada de vídeo pela internet.**

O objetivo desta missão é desenvolver sua confiança e as habilidades necessárias para criar frases essenciais à sua primeira conversa em italiano, mesmo que você não se considere preparado para a ocasião.

### Treine para a missão

- Use o que aprendeu durante o curso na sua primeira conversa.
- Selecione as expressões essenciais para a conversa.
- Trabalhe na sua postura: supere o nervosismo e não se preocupe com a gramática.
- Encontre um parceiro para praticar o idioma e marque sua primeira conversa!

## APRENDENDO A CONVERSAR NO IDIOMA

Prepare-se para utilizar todo o vocabulário e, com a mesma atenção, todas as táticas de conversa que você aprendeu nas nove unidades do curso. Agora você vai conversar pela primeira vez em italiano com um falante real! Conversar cara a cara com um nativo pode ser intimidante, mas tenho um truque para lidar com essa situação: marco minhas primeiras conversas em um novo idioma com um parceiro online. Isso diminui a pressão e, como vantagem adicional, permite a realização de pesquisas rápidas de palavras e frases em serviços de tradução e dicionários online. Então, vamos aprender a montar uma estratégia para suas primeiras conversas!

### #LANGUAGEHACK
Faça anotações para ligar o "piloto automático" na sua primeira conversa.

# SUA PRIMEIRA CONVERSA

**HACKEANDO:
Embarque no "feitiço do tempo" para atingir a fluência**
Felizmente, na internet você pode ter inúmeras "primeiras conversas" com diferentes pessoas até criar segurança. Portanto, converse sempre com as mesmas pessoas para explorar novos territórios.

Recomendo que você **use esta frase mesmo que já saiba** o nome do seu parceiro. Afinal, o objetivo da conversa é aprender a utilizar as frases do seu repertório!

🔊 **10.01** Ouça este exemplo de "primeira" conversa entre um hacker da linguagem e seu parceiro, Claudio. Ao ouvir a gravação, sublinhe as palavras e frases que pretende usar em sua primeira conversa com um nativo.

| | |
|---|---|
| Claudio: | Ciao! |
| Hacker da linguagem: | Ciao, come ti chiami? |
| Claudio: | Mi chiamo Claudio, e tu? |
| Hacker da linguagem: | Mi chiamo Benny. |
| Claudio: | Piacere di conoscerti, Benny. Dimmi, vivi qui? |
| Hacker da linguagem: | Sono irlandese ma ora vivo a New York. |
| Claudio: | Ah, che interessante! L'Irlanda. Non sono mai stato in Irlanda ma ho visitato New York una volta, a 20 anni. Sei stato in Italia? |
| Hacker da linguagem: | No… non ancora. Un giorno spero… Scusa, vado a lezione di italiano solo da alcune settimane. Puoi parlare più piano? |
| Claudio: | Oh, certo! |
| Hacker da linguagem: | Sei molto paziente. Grazie che parli con me. Quindi, da quando insegni italiano? |

## APLIQUE SUAS TÁTICAS DE CONVERSA

### O que devo dizer?

Cada conversa tem uma "fórmula", ou seja, frases que aparecem frequentemente. Abordamos esse ponto diversas vezes ao longo do livro e mostramos como você pode se beneficiar da natureza previsível das conversas.

Imagine que você esteja conversando em italiano pela primeira vez com Claudio, um falante nativo. Nesse caso, o ritmo da conversa será um pouco diferente. Leia os comandos indicados entre parênteses e preencha as lacunas a seguir com as respectivas frases.

**Claudio:** Ciao, piacere...

**Hacker da linguagem:** _____

(Cumprimente seu parceiro de idioma.)

**Claudio:** Mi chiamo Claudio. E tu?

**Hacker da linguagem:** _____

(Informe seu nome e pergunte se vocês podem falar usando o *tu*.)

**Claudio:** Sì, certo!

**Hacker da linguagem:** _____

(Agradeça por ele conversar com você hoje.)

**Claudio:** Nessun problema, è un piacere. Perché studi italiano?

**Hacker da linguagem:** _____

(Responda a pergunta sobre o motivo de estar aprendendo italiano.)

**Claudio:** Benissimo! Vuoi parlare altre lingue?

**Hacker da linguagem:** _____

(Diga se você fala ou não outros idiomas.)

**Claudio:** Il mio studente canadese dice che questa lingua è molto difficile!

**Hacker da linguagem:** _____

(Diga que não entendeu e peça a ele para escrever a frase.)

**Claudio:** Certo. Il mio studente del Canada, Eric, dice che questa lingua non è facile.

> Não leve as correções para o lado pessoal. Seu parceiro de estudo sabe que o objetivo aqui é ajudá-lo a melhorar seu italiano. As críticas dele são construtivas!

Depois de conferir esses dois exemplos de primeira conversa, vamos prepará-lo para um diálogo real.

SUA PRIMEIRA CONVERSA ⋯ **209**

### #LANGUAGEHACK:
Faça anotações para ligar o "piloto automático" na sua primeira conversa.

Tenho certeza que você vai se sair bem na conversa, mesmo que não se considere preparado para a ocasião. Sei disso porque você vai consultar suas anotações.

Fique à vontade para fazer essas consultas. A conversa não é uma prova. É uma conversa. Antes das minhas conversas online, costumo anotar as palavras e frases que pretendo usar em cada sessão. Como a primeira conversa será pela internet, posso consultar minhas anotações diretamente (em papel, outra janela do computador ou outro dispositivo) a qualquer momento.

Você também pode adotar essa prática e dispor de frases prontas, planejadas e escritas para consultar enquanto conversa em italiano. Assim, nunca ficará sem saber o que falar. Se isso ocorrer, é só respirar fundo e consultar suas anotações.

Pense nas suas anotações como uma muleta. Seu objetivo é facilitar a transição entre estudar italiano e *falar* italiano. Consultar suas anotações é uma excelente forma de sair da inércia e dominar a expressão verbal em menos tempo.

Vamos preparar suas anotações. Costumo dividir as minhas notas em quatro partes:

1 Expressões essenciais
2 Frases essenciais
3 Perguntas que pretendo fazer
4 Frases "pessoais"

## EXPRESSÕES ESSENCIAIS

As expressões essenciais são palavras e frases que você pretende usar em todas as conversas. Geralmente são cumprimentos, despedidas, perguntas e respostas frequentes preparadas com antecedência.

No quadro a seguir há algumas sugestões. Preencha as outras linhas com as expressões que você pretende usar, entre as indicadas no curso e as que tiver pesquisado.

> Pense nas suas anotações como estabilizadores. Seu objetivo é facilitar a transição entre estudar italiano e falar italiano. Consultar suas anotações é uma excelente forma de sair da inércia e dominar a expressão verbal em menos tempo.

Você não precisa pensar em todas as palavras ou respostas possíveis. Deixe que o idioma diga o que você deve aprender. Ao usar seu repertório atual (amplo ou limitado) para acompanhar o ritmo natural da conversa, você vai identificar rapidamente as frases (pessoais) que (ainda!) não estão no seu script.

## Expressões essenciais
(Consulte as Unidades 1–3 para se inspirar.)

| Cumprimentos | Despedidas |
|---|---|
| ciao! come va? | alla prossima! |
| grazie che parli con me | bene, devo andare |

(Consulte as Unidades 1–6 para se inspirar.)

| Perguntas típicas | Respostas preparadas |
|---|---|
| come ti chiami? | |
| di dove sei?/dove vivi? | |
| dove lavori? | |
| perché studi italiano? | |
| parli altre lingue? | |

SUA PRIMEIRA CONVERSA 211

## FRASES ESSENCIAIS

Fique à vontade para cometer erros quando se expressar em italiano, pois isso é normal. Prepare-se para lidar com essa situação e desenvolva um plano para momentos difíceis. Quando você não se lembrar de alguma palavra ou não compreender nada do que a outra pessoa diz, ainda poderá conversar usando as frases essenciais preparadas com antecedência.

No quadro a seguir, há algumas sugestões. Preencha as outras linhas com suas próprias frases.

## Frases essenciais para pedir ajuda
(Consulte a Unidade 3 para se inspirar.)

| Frases completas | Ou curtas! |
|---|---|
| puoi aspettare un momento? | un momento |
| puoi scriverlo? | scritto, per favore |
| puoi ripetere? | ancora? |
| più piano, per favore | piano? |
| non capisco | cosa? |
| puoi dirlo di nuovo? | ancora? |
| _____ | _____ |
| _____ | _____ |
| _____ | _____ |
| _____ | _____ |
| _____ | _____ |
| _____ | _____ |

Na hora da conversa, você estará com a cabeça cheia. Então, fique tranquilo caso precise usar palavras isoladas para se fazer entender. Sempre acrescente **per favore** no final da frase para que seu parceiro saiba que você não quis ser mal-educado!

### PERGUNTAS QUE PRETENDO FAZER

Crie algumas perguntas para fazer durante a conversa, a fim de aliviar a tensão e passar a palavra para a outra pessoa. Esse é um ótimo recurso para lidar com momentos silenciosos em diálogos.

No início do quadro a seguir há boas opções. Preencha as outras linhas com mais perguntas. Faça, por exemplo:

- ⋯❯ Perguntas sobre a vida no país da outra pessoa (*Fa freddo a Torino?*)
- ⋯❯ Perguntas sobre a língua italiana (*Cosa significa "quotidiano"?*)
- ⋯❯ Perguntas sobre a vida, trabalho e hobbies da outra pessoa (*Cosa vuoi fare il weekend?*)

Falar italiano com alguém novo é uma oportunidade para aprender sobre sua vida, idioma e cultura! Costumo me preparar antes quando há algo específico que desperte minha curiosidade.

## Perguntas planejadas
(Consulte as Unidades 2–9 para se inspirar.)

fa caldo a _____ ?

da quanto tempo _____ ?

sai parlare _____ ?

come si dice in italiano _____ ?

mi aiuti a _____ ?

cosa ne pensi di _____ ?

_____ ?

_____ ?

_____ ?

_____ ?

_____ ?

_____ ?

## FRASES "PESSOAIS" PARA PÔR EM PRÁTICA

Essas frases tratam de assuntos específicos que você pretende abordar, ou seja, temas como seus interesses, o que tem feito ultimamente, quais são seus planos para o futuro e pessoas próximas a você.

Na sua primeira conversa, se utilizar as frases e expressões essenciais, o que vier depois é lucro!

Em conversas pela internet, estabeleço como meta utilizar um certo número de frases novas em cada sessão. Se quiser adotar essa prática, escolha de duas a cinco frases, o que já é muito para uma primeira conversa. Você pode falar sobre:

···⟩ **Algo do seu interesse.** (*Adoro la fantascienza!*)

···⟩ **Algo que você fez hoje ou recentemente.** (*Ho letto un articolo sui treni in Italia.*)

···⟩ **Seus planos para o futuro.** (*Voglio ballare questo weekend.*)

···⟩ **Pessoas próximas a você.** (*La mia ragazza parla un po' di italiano.*)

## Frases "pessoais"

mi piace (molto) ...

voglio ...

il mio amico (la mia amica) ...

# PREPARE-SE PARA SUA PRIMEIRA CONVERSA

É altamente recomendável que as suas primeiras conversas sejam em chamada de vídeo. Nesse caso, a tecnologia deve ser sua melhor amiga. Em um bate-papo online, você pode consultar facilmente suas anotações, pesquisar palavras na hora e traduzir qualquer frase em um site especializado nesse serviço, tudo isso enquanto conversa.

Mas, atenção: se tudo der errado, você ainda pode conversar em italiano usando apenas três frases: ***Non capisco. Puoi scriverlo? Un momento***. Não está acreditando? Imagine essa situação como o pior cenário possível:

- Seu parceiro diz *ciao*, você responde *ciao* (acertou!). Em seguida, ele diz: *@yego^3\*8ham#3pt9ane1&?* E você não entende nada.
- Você responde com: *Non capisco. Puoi scriverlo, per favore?*
- Ele digita a frase e envia pelo chat. Você seleciona o texto, copia, cola e encontra rapidamente a tradução. Você pensa, ah, entendi! Mas na hora de responder você não sabe o que dizer.
- Então, você diz: *Un momento*. Pacientemente, ele espera você digitar a frase em português em um tradutor online. Até que finalmente, depois de pressionar Enter, você vê a tradução e lê as palavras com o melhor sotaque italiano possível.
- *Retorne ao primeiro passo e faça tudo de novo.*

Esse é o cenário ideal? Não. Mas é melhor do que não conversar? *Com certeza.*

Felizmente, você vem se preparando para este momento ao longo das últimas nove missões. Portanto, mesmo que ache o contrário, você está pronto. Pode confiar em mim. Na sua preparação, observe as seguintes recomendações:

- Deixe suas anotações ao alcance da visão.
- Deixe sua ferramenta de tradução engatilhada (confira a seção Recursos!).
- Faça as devidas configurações para a chamada.
- Um pouco antes da conversa, ouça e repita um áudio em italiano.

> Na verdade, **é surpreendente o quanto você pode aprender** até mesmo em uma situação ruim como essa. Se esquecer todas as frases exceto essas três, você ainda poderá conversar (razoavelmente) em italiano e aprender bastante.

> A tradução automática não substitui o estudo do idioma, mas serve como suporte quando for estritamente necessário!

> Esse exercício serve para **"aquecer"** sua voz e audição para a conversa. Há uma gravação no final desta unidade e outros recursos de áudio podem ser encontrados online na seção Recursos.

Na primeira conversa, o objetivo não é provar a excelente qualidade do seu italiano para a outra pessoa. Sua meta deve ser aprender, praticar e ganhar confiança. Basta lembrar **desses objetivos** e tudo dará certo!

## O QUE ESPERAR

A primeira conversa sempre é a mais difícil e estressante, mas tem importância fundamental como primeiro passo para que o iniciante se sinta confortável no seu estudo de italiano. No início, todos cometem erros, e nenhum estudante de italiano no começo do aprendizado deve saber de cor todas (ou quase todas) as palavras. É normal que você tenha um vocabulário limitado. Não se preocupe em acertar todas as pronúncias: sua prioridade é se fazer entender. Ser compreendido — estabelecer comunicação com outro ser humano — é o principal objetivo aqui. Não é preciso decorar a gramática inteira, empregar sempre a palavra certa no lugar correto ou ter o sotaque perfeito.

Vamos revisar algumas das habilidades que você desenvolveu no decorrer deste livro para aplicar na sua primeira conversa!

- **Reformulação:** Lembre-se de que você vai precisar reformular muitas frases para facilitar sua compreensão (mantendo sempre o sentido original). Reformular ideias e simplificar sua apresentação é uma habilidade essencial dos hackers da linguagem.
- **"Italiano Tarzan":** Fique à vontade para falar utilizando o "italiano Tarzan"! Se você souber dizer algo certo, diga certo. Mas se souber dizer algo um pouco errado, diga errado! A outra pessoa pode ajudá-lo a determinar a expressão correta.
- **Aprenda com suas lacunas:** Apesar da reformulação, você vai perceber que ainda não sabe se expressar totalmente no idioma. E, ao conversar, vai constatar falhas na sua pronúncia e seu parceiro poderá corrigi-lo. Bom! Lembre-se dessa recomendação importante: tome nota das frases que achar relevantes para utilizá-las na próxima vez.
- **Em caso de dúvidas, arrisque um palpite!** Finalmente, se não tiver certeza do que seu parceiro de conversa acabou de dizer, arrisque um palpite! Use o contexto (expressões faciais no vídeo e palavras conhecidas) para deduzir o significado da frase inteira.

Conversar diretamente com alguém é a melhor forma de praticar o idioma. Esse é o maior segredo do #languagehacking.

Aproveite sua primeira conversa e as muitas que virão depois!

**TÁTICA DE CONVERSA:** *Controle seu nervosismo*
Geralmente, os iniciantes ficam intimidados diante da opinião da outra pessoa na conversa. Então, quando estiver diante da tela, nervoso demais para pressionar o botão Ligar (algo que todos nós já vivenciamos), chame um amigo para encorajá-lo (e talvez lhe dar uma força para começar!). Não se preocupe! Provavelmente a outra pessoa está tão nervosa quanto você! Se estiver ajudando seu parceiro de intercâmbio linguístico com o português, ele pode estar mais preocupado com a língua portuguesa do que com o seu italiano! Por outro lado, nas aulas iniciais, um novo professor pode querer causar uma boa primeira impressão.

# FINALIZANDO A UNIDADE 10

Chegamos à última missão! Reveja as frases e as táticas de conversa indicadas na unidade. Quando se sentir confiante, ouça o áudio de treino para praticar sua compreensão auditiva, pronúncia e expressão verbal.

1 Para praticar, responda as perguntas mais frequentes.

🔊 **10.02** Ouça o áudio com perguntas em italiano.

···◈ Responda as perguntas em italiano e formule respostas de acordo com o seu contexto.

···◈ Pause ou repita o áudio sempre que precisar.

2 🔊 **10.03** Neste áudio de treino, uma italiana descreve casualmente sua vida. Ouça o áudio e, depois de cada clipe, responda as perguntas a seguir de acordo com o que entendeu (ou deduziu) da gravação.

···◈ Qual é o nome dela? _____

···◈ De onde ela é? _____

···◈ Onde ela mora agora? _____

···◈ Há quanto tempo ela ensina italiano? _____

···◈ Ela fala outros idiomas? Se sim, quais? _____
_____

···◈ O que ela gosta de fazer em seu tempo livre? _____
_____

## Mostre o que sabe...

Tudo pronto para a missão final? Antes de continuar:

☐ Atualize as expressões essenciais que pretende usar na conversa e escreva as novas nas suas anotações.

☐ Atualize as frases essenciais e escreva as novas nas suas anotações.

☐ Prepare de duas a cinco frases "pessoais" que deseja praticar e inclua nas suas anotações.

☐ Prepare, pelo menos, três perguntas para fazer durante a conversa e inclua nas suas anotações.

---

**TÁTICA DE CONVERSA:**
*Faça um aquecimento antes da sua primeira conversa!* Utilizar o áudio para praticar é uma das melhores formas de se preparar para uma conversa. Uma ou duas horas antes de iniciar a sessão, ouça os exercícios e repita as frases para entrar no ritmo de conversação do italiano.

**HACKEANDO:**
*desenvolva as habilidades mais importantes agora* É exatamente isso que você deve fazer na sua primeira conversa: ouça as frases do seu parceiro e combine suas habilidades, os conhecimentos que adquiriu no #languagehacking e o contexto para compreender as partes mais complexas.

Lembre-se de que o **perfeccionismo é seu inimigo**. Se você acertar, a conversa vai avançar, mas se errar, a terra não vai se abrir e engolir todo o seu ser. Na verdade, essa é uma oportunidade de aprender algo novo. Então, fique tranquilo e aproveite o processo!

Lembre-se de que você sempre pode **pedir ajuda**. Para aprender novas frases ou melhorar sua pronúncia, é sempre bom pedir ajuda diretamente!

## QUAIS SÃO SEUS OBJETIVOS?

Só mais uma coisa. Antes de iniciar sua primeira conversa, é recomendável definir a meta que você deseja atingir e as frases que pretende praticar. Seja realista, mas ambicioso e flexível; nunca se sabe para onde a conversa vai se encaminhar, o que é excelente para os iniciantes.

Faça algumas anotações e liste o que deseja praticar na sua primeira conversa. Em seguida, encontre um parceiro para treinar o idioma.

**TÁTICA DE ESTUDO:**
Lauren, minha parceira, costuma preparar um "bingo de conversação" para praticar idiomas na internet. Ela escreve uma lista de frases que deseja praticar durante a chamada (seja falando ou escutando) e tenta riscar a maior quantidade delas possível.

## COMPLETE SUA MISSÃO

É hora de completar a missão: converse diretamente com um falante nativo… online. Prepare-se para:
- Dizer olá e usar os principais cumprimentos.
- Dizer adeus ou marcar uma nova conversa.
- Fazer, pelo menos, três perguntas.
- Responder as perguntas mais frequentes.
- Usar frases essenciais quando não entender algo ou precisar de ajuda.

## PASSO 1: Encontre um parceiro e marque sua primeira conversa

Confira nosso guia de Recursos para saber como encontrar um parceiro para conversar pela internet e marcar seu primeiro bate-papo.

Ao se preparar para sua primeira conversa, envie mensagens para os parceiros ou professores disponíveis com quem você tenha mais afinidade. Quebre o gelo enviando uma mensagem (em italiano, claro!) para definir os detalhes da ocasião. Uma boa forma de se aproximar de alguém é dizer:

> **HACKEANDO: _A urgência é sua amiga_**
> Agende para amanhã ou o quanto antes. Não dedique muito tempo à preparação, pois pensar demais nessa etapa pode causar adiamentos no futuro. Marque para a próxima oportunidade e não olhe para trás!

- ⋯▷ Seu nome.
- ⋯▷ Nível no idioma.
- ⋯▷ O ponto que pretende praticar ou abordar durante a conversa.

### Exemplo:

> Ciao! Mi chiamo Melissa. Voglio parlare italiano con te. Voglio dire frasi semplici. Per esempio, il mio nome e il mio paese. Sono principiante, quindi grazie per la tua pazienza!

Seja educado, faça uma apresentação rápida e indique o ponto que deseja praticar, mas não fale demais. Guarde algumas frases para a conversa! Escreva seu próprio método para quebrar o gelo.

## PASSO 2: Vá até o fim... _online_

A primeira vez pode ser assustadora, mas tudo fica mais fácil com o tempo! Portanto, acesse a comunidade online e aproveite uma primeira conversa autêntica e divertida em italiano!

Observe as orientações a seguir durante a conversa:

- ⋯▷ Reformule suas ideias e crie frases mais simples.
- ⋯▷ Se precisar, fale o "italiano Tarzan", que é melhor do que nada!
- ⋯▷ Anote qualquer "lacuna" que identificar no seu vocabulário.
- ⋯▷ Anote qualquer frase ou palavra que deseja dizer, mas não sabe ainda.
- ⋯▷ Escreva palavras ou frases novas para rever depois.

_Lembre-se de que a sua primeira conversa é apenas isso: uma **primeira** conversa. A única forma de chegar à 50ª conversa é começar pela primeira e continuar._

## PASSO 3: Aprenda com outros estudantes e compartilhe sua experiência!

Conte para a comunidade como foi sua conversa! (Se estiver nervoso, confira primeiro como foram as primeiras conversas dos outros membros.) **Sua tarefa é perguntar ou responder pelo menos três perguntas dos outros estudantes:**

FINALIZANDO A UNIDADE 10 ⋯▷ **219**

···⟩ Você ficou nervoso? Como lidou com o nervosismo?

···⟩ Como seu professor ou parceiro se portou durante a conversa?

···⟩ O que deu certo? E errado? O que você faria diferente na próxima vez?

## PASSO 4: Avalie o que aprendeu

Depois da primeira conversa, fica mais fácil identificar palavras desconhecidas e expressões que você não sabe dizer. Porém, é muito mais produtivo priorizar seus pontos fortes. Você "só" conseguiu falar seu nome, trabalho e que mora com seu gato? Essa é uma grande vitória. Não ignore suas conquistas.

···⟩ Quais foram as suas vitórias? Quais frases você conseguiu dizer ou entender?

···⟩ Revise as anotações que você fez durante a conversa. Você precisou de alguma palavra que não sabia? Quais? Aprendeu palavras novas? Quais?

# EI, HACKER DA LINGUAGEM, VOCÊ ACABOU DE CONVERSAR EM ITALIANO

*Pelo menos era essa a ideia!*

Você acabou de quebrar uma das maiores barreiras do estudo de idiomas! Depois de ultrapassado esse limite, o caminho está aberto para a fluência em italiano, um sonho para a maioria das pessoas. Aproveite essa conquista e saiba que sua segunda conversa será ainda melhor do que a primeira, e sua terceira será melhor do que a segunda. Marque a próxima aula de conversação agora mesmo. Não adie, pois a urgência é um dos principais fatores de motivação dos hackers da linguagem.

Esta é sua próxima missão: *Continua così!* Continue assim!

# RESPOSTAS

## UNIDADE 1

### CONVERSA 1

**Desvende** 1 Sou. 2 Ciao (Oi!) e benvenuta a Roma (bem-vinda a Roma) 3 E tu? 4 a. giornalista b. americana c. Roma

**Observe** 1 a. sono b. vivo a c. E tu? d. Sono italiano. 2 Parlami di te!

**Pratique** 1 b. Exemplos: Giappone, Germania, Brasile (países); giapponese, tedesco, brasiliano (nacionalidades); ingegnere, professore, traduttore (profissões), videogiochi, pesca, pallacanestro (interesses) 2 a. Exemplo: Sono Richard. b. Exemplo: Sono inglese. c. Exemplo: Sono (un) dentista. d. Exemplo: Vivo a Londra.

**Junte tudo** Exemplos: Sono Richard. Sono inglese. Sono (un) dentista. Vivo a Londra.

### CONVERSA 2

**Desvende** 1 Cosa ti piace? 2 a. la pizza b. Non mi piace la bruschetta. c. dormire 3 a. letteratura b. adoro c. musei d. visitare 4 Exemplos: pizza pizza, cinema cinema, attivo ativo, tennis tênis, sport esporte, preferito preferido

**Observe** 1 A tradução literal é: "me agrada" (Mi piace). 2 a. musei b. mi piace c. amo d. adoro e. non mi piace f. letteratura g. visitare

**Pratique** 1 Exemplo: La pallacanestro (o basquete) è il mio sport preferito. 2 Exemplos: a. La pasta è il mio cibo preferito. b. *Titanic* è il mio film preferito. c. La Galleria Nazionale è il mio museo preferito.

**Sua vez: Use o hack** 2 Exemplos: americana, giornalista, studiare, ovviamente, pizza, cinema, letteratura, attivo, visitare, musei, adoro, tennis, sport, preferito 3 Exemplos: geografia, organizzazione, taxista, possibilità, influenza, discussione, divisione

**Explicação gramatical: verbo + substantivo** 1 Exemplos: a. Amo/Adoro il caffè. b. Mi piace la televisione. c. Non mi piace parlare inglese.

**Junte tudo** Exemplo: Mi piace parlare italiano. Voglio un caffè. Amo la musica italiana. Mi piace dormire. Non amo lo sport. Non mi piace visitare i musei.

RESPOSTAS 221

## CONVERSA 3

**Desvende**  1 Perché? = Por quê? Perché... = Porque...  2 voglio parlare una bella lingua; voglio capire la cultura italiana; voglio vivere e lavorare in Italia; la musica italiana è molto interessante  3 a. a cultura italiana b. a música clássica ou a música pop c. na Itália  4 Exemplo: cultura, interessante  5 Voglio é a conjugação do io (eu). Vuoi é a conjugação do tu (você informal).

**Tática de conversa**  1 a. o b. ma c. e d. perché  2 a. Il cinema è interessante. b. La cultura è differente qui.  3 imparare, parlare, capire, vivere, lavorare  4 a. Voglio imparare b. Amo parlare c. Adoro vivere  5 a. cultura b. lingua c. musica d. interessante e. classica f. pop

**Pratique**  1 a. Trovo b. Voglio vivere c. Mi piace imparare d. Visito e. Voglio f. Mi piace mangiare g. Voglio studiare h. Voglio capire  2 a. Amo parlare italiano. b. Non mi piace visitare i musei. c. Mi piace imparare le lingue. d. Voglio visitare l'Italia.  3 Exemplos: a. Mi piace la pasta e mi piace il caffè. b. Mi piace il tennis ma non mi piace il rugby. c. Ti piace la musica classica o ti piace la musica pop? d. Mi piace il cinema perché è interessante.

**Junte tudo**  Exemplo: Voglio imparare l'italiano perché è una bella lingua e visito presto l'Italia. Mi piace la musica classica ma non mi piace la musica pop. Voglio conoscere gli italiani e la cultura italiana. Amo studiare le lingue ma non il giapponese.

## COMPLETE SUA MISSÃO

**Construa seu script**  Exemplo: Sono Richard e sono un insegnante. Sono americano e vivo in Italia a Roma. Visito l'Italia perché mi piace la cultura e perché lavoro qui in una scuola di lingue. Voglio imparare l'italiano perché mi piace parlare le lingue.

# UNIDADE 2

## CONVERSA 1

**Desvende**  1 a. Due (Duas) b. Sì c. No  2 a. falso b. falso c. vero  3 Sì, certo/Sì, davvero.  4 Você acrescenta o "não" antes do verbo. A palavra é non.  5 a. Non voglio imparare lo spagnolo. b. Non vivo a Milano. c. Non amo l'arte moderna. d. Non mi piace viaggiare.

**Observe**  1 bene, un po'  2 a. Parlo solo italiano. b. Amo solo la musica classica.

**Explicação gramatical: "não"**  a. Sì, mangio carne. No, non mangio carne.  b. Sì, lavoro in ospedale. No, non lavoro in ospedale.  c. Sì, voglio venire alla festa. No, non voglio venire alla festa.

**Pratique**  1 a. Parlo solo portoghese. b. Imparo un po' di russo. c. Imparo tanto italiano qui a Roma.

**d.** Davvero! Non parlo italiano! **e.** Oggi studio (lo) spagnolo!   **2** **a.** R **b.** R **c.** D **d.** D **e.** D **f.** R
**3** **a.** Alessandro vive a Roma? **b.** Parli spagnolo? **c.** Marco impara l'italiano?

**Junte tudo**   **1** **a.** tedesco **b.** francese **c.** cinese **d.** Exemplo: spagnolo. **e.** Exemplo: russo
**2** **a.** Exemplo: Sì parlo francese, tedesco e un po' di cinese. Exemplo: No, non parlo altre
lingue. Parlo solo portoghese. **b.** Exemplo: Sì, voglio imparare il russo. Exemplo: No, non voglio
imparare altre lingue.

## CONVERSA 2

**Desvende**   **1** **a.** solo due settimane (só duas semanas) **b.** tre lingue: l'inglese, il giapponese e
l'arabo **c.** il giapponese – perché mi piace la cultura giapponese   **2** **a.** 3 **b.** 2 **c.** 4 **d.** 1
**3** **a.** especialmente **b.** difícil   **4** Parli molto bene italiano.   **5** **a.** Prego **b.** Da quando **c.** Quante

**Observe**   **1** Da quando, "quando"   **2** **a.** Melissa studia italiano da due settimane. **b.** Luca
spera
di imparare l'inglese, il giapponese e l'arabo.   **3** **a.** è vero **b.** La cultura è interessante.
**4** **a.** Quante **b.** Studio la lingua da febbraio **c.** Parlo due lingue. **d.** Da quando

**Pratique**   **1** quanti, qui   **2** **a.** cinque giorni **b.** tre anni **c.** otto mesi **d.** quattro settimane.
**e.** Vivo in Italia da Capodanno. **f.** Studio italiano da nove settimane. **4** Exemplo: Studio italiano
da 2 mesi.

**Junte tudo**
**4**   **a.** Da quando vivi in Italia? **b.** Da quando insegni l'italiano?

## CONVERSA 3

**Desvende**   **1** O que está fazendo? Como faz?   **2** ogni settimana, ogni giorno   **3** **a.** Ogni
settimana **b.** Ogni giorno   **4** **a.** è facile, è vero **b.** allora, ah, be' **c.** vocaboli, lezione, idea,
Internet, interessante   **5** **a.** vero **b.** falso **c.** vero **d.** falso

**Observe**   **a.** Mi sembra **b.** Sono d'accordo **c.** Devo **d.** Semplice! **e.** Quello aiuta!

**Pratique**   **1** **a.** parli **b.** visiti **c.** vedi **d.** rispondi **e.** senti   **2** amo – ami, imparo – impari, mangio
– mangi, dormo – dormi, scrivo – scrivi, lavoro – lavori, decido – decidi   **3** **a.** Vivi **b.** Voglio
**c.** Studio **d.** Faccio **e.** Voglio   **4** **a.** Cosa, fare **b.** Studi, vocaboli **c.** faccio **d.** Lavoro, settimana
**e.** Imparo, ogni giorno   **5** **a.** Mi piace parlare italiano. **b.** Devi mangiare qui. **c.** Sai che imparo
italiano da due settimane. **d.** Amo/Adoro parlare italiano.

**Junte tudo**   Exemplos: Voglio parlare quattro lingue. Vado spesso in Italia. Devo parlare con
tanti italiani. Ora studio il giapponese.

RESPOSTAS   **223**

## COMPLETE SUA MISSÃO

**Construa seu script**   Exemplo: Da quando vivi qui? Cosa ti piace fare il fine settimana? Parlo tre lingue. Parlo bene il francese e il tedesco e parlo un po' d'italiano. Spero di imparare il russo, faccio lezione su Internet ogni giorno. Imparo l'italiano da due settimane.

# UNIDADE 3

## CONVERSA 1

**Desvende**   1  a. vero b. falso c. vero   2  a. grazie b. prego c. per favore   3  a. sem problema b. Como se chama?/Qual é o seu nome?   4  Em que cidade está?

**Observe**   1  Più piano, per favore.   2  a. È un piacere conoscerti. b. Tutto bene. c. Adesso sono a Brasile. d. Dove ti trovi?   3  a. te conhece b. te encontra c. me chamo

**Pratique**   2  a. 3 b. 6 c. 4 d. 1 e. 5 f. 2   3  a. molto, oggi b. è, tutto c. Dove, adesso d. Devi insegnarmi

**Explicação gramatical: Ordem das palavras com objetos**   1  Coluna 4: dirmi, aiutarmi, darmi, inviarlo, scrivermi, chiamarti; non mangiarlo   2  a. Ti vedo. b. Non lo vedo. c. Puoi aiutarmi? d. Non ti sento.   3  a. Lo capisco. b. Puoi scrivermi? c. Mi vedi? d. Voglio dirti...   4  a. Non voglio disturbarti. b. Puoi dirmi? c. Voglio inviarlo. d. Non posso chiamarti.

**Junte tudo**   Exemplos: a. Sono a Milano. b. Adesso studio italiano con il mio insegnante. c. Vedo un film in italiano. d. Visito i musei di Milano.

## CONVERSA 2

**Desvende**
1  a. vero b. falso c. falso
2  a. interessante b. repetir c. razão d. momento   3  a. Você mora em outra cidade? b. Pode repetir? c. Não te escuto bem. d. Está me escutando?

**Observe**   1  a. vivo, vivi b. sono, sei c. puoi, dici d. lavoro, sento e. capisco, non capisco

**Tática de conversa 1: Frases essenciais**   1  Più piano, per favore (Conversa 1), Mi dispiace (Conversa 2), Non capisco (Conversa 2), Puoi ripetere? (Conversa 2), Un momento (Conversa 2), Non ti sento (Conversa 2) 2 Exemplos: a. Non capisco. Puoi aiutarmi? b. Imparo italiano solo da un mese. Puoi parlare più piano?

**224** ····❖ RESPOSTAS

**Pratique** 1 Exemplos: **a.** Dove vivi? **b.** Cosa dici? **c.** In quale altra città vuoi vivere? **d.** Perché vuoi lavorare a Roma? **e.** Lavori in un'università? Ho capito bene? 2 **a.** Por quê? Perché?, Onde? Dove?, Quando? Quando?, Quem? Chi?, Quantos? Quantas? Quanti? Quante?, Você pode? Puoi? 3 **a.** Quando? **b.** Quanti? **c.** Chi? **d.** Dove? **e.** Perché?

**Junte tudo** Exemplo: Sono americano, ma adesso vivo a Pisa. Vivo a Pisa da un anno. Vivo a Pisa perché mi piace l'arte italiana e mi piace parlare italiano. Lavoro in una scuola da sei mesi, insegno inglese.

## CONVERSA 3

**Desvende** 1 **a.** desativar **b.** instalar **c.** conexão 2 **a.** vero **b.** vero **c.** falso **d.** vero 3 **a.** nuovo **b.** Mi dispiace. **c.** A presto, Alla prossima **d.** Ho bisogno di 4 **a.** tranquilla/o **b.** va bene **c.** non è la mia/il mio **d.** forse **e.** sai 5 "la mia" significa minha

**Tática de conversa 1: Use o "italiano Tarzan"** **a.** Più piano, per favore. **b.** Quanto (costa)? **c.** Supermercato, dove?

**Tática de conversa 2: Use as frases polivalentes** **a.** luogo dei libri **b.** persona del ristorante

**Observe** 1 **a.** ho **b.** posso **c.** mi senti **d.** chiamare **e.** credo 2 certo, tranquilla/tranquillo 3 non ricordo la parola

**Pratique**
1 **a.** Penso che / Credo che funziona **b.** Pensi che posso **c.** Posso dire **d.** Puoi chiamare **e.** Devo lavorare **f.** Devo avere **g.** Devi parlare 2 **a.** Puoi installare, nuovo **b.** Se vuoi, posso aiutare **c.** prossima, spero di avere **d.** Non, dove è. **e.** ti sento, Puoi ripetere?

**Explicação gramatical: Mio / mia / miei / mie (meu / minha / meus / minhas)** **a.** mio **b.** tua **c.** tue

**Sua vez: Use o hack** 1 **a.** un popolo **b.** una città **c.** una commedia **d.** un organismo **e.** un appartamento **f.** una differenza **g.** un teatro **h.** una pace **i.** una religione **j.** un telefono **k.** un vino **l.** una libreria **m.** un peperone **n.** un poema **o.** un'azione 2 **a.** il popolo **b.** la città **c.** la commedia **d.** l'organismo **e.** l'appartamento **f.** la differenza **g.** il teatro **h.** la pace **i.** la religione **j.** il telefono **k.** il vino **l.** la libreria **m.** il peperone **n.** il poema **o.** l'azione 3 Mascolinità termina em -à, femminismo termina em -o.

**Junte tudo** Exemplo: Forse il nuovo smartphone funziona bene. Ho un portatile e uno smartphone. Ho bisogno di (comprare) un computer nuovo.

## COMPLETE SUA MISSÃO

**Construa seu script** È una persona famosa. Lavora nel cinema. È un uomo molto famoso in Italia. È un pirata pazzo. Dice sempre… dove rum?

RESPOSTAS **225**

# UNIDADE 4

## CONVERSA 1

**Desvende**
1 a. vero b. falso, Melissa convida Paola para se sentar com ela c. falso, Paola é muito paciente. 2 a. Sono di Milano. b. Scusa, parli italiano? c. Ti dispiace se pratico il mio italiano con te? d. sono ancora principiante 3 a. italiani b. paziente c. principiante 4 a. Parliamo! b. Non ti preoccupare!

**Observe** 1 a. Parli italiano? Ti dispiace se pratico il mio italiano con te? b. Ti dispiace se...? 2 a. ancora b. già c. tanto d. ancora e. già f. tanto

**Pratique** 1 a. Impariamo parole nuove ogni giorno. b. Parliamo più piano con i principianti. c. Vediamo insieme lo spettacolo. d. Ascoltiamo la radio.

**Junte tudo** 1 Ti dispiace se parlo con te? Ti dispiace se apro la finestra? 2 Exemplo 1: ah, parli italiano!; Sono ancora un/a principiante; Imparo... solo da... Exemplo 2: Per me è una bella lingua!; E un giorno spero di andare in Italia. Exemplo 3: Ti dispiace se... parlo con te?/... tocco il tuo cane?/... mi siedo qui?/... apro la finestra?

## CONVERSA 2

**Desvende** 1 a. Milano b. Assisi c. avere – ho 2 a. Quanto tempo resti a Roma? b. per alcuni mesi 3 Masculine; por causa do *il* antes da palavra, bem como o gênero masculino no adjetivo *prossimo*. 4 a. talvez no mês que vem b. quer dizer c. há muito o que fazer 5 a. 6 b. 3 c. 4 d. 1 e. 2 f. 5

**Observe** 1 a. perché non visiti b. Voglio dire c. Vuoi dire 2 per alcuni mesi 3 a. 4 b. 1 c. 5 d. 3 e. 6 f. 2 4 a. Viaggi molto? b. Vediamo la Cappella Sistina domani. c. Voglio visitare Milan. d. Prendo un taxi in città.

**Pratique** 1 a. prendere b. prendo c. prendi 2 a. Prendo il treno b. Vado in macchina. c. Vado in aereo a Brasile. 3 a. il weekend b. questo weekend c. il prossimo weekend d. ogni weekend 4 a. vai, per vedere b. visitare, come, e c. per andare, devi d. andare in treno, andare in macchina e. ci sono, ragioni

**Junte tudo** 1 Exemplos: a. Vado a Parigi. b. Per dieci giorni. c. Vado il prossimo mese. d. Vado in aereo.

## CONVERSA 3

**Desvende**  1  a. falso Ela quer ver o Coliseu. b. vero c. vero d. falso  Paola que pensa isso.
e. vero  2  a. Per i suoi fantastici ristoranti. b. bere  3  a. O lugar preferido de D'Annunzio
b. Há muito o que fazer.  4  a. Cosa vuoi fare a Roma? b. Voglio fare le stesse cose.

**Observe**  1  a. per cominciare b. poi c. per finire  2  a. voglio vedere b. vuoi  3  a. Ecco il mio
numero di telefono, Ecco il mio indirizzo email. b. Puoi darmi il tuo numero? Puoi darmi il tuo
indirizzo email?

**Pratique**  1 a. 4 b. 6 c. 5 d. 2 e. 3 f. 1  2  a. Un momento, ti do il mio numero di telefono.
b. Stasera ho molto da fare, ma domani sono libero. c. Non lo vedo ancora… aspetta… eccolo.
d. Non so se posso. e. Vado al bar con tutti. Vuoi venire con me? f. Andiamo in treno insieme,
d'accordo?  3  a. Voglio viaggiare in Italia. b. Dove posso passare il tempo? c. Non lo sai già?
d. No… Non pensi di potermi aiutare? e. Certo. Per cominciare puoi sederti con me. f.
Mangiamo e ti dico come scoprire il mio posto preferito.

**Sua vez: Use o hack**  1  a. Ho molto da fare domani! b. Faccio molto stasera. c. Mi chiami
domani? d. Mangi al ristorante questa settimana? e. Non vado a Venezia la prossima
settimana.  2  a. Voglio nuotare/Vado a nuotare nel mare b. Vogliamo/Possiamo parlare italiano
insieme. c. Ti piace bere il caffè?  3  a. Non hai molto da fare. b. Sei molto occupato (domani).
c. Parli italiano stasera? d. Vogliamo andare a Roma.

**Junte tudo**  1  Exemplo: Per cominciare, voglio visitare la città. Poi voglio vedere la mia
amica Annamaria. Voglio visitare i musei. Per mangiare vado al ristorante. Voglio vedere tanti
negozi.  2  Exemplo: Ecco qui il numero del mio cellulare e il mio indirizzo email. Puoi mandarmi
un messaggio o un'email domani?

## COMPLETE SUA MISSÃO

**Construa seu script**  Vado in Italia. Voglio visitare il Colosseo e i Musei Vaticani. Voglio
mangiare le lasagne e i gelati. Per cominciare vado a vedere 'Piazza di Spagna'. Vado in giugno
perché non fa troppo caldo.  Vado in aereo e poi visito la città in autobus. Non viaggio da solo.
Viaggio con mio fratello e mia sorella.

# UNIDADE 5

## CONVERSA 1

**Desvende**  1  a. Quem é? b. Como se chama? Qual é seu nome?  2  a. vero b. falso, "advogada"
– ingegnere c. falso, "esteve em Roma somente por uma semana" – conosce Melissa per una
settimana d. vero e. falso, "este final de semana" – prossimo weekend  3  a. questa settimana b. il
prossimo weekend c. domani d. poi e. ogni estate  4  a. Cosa mi dici di nuovo? b. Chi è? c. la mia
studentessa preferita d. infatti e. Sono contenta di

RESPOSTAS **227**

**Observe**

**1 a.** di vedere il film. **b.** di essere qui. **c.** di dire che posso viaggiare. **d.** di questo lavoro.
**e.** di questo ristorante. **2** è, si chiama, si chiama, è, è, resta, resta, è **3 a.** (Lui) è **b.** visitiamo
**c.** esco **d.** passiamo **e.** (Lei) è **f.** vogliamo andare **4 a.** passo (del) tempo
**b.** abbiamo in programma **c.** passiamo il weekend

**Pratique** **2 a.** Hai fratelli o sorelle? **b.** È vicino? **c.** Io e il mio amico Jim vogliamo cominciare/
iniziare/avviare un'attività insieme. **d.** Mia mamma è una dottoressa. Lavora in un ospedale.
**e.** Amo passare il weekend con i miei figli. **f.** Parlo con mio fratello tutto il tempo e lo vedo
spesso. **g.** Io e la mia famiglia passiamo sempre l'estate insieme. **h.** Dove lavora (lui)?
**i.** La mia ragazza fa jogging ogni giorno. **3 a.** Exemplos: Il mio miglior amico si chiama Michele.
**b.** Lo conosco da dodici anni. **c.** Fa il meccanico.

**Sua vez: Use o hack** **a.** Non mi piace il gelato qui. Vuoi andare in un altro posto? (Não gosto
do sorvete daqui. Quer ir a outro lugar?) **b.** Voglio vedere il film stasera, e tu? (Quero assistir ao
filme esta noite, e você?)

**Junte tudo** Exemplo: La mia persona preferita è la mia migliore amica. Si chiama Jenny e vive
a Londra da sola. Non lavora, ma ha molti interessi. La conosco da dieci anni. Le piace l'arte e le
piace soprattutto visitare i musei e parchi di questa città.

## CONVERSA 2

**Desvende** **1 a.** molto tempo/20 anni. **b.** casa di Giacomo. **c.** (Melissa) è single. **2 a.** sposata
**b.** single **c.** coinquillino. **3** Feminine **4 a.** Quando ritorno. **b.** Vuoi dire. **c.** Per esempio.

**Observe** **1** si chiama, conosce, rompe **2** Il cane di mio fratello

**Explicação do vocabulário: Sapere e conoscere** **a.** Conosco **b.** Sai **c.** Conosciamo **d.** Sa

**Pratique** **1** Exemplo: **a.** Sono sposata, da molto tempo. **b.** Sì, ho due figli, un maschio e una
femmina. **c.** Vivo con mio marito. **2 a.** Da dove vieni? **b.** Con chi vai? **c.** A che ora comincia la
lezione? **3 a.** Vuoi dire...? **b.** Vuole dire… **c.** Vuole dire… **d.** Vogliamo dire… **4 a.** Conosco il mio
migliore amico da cinque anni. Siamo molto simili. **b.** Oggi è il compleanno di mia madre.

**Junte tudo** Exemplo: Conosco mio marito da tanti anni. Lui è di una città in Essex, io sono
di Torino. Stiamo insieme da trent'anni e abbiamo un figlio e una figlia. La mia famiglia parla
inglese ma sa anche parlare un po' d'italiano. Vogliamo imparare il tedesco perché abbiamo
amici tedeschi.

## CONVERSA 3

**Desvende** **1 a.** Quatro. (Siamo in quattro). **b.** Ela não sabe. (Non lo sa.) **c.** Non sono il mio
tipo. **2 a.** Temos dois filhos. **b.** Como se diz em italiano? **c.** Homens italianos **3 a.** si chiamano
**b.** Che nomi splendidi! **c.** non si sa mai

**Explicação gramatical: loro (eles)**  1  a. vogliono b. parlano c. mangiano d. sperano c. viaggiano

2

| infinitivo | io | tu | lui / lei | noi | loro |
|---|---|---|---|---|---|
| volere | voglio | vuoi | vuole | vogliamo | vogliono |
| essere | sono | sei | è | siamo | sono |
| andare | vado | vai | va | andiamo | vanno |
| conoscere | conosco | conosci | conosce | conosciamo | conoscono |
| capire | capisco | capisci | capisce | capiamo | capiscono |

**Pratique**  1  Non è possibile!  2  a. 6 b. 3 c. 4 d. 5 e. 1 f. 2  3  a. è. b. sono. c. vuole viaggiare d. vogliono

**Junte tudo**  Exemplo: Nella mia famiglia siamo in tre e viviamo a Manchester. I miei genitori si chiamano Jack e Claire. Lui ha 56 anni e lei 55. Mio padre è professore e mia madre lavora come segretaria. Ho sei buoni amici dell'università e lavoriamo insieme in una società informatica. Non ho un cane, ma io e la mia ragazza vogliamo comprare un gatto.

## COMPLETE SUA MISSÃO

**Construa seu script**  La persona più importante della mia vita è la mia ragazza. È molto importante per me perché mi aiuta ogni giorno. La mia ragazza è una persona molto determinata, ottimista e molto simpatica. La conosco da 7 anni e stiamo insieme da 6 anni. La mia ragazza è professoressa e lavora all'università. È una persona molto speciale.

# UNIDADE 6

## CONVERSA 1

**Desvende**  1  gnocchi; un bicchiere di vino bianco  2  Decidiu? 3  vocês: fate, avete deciso. você formal: Lei, mi può portare?, E per Lei?  4  a. per me, gli gnocchi, b. io prendo i ravioli, c. vorrei un bicchiere di vino bianco, mi può portare del vino rosso e ancora un po' d'acqua?  5  a. E da bere?, b. Cosa prendi? c. Abbiamo già deciso.

**Observe**  1  Eles usam o verbo ter em vez de estar.  2  a. Ci porta dell'acqua frizzante?/Mi può portare ancora un po' d'acqua? b. Vorrei un bicchiere di vino bianco./Mi può portare... 3  a. Prendo… b. Per me... c. Prendiamo… d. Mi può portare… e. Vorrei…  4  a. 4 b. 1 c. 2 d. 3

**Pratique**  1  a. mangiare b. bere c. leggere  2  a. Abbiamo b. un po' c. vino, lei prende, bicchiere d. familiar tu: Cosa desideri; formal Lei: Cosa desidera e. già fame  3  Exemplos: a. some, del b. a, un c. some, dell'

RESPOSTAS  229

**Junte tudo** **1** Exemplos: Sì, prendo gli asparagi./Come primo vorrei le fettuccine con olio e basilico./Un vino rosso e un bicchiere d'acqua naturale./Scusi?/Sì, e ho già deciso per il dolce./Un sorbetto al limone. **2** Example: Voglio mangiare gli spaghetti all'olio, aglio, peperoncino rosso. Devo comprare gli spaghetti e il peperoncino, gli altri ingredienti li ho già in casa. Vorrei bere un buon bicchiere di vino rosso e acqua naturale. Di solito, cucino a casa.

## CONVERSA 2

**Desvende** **1** **a.** Cappella Sistina, Pantheon. **b.** Cappella Sistina. **c.** Non è così interessante. **d.** troviamo un compromesso, d'accordo, ci sto **2** **a.** quello con più turisti **b.** ci sono molti turisti **c.** c'è meno gente **d.** ci sono meno turisti **e.** Se per te **3** **a.** Dobbiamo vedere il Mar Mediterraneo. **b.** Perché la spiaggia è più rilassante. **4** **a.** ovviamente **b.** sono d'accordo **c.** non sono d'accordo **d.** non è vero! **5** **a.** melhor que. **b.** menos que. **c.** acham

**Observe** **1** hai ragione (tem razão), ho fame (estou com fome) **2** **a.** il/la più. **b.** meglio. **c.** meno **3** **a.** lo/la trovo **b.** so che **c.** sai che **d.** so che ci sono **e.** sai che ci sono **f.** è unico **4** **a.** 3 **b.** 4 **c.** 2 **d.** 1 **e.** 6 **f.** 5

**Explicação gramatical:** **a.** più simpatico **b.** più affascinante **c.** più libri **d.** più famoso **e.** il ristorante migliore/il miglior ristorante **f.** un amico migliore **g.** un uomo più giovane **h.** meno difficile **i.** meno giorni **j.** meno caro **k.** il film peggiore/il peggior film **l.** qualità peggiore

**Pratique** **1** **a.** Ci sono solo tre studenti qui? **b.** Ci sono dei libri in casa mia. **c.** Trovo che ci sono meno cani al parco oggi. **2** **a.** Milano è più grande di Trieste. **b.** C'è meno gente qui che a casa tua. **c.** Trovo questo ristorante troppo piccolo.

**Junte tudo** Exemplo: Ci sono tanti posti in Australia che vorrei visitare. Le cose migliori che posso fare lì sono il surf, andare al mare e visitare il deserto. Bisogna assolutamente vedere Sydney. Melbourne è meno grande, ma più carina di Canberra, la capitale. Secondo me bisogna rimanere almeno un mese in Australia.

## CONVERSA 3

**Desvende** **1** **a.** La musica (pop) di Laura Pausini. **b.** I testi delle sue canzoni. **c.** Un libro sulla politica in inglese. **2** **a.** francamente. **b.** certamente. **3** **a.** Dov'è il cameriere? **b.** Che cosa consiglia (lei)? **c.** Il conto, per favore. **4** **a.** secondo me **b.** la migliore. **c.** mi sembra **5** **a.** vorrei **b.** ti do **c.** mi puoi consigliare

**Observe** **1** **a.** ti piace di sicuro. **b.** mi piace. **2** **a.** 3 **b.** 1 **c.** 5 **d.** 2 **e.** 4 **3** **a.** Che cosa consigli? **b.** Mi puoi consigliare... **c.** Dimmi una cosa.

**Pratique** **1** **a.** Voglio chiedere un po' d'acqua… più tempo… un'altra bibita **b.** Exemplos: Vorrei sapere di più su come preparare un tiramisù. Vorrei sapere di più su quali posti visitare a Roma. **2** **a.** l'arte, Mi piace di più dell'arte moderna. **b.** Secondo te, è più. **c.** devo darti il

230 ····⫶ RESPOSTAS

**Sua vez: Use o hack** 1 a. sfortunatamente mi sembra che … b. secondo me c. detto tra noi d. è per questa ragione 2 a. Mi sembra che non capisco, b. Secondo me. c. È per questa ragione. d. Detto tra noi. e. Sfortunatamente. f. A dire la verità. 3 Exemplos: a. Detto tra noi, non credo di conoscere una persona che cucina meglio di te. b. Vivo a Milano, in un appartamento, francamente, troppo piccolo. c. Mi sembra che non ho bisogno di niente, ma grazie comunque. d. A dire la verità non mi piace il caffè qui.

**Junte tudo** Exemplo: Il mio museo preferito di Roma sono i Musei Vaticani. Secondo me, è molto più grande e interessante degli altri. La mia opera d'arte preferita lì è ovviamente il Giudizio Universale di Michelangelo. Vorrei sapere di più su questa opera. Cosa c'è di più meraviglioso?

## FINALIZANDO A UNIDADE 6

**Confira o que aprendeu** a. falso b. vero c. vero d. vero e. vero.

## COMPLETE SUA MISSÃO

**Construa seu script** Domani vado a mangiare alla mia trattoria preferita di Roma. Lì fanno i migliori spaghetti alla carbonara di tutta Italia, con uova, pecorino e pepe. Mmm… buonissimi! Altri piatti tipici che puoi mangiare lì e che ti consiglio sono i carciofi alla romana. Sono carciofi fritti ed è una specialità di Roma. Questa trattoria fa dei piatti molto grandi e sono anche più economici degli altri ristoranti. Secondo me, è il migliore anche perché non è un posto turistico e solo i romani lo conoscono. Hanno una birra e dei vini della casa buonissimi. Ti consiglio il vino rosso e di andare a piedi poi! Ahah! C'è molta scelta di dolci, come la zuppa inglese, la panna cotta e la torta di mele. Quale mi consigli? Sono indeciso!

# UNIDADE 7

## CONVERSA 1

**Desvende** 1 b 2 a. Il fine settimana scorso b. Cosa ne pensi? c. Ho parlato con lei dei nostri programmi. 3 "Por que decidiu ir ao Pantheon?" 4 a. falso b. vero c. falso d. vero 5 a. Cosa hai fatto? b. Ho mangiato c. Sono andato/a d. Abbiamo visitato e. Ho parlato f. Abbiamo visto g. Hai conosciuto h. Ti è piaciuto?

**Observe** 1 a. fa b. scorso c. una volta d. lì vicino

**Explicação gramatical** 1 a. ho b. parlato c. ho parlato 2 a. Ho mangiato b. Ho studiato c. Ho capito d. Ho ricevuto 3 a. Sono uscito b. Ho scelto c. ha visto

**Pratique**  1 Exemplo: Ho conosciuto la mia migliore amica otto anni fa. (Conheci a minha melhor amiga faz oito anos.)  2 a. Devi andare al ristorante dove ho pranzato due giorni fa. b. Mi è piaciuto il film. c. Ha visto il ragazzo di Anna.  3 a. fa, sono andato b. Ho conosciuto c. sono arrivato d. Hanno lavorato e. Abbiamo mangiato

**Explicação do vocabulário: Conhecendo alguém**  a. ho conosciuto b. ho incontrato c. Vedo, ogni

**Junte tudo**  1 Exemplo: Il fine settimana scorso sono andato a Torino. Ho tanti amici lì. Sabato sera siamo andati al ristorante e abbiamo passato due ore a parlare di tante cose: il lavoro, le vacanze, la famiglia. Mi è piaciuto molto questo tipo di weekend.  2 Exemplo: Sono andato in Australia. Ho passato un mese li. Ho deciso di andare a Sydney perché è un posto interessante e mi è piaciuto tanto. Ho visto molti monumenti di Sydney: l'Opera House, il famoso ponte, e i negozi. Ho comprato regali per tutta la mia famiglia.

## CONVERSA 2

**Desvende**  1 a. vero b. falso c. falso  2 a. Ha praticato alcune frasi. b. Ha iniziato solo pochi mesi fa. c. Está certo!  3 hai avuto, ho studiato, ho imparato, ho praticato, hai fatto, ho fatto, ho detto, hai detto, hai iniziato, ho iniziato, ho deciso, ho comprato, sono venuta, hai raccontato

**Observe**  1 a. Hai avuto tempo di...? b. Devo dire che... c. Mi hai raccontato che ...  2 a. ho deciso b. ho fatto c. ho iniziato  3 a. ho studiato b. ho praticato c. ho iniziato d. ho imparato e. ho comprato f. ho avuto

**Explicação gramatical: Principais verbos "irregulares" no passado**

1

| Italiano | Significado | Italiano | Significado |
|---|---|---|---|
| abbiamo fatto | fizemos | ha scritto | escreveu |
| hai scritto | você escreveu | ho letto | li |
| ho deciso | decide | abbiamo detto | falamos |
| ha visto | ele viu | mi è piaciuto | gostei |
| ha preso | ela pegou | abbiamo chiesto | pedimos |
| ho visto | vi | abbiamo risposto | respondemos |

**2 Verbos irregulares**  g. fatto h. deciso i. ho risposto j. ho detto

**Pratique**  1 a. Ho iniziato a insegnare italiano nove mesi fa. b. Ho lasciato il mio ragazzo tre mesi fa. c. Ho conosciuto Andrea alcuni anni fa.  2 a. Guardo il film adesso. b. Guardo il film domani. c. Ho guardato il film la settimana scorsa.  3 a. da b. Una volta, sono andato/a c. L'estate scorsa, ho viaggiato in treno d. Hai bisogno, Li ho qui. e. Devo dire che, più facili, settimana scorsa

**Junte tudo**  Exemplo: Il giorno del mio compleanno, sono stato a casa la mattina. Ho ricevuto tanti regali da mio fratello, mio padre e mia madre. Abbiamo pranzato al ristorante, poi siamo andati al cinema. Alla sera sono uscito con gli amici e con la mia ragazza.

## CONVERSA 3

**Desvende**  1  **a.** nervosa **b.** la mia pronuncia **c.** grammatica   2  **a.** vero **b.** falso **c.** falso

**Observe**  1  **a.** È meglio imparare un po'/poco ogni giorno. **b.** Ho dimenticato il tuo nome. **c.** Una volta ho provato a studiare il russo. 2  **a.** Non abbiamo visto niente. **b.** Non c'è nessuno qui. **c.** Non ho mai mangiato la bruschetta.  3  **a.** Sapevi che **b.** Ho trovato **c.** Ho provato

**Pratique**  1  **a.** Cecilia aveva il libro. **b.** Non sapeva **c.** Volevo mangiare con te.  2  **a.** le due parole **b.** Hai parlato, vuol dire **c.** Hai capito? **d.** pronuncia, ho detto, parola **e.** Ha dimenticato **f.** ho chiesto, 'trovi il mio accento', ha detto **g.** Ho studiato, grammatica **h.** Ti chiamo, ho scritto, frasi **i.** hai aiutato  3  **a.** Non mi aiuti mai! **b.** Non ha detto niente. **c.** Non conosco nessuno qui.

**Explicação do vocabulário: Indicadores de tempo**  1  **a.** ho studiato **b.** andiamo **c.** leggo **d.** abbiamo praticato **e.** hanno mangiato **f.** ha visitato **g.** andiamo

**Sua vez: Use o hack**  1  **a.** Domani preparo dei panini e vado al parco. **b.** Lunedì prossimo cucino e mangio a casa tua. **c.** La prossima settimana prendo il treno e viaggio per l'Italia.  2  Tre giorni fa, 'prendo' un treno e 'vedo' un orso.  3  Exemplos: **a.** Una settimana fa ho visto un bel film. **b.** Sabato scorso ho fatto vacanza. **c.** Due anni fa sono andata in Canada. **d.** Ieri ho lavorato al computer.  4  Exemplos: **a.** Mercoledì prossimo vado al mercato. **b.** Tra un anno visito/voglio visitare la Cina.

**Junte tudo**  Exemplo: Due settimane fa ho conosciuto un ragazzo italiano. Volevo parlare italiano con lui e l'ho invitato al bar a prendere un caffè. Ma non sapevo cosa dire, la situazione era molto imbarazzante. Dopo due o tre minuti lui mi ha chiesto perché ero in Italia. Allora ho deciso di parlare delle mie lezioni di italiano online. È stata un'esperienza divertente.

## COMPLETE SUA MISSÃO

**Construa seu script**  Un'anno fa sono andato a Milano per lavoro, ma non sapevo parlare italiano. Non era importante per il lavoro perché tutti parlavano inglese in ufficio, ma per la strada era un vero problema. Volevo andare a vedere la famosa Galleria con i suoi negozi molto eleganti. Quando sono arrivato, ho deciso di entrare in un negozio e comprare un regalo per la mia ragazza. Ma era tutto troppo caro! Ero molto imbarazzato: come si dice in italiano 'Você tem algo mais barato?' Alla fine ho indicato un oggetto e ho detto 'quello ... poco caro'. Mi hanno capito benissimo.

# UNIDADE 8

## CONVERSA 1

**Desvende**   1 a. muito melhor (molto migliorato). b. recentemente (recentemente).
c. parmigiana   2 Sono felice di rivederti.   3 a. Ha iniziato a cucinare. b. Spera di imparare a
fare il tiramisù. 4 a. Come vanno le cose? b. Quanto tempo! c. In questo momento.
5 praticar é importante.

**Observe**   1 a. Forza e coraggio! b. Quando provo a...   2 a. Quanto. b. Cosa c. a fare

**Pratique**   1 a. Quanto tempo! Sono felice di rivederti. b. Dimmi, come vanno le cose? Vedo
che... c. Allora, recentemente...   2 a. So che... b. Sai se...? c. Hai visto che...?   3 Exemplo:
Recentemente ho cominciato a cucinare. Al momento solo so fare poche ricette, ma vorrei
migliorare e imparare di più.

**Junte tudo**   Exemplo: Recentemente mi sono iscritta a un corso di cucina perché mi piace
molto fare le torte, ma non so fare il risotto. L'ultima volta che ho provato a farlo, non mi è
venuto bene. Finora l'ho sempre dovuto buttar via. Sono davvero imbranata, ma spero di
migliorare e imparare di più.

## CONVERSA 2

**Desvende**   1 a. amou — era strano, sente falta de casa — ha una routine. b. pega metrô — va
in bicicletta. c. dificilmente — spesso. d. o pior — i migliori. e. em um café — a casa   2 estranho,
tenho uma rotina   3 (Mi) sembra che... A frase se aplica a todas as etapas.
4   a. 1 anch'io 2 neanch'io 3 raramente 4 di solito. b. in bici, in auto

**Observe**   2 1. prima del lavoro 3 a pranzo 5 ogni tanto 6 raramente 7 spesso 8 sempre
9 a volte 10 mai 11 per la città 13 ovunque 14 al lavoro 15 nello stesso 16 a casa 3 a. Il sabato
pomeriggio di solito, porto il cane a fare una passeggiata. b. La domenica mattina di solito,
dormo un'ora in più. c. Il venerdì dopo il lavoro di solito, vado al cinema. d. Il giovedì dopo
pranzo di solito, vado a lezione di russo. e. Il martedì prima di dormire di solito, guardo un film
alla televisione.

**Pratique**   1 Exemplos: Vado a correre. Imparo nuove lingue. Faccio danza.   2 Exemplos:
a. Tutti i giorni prima di fare colazione, mi piace andare a correre con il mio ragazzo vicino a casa.
All'inizio era noioso e faticoso, ma ora mi diverto molto e sono in forma. b. Mi piace andare al
mare e guardare il tramonto. Vado spesso in spiaggia perché mi rilassa. c. Vado spesso in centro
perché mi piace fare shopping. c. Non sono mai stato ai Caraibi, ma spero di andarci un giorno.

**Junte tudo**   Exemplo: Tutti i giorni mi sveglio alle 6 e prima di fare colazione, vado a correre
mezz'ora con il mio ragazzo vicino a casa. Spesso il pomeriggio scatto fotografie splendide del
tramonto del sole sulla spiaggia, della mia famiglia e dei miei amici. Poi mi piace anche imparare
ogni giorno nuove parole in italiano. Dopo cena adoro guardare le mie serie preferite in italiano per
migliorare ancora di più.

## CONVERSA 3

**Desvende**  1  a. falso b. vero c. vero d. falso  2  a. spero di andare al parco b. con alcuni amici a giocare a calcio. c. purtroppo ho già in programma di andare a fare shopping d. con un'amica

**Observe**  1  a. adorerebbe b. sarebbe c. piacerebbe d. parlerebbe  2  a. Cosa devo portare? b. A che ora? c. Puoi scrivermi il tuo indirizzo? d. Te lo mostro sulla mappa!  3  a. A che ora finisce? b. Sai l'indirizzo? c. Dov'è l'appartamento? d. A che ora devo arrivare? e. Posso portare del vino?

**Pratique**  1  a. Exemplos: Cosa fai stasera / domani? b. Ho tempo libero più tardi/alle cinque per andare al concerto. Vieni?  2  a. Exemplos: Sarebbe meraviglioso/perfetto. b. Mi piacerebbe, ma sfortunatamente ho già altri programmi/sono occupata.  3  a. Ti piacerebbe imparare l'italiano con me? b. Ti piacerebbe andare a fare shopping questo weekend?

**Junte tudo**  1  Exemplo: Per cominciare potrebbe mangiare in questo ristorante: fanno piatti tipici della mia città. Il posto migliore da visitare sarebbe senza dubbio la costa. Potrebbe prendere un taxi per andare alla spiaggia più bella. Può anche andare in autobus e dopo le cinque di pomeriggio il biglietto sarebbe meno caro. Ma dovrebbero avere prezzi ridotti per gli anziani tutto il giorno. Buon divertimento!  2  Mi piacerebbe molto andare al cinema con te stasera. Il film mi sembra interessante, ma purtroppo ho già in programma di cenare con mia nonna. Non la vedo da molto tempo e se non vado da lei, si arrabbia. Sei invitato se vuoi, ma non è un piano molto divertente.

**Sua vez: Use o hack**  a. Exemplo: Non vinciamo, credo. b. Exemplo: Sono felice di mangiare insieme. c. Exemplo: Mi piacerebbe molto ballare con te. d. Exemplo: Vado al supermercato più tardi, è meglio.

## COMPLETE SUA MISSÃO

**Construa seu script**  Mi piace molto la fotografia e scattare la foto perfetta. La gente pensa che dipende solo dalla macchina fotografica, ma non è facile. Mi è sempre piaciuto fare le fotografie e ho questa macchina fotografica da cinque anni. Finora ho vinto sei concorsi di fotografia negli Stati Uniti. Ma non la uso spesso di giorno, perché lavoro dalle nove alle tre di pomeriggio. Poi torno a casa e mangio con la mia famiglia. Di pomeriggio vado normalmente a fare la spesa o vado in palestra. Ogni weekend mi piace andare con mio marito al mare, che è vicino a casa mia. Vado in macchina e mi rilassa molto. Lì prendo il sole e faccio il bagno. Un'altra cosa che mi piace molto è fare colazione con calma la mattina. È il momento della giornata che preferisco. Per questo, mi sveglio almeno un'ora prima di uscire. Il caffè deve fare effetto, sennò non mi ricordo come mi chiamo!

# UNIDADE 9

## CONVERSA 1

**Desvende** 1 a. último dia – ultima settimana. b. dançar – fare shopping. c. muito o que comer – piena di negozi 2 a. Logo volto aos Estados Unidos. b. Que pecado! c. Depende. 3 a. in campagna b. le montagne c. il lago e la foresta d. vicino a casa mia e. al sole

**Observe** 1 a. torna negli Stati Uniti tra una settimana. b. compra alcuni regali. c. compra in Via dei Condotti. 2 a. ricordarmi di... b. ricordo c. Mi ha ricordato 3 a. 1 b. 3 c. 2 4 Coluna esquerda: la campagna, le montagne, il lago. Coluna direita: la foresta, il sole, l'ombra 5 Exemplos: a. in una città. b. all'ombra. c. il lago.

**Pratique** 1 Exemplos: al mare, in periferia, in collina, in una valle, vicino a un bosco, vicino all'oceano. 2 Exemplos: a. Vivo in un paese vicino al mare. b. Vicino a casa mia c'è un parco/ci sono molti negozi...

**Explicação do vocabulário: Mancare e "sentir falta"** 1 a. Mi manca il mio cane. b. Mi mancano i sette gatti. c. Ci manca Roma d. A Francesco manca il caffè italiano. e. Ti manca la tua città? f. Perché non ti mancano le feste?

**Explicação do vocabulário: Descreva o clima** 1 a. Fa bel tempo. b. Fa brutto tempo. Che peccato! c. Piove domani? 2 Exemplo: Fa brutto tempo, c'è vento e piove. Ma non fa molto freddo. 3 a. carino, carina b. pieno, piena c. bello, bella

**Junte tudo** Exemplo: La mia città è molto bella. Si trova vicino alle montagne e per questa ragione fa sempre fresco, anche in estate. Ci sono molti parchi e negozi. In estate ci sono sempre molti turisti e quindi non è molto tranquilla. Si vado via, mi mancano sempre le montagne.

## CONVERSA 2

**Desvende** 1 a. falso b. vero c. falso 2 a. souvenir tipici di Roma b. avventurosa c. giovane e una persona timida d. più tradizionali e. più economica 3 a. straordinaria b. famosissima c. tipici d. noiosi e. vecchie f. timida g. tradizionali h. nuove 4 a. ricordo b. vuole veramente c. troverebbe d. piuttosto e. già

**Observe** 1 a. Ora ricordo b. Cosa compreresti c. I miei genitori sono più tradizionali 2 a. facile, difficile b. unico, tipico c. stupidi, saggi d. moderni, tradizionali e. avventurosa, timida f. vecchio, giovane 3 a. Il negozio è aperto. b. I negozi sono aperti c. Il negozio era aperto. d. Mio fratello è alto. e. I miei fratelli sono alti. f. Mia sorella è alta. g. Le mie sorelle sono alte.

**Pratique** 1 È il più economico. 2 timido(a) – aventureiro(a); brutto(a) – bonito(a); velho(a) – giovane; estranho(a) – tipico(a); antipatico(a) – agradável; pessimista – otimista; orgulhoso(a) – modesto(a); divertente – sério 3 a. interessante b. attento c. creativo d. curioso e. onesto

**236** ⋯⟶ RESPOSTAS

f. intelligente g. sincero h. tollerante i. ignorante j. impaziente  4 Exemplos: a. Sono molto simpatico e sincero. b. Il mio lavoro è molto interessante e imparo cose nuove ogni giorno. c. Mio fratello è una persona molto ironica e gentile. d. La sua casa è molto bella e elegante. e. La mia amica è bionda, molto alta ed è la persona migliore che conosco.

Junte tudo  Exemplo: Mia madre e mio padre sono persone molto interessanti. Mio padre è molto ottimista e determinato, mia madre invece è un po' pessimista, ma anche dolce e socievole...

## CONVERSA 3

Desvende  1 a. ele os perdeu – le sue sono piuttosto vecchie. b. not – sono un po' care c. em dinheiro – con la carta di credito  2 In contanti, con la carta di credito. Caixa.  3 a. nere b. verdi  4 sarebbe

Observe  1 a. mi sembra b. si usa per  2 Per che cosa usa le cuffie tuo fratello?... usare la mia carta di credito.  3 a. quello b. quelle nere c. quello piccolo d. quelle nuove  4 Exemplos: a. le Nike b. Kleenex c. Pepsi d. Mac e. Fiat  5 a. un po' caro b. pagare in contanti c. usare la mia carta di credito d. la cassa

Pratique  1 a. Quanto costa questa? b. Com'è la qualità? c. Accetta carte di credito? d. Posso solo pagare in contanti.  2 a. quella marca b. cassa c. il computer grande  3 Primeira coluna: pieno(a), Segunda coluna: amplo(a), de má qualidade, Terceira coluna: verde, Quarta coluna: preto(a)

Junte tudo  Exemplo: Cerco una borsa di pelle molto grande, per viaggiare. Magari di colore rosso e di marca...

## COMPLETE SUA MISSÃO

Construa seu script  La città dove sono cresciuto è molto piccola e non c'è molto da fare o da vedere. Per questo non la raccomando ai turisti.  Però c'è il mare con una bella spiaggia pulita! Dietro la città ci sono colline e montagne con molti uliveti. Il clima è mite e d'inverno non fa tanto freddo e naturalmente non nevica. La casa dei miei è grande, ha tre piani e un giardino. Le persone più importanti della mia vita sono i miei genitori e mio fratello. Mio fratello ha venticinque anni ed è laureato in fisica. Ecco una foto dove siamo tutti insieme durante una vacanza in montagna.

# UNIDADE 10

COMPLETE SUA MISSÃO Sono felice di parlare con te oggi. Mi chiamo Benny. Voglio imparare l'italiano per il mio lavoro. Quanti studenti hai? Da quando insegni? Non voglio parlare di grammatica. Possiamo parlare di computer? Grazie mille per il tuo tempo oggi. Ci vediamo la prossima volta!

# AGRADECIMENTOS

Embora o nome e o rosto na capa sejam meus, estas páginas contêm as vozes e ideias de muitas pessoas.

Tive a sorte de conhecer muitos falantes nativos de italiano que me incentivaram quando eu estava iniciando meus estudos no idioma. Quero agradecer aos primeiros amigos italianos que fiz: *Francesco*, que me apresentou o sul, e *Daniele*, que me recebeu em sua casa e me convidou para participar de um jantar com quatro gerações de sua família na Páscoa.

Não posso deixar de elogiar minha editora, *Sarah Cole*, que me propôs essa excelente oportunidade de colaborar com a série *Teach Yourself*. Nos dois anos em que trabalhamos juntos, sempre contei com seu apoio incondicional e entusiasmo pela minha proposta de escrever um curso de idiomas moderno. Nenhuma outra editora seria capaz de investir tanto na concretização desses projetos.

*Melissa Baker* atuou nos bastidores, equilibrando os prazos e fazendo milagres para que todas as peças do quebra-cabeça se encaixassem. Sou grato aos demais membros da equipe *Teach Yourself* no Reino Unido e nos EUA pelo entusiasmo incrível que demonstraram pela criação de um curso de idiomas totalmente novo.

*Paola Tite* trabalhou comigo durante muitos meses para fazer grandes e pequenas melhorias em cada capítulo. Os outros membros da minha "miniequipe", *Michela* e *Alessandra*, contribuíram com gírias e expressões italianas divertidas para as conversas e muitas vezes ficaram acordadas até tarde para me ajudar a fechar o texto.

Meus sinceros agradecimentos aos brilhantes integrantes da Equipe FI3M: Bálint, David, Kittichai, Dávid, Joe, Ingo, Joseph, Adam, Holly e LC, que administraram de forma inovadora o meu site, Fluent in 3 Months, enquanto eu desenvolvia os cursos. Obrigado a todos.

Finalmente, quero agradecer à *Lauren*, minha parceira, pois sem ela este curso nunca teria saído do papel. Se eu fosse o Tony Stark, ela seria a Pepper Potts. Lauren se empenhou bastante para viabilizar as minhas ideias malucas, sempre com profissionalismo e sugerindo muitos dos conceitos inteligentes que aparecem nestas páginas. Seu perfeccionismo e sua trajetória acadêmica facilitaram a concretização incrível do projeto inicial neste excelente curso.

## Projetos corporativos e edições personalizadas
dentro da sua estratégia de negócio. Já pensou nisso?

**Coordenação de Eventos**
Viviane Paiva
viviane@altabooks.com.br

**Assistente Comercial**
Fillipe Amorim
vendas.corporativas@altabooks.com.br

A Alta Books tem criado experiências incríveis no meio corporativo. Com a crescente implementação da educação corporativa nas empresas, o livro entra como uma importante fonte de conhecimento. Com atendimento personalizado, conseguimos identificar as principais necessidades, e criar uma seleção de livros que podem ser utilizados de diversas maneiras, como por exemplo, para fortalecer relacionamento com suas equipes/ seus clientes. Você já utilizou o livro para alguma ação estratégica na sua empresa?

Entre em contato com nosso time para entender melhor as possibilidades de personalização e incentivo ao desenvolvimento pessoal e profissional.

## PUBLIQUE SEU LIVRO

Publique seu livro com a Alta Books.
Para mais informações envie um e-mail para: autoria@altabooks.com.br

 /altabooks  /alta-books  /altabooks  /altabooks

## CONHEÇA OUTROS LIVROS DA **ALTA BOOKS**

Todas as imagens são meramente ilustrativas.

Este livro foi impresso nas oficinas gráficas da Editora Vozes Ltda.,
Rua Frei Luís, 100 – Petrópolis, RJ.